中国收藏的古埃及文物

颜海英 著

中国社会科学出版社

图书在版编目（CIP）数据

中国收藏的古埃及文物 / 颜海英著. —北京：中国社会科学出版社，2021.6

ISBN 978－7－5203－8491－9

Ⅰ.①中…　Ⅱ.①颜…　Ⅲ.①文物—埃及—古代　Ⅳ.①K884.11

中国版本图书馆 CIP 数据核字（2021）第 098101 号

出 版 人　赵剑英
责任编辑　郭　鹏
责任校对　刘　俊
责任印制　李寡寡

出　　版　中国社会科学出版社
社　　址　北京鼓楼西大街甲 158 号
邮　　编　100720
网　　址　http://www.csspw.cn
发 行 部　010－84083685
门 市 部　010－84029450
经　　销　新华书店及其他书店

印　　刷　北京君升印刷有限公司
装　　订　廊坊市广阳区广增装订厂
版　　次　2021 年 6 月第 1 版
印　　次　2021 年 6 月第 1 次印刷

开　　本　710×1000　1/16
印　　张　24
插　　页　2
字　　数　339 千字
定　　价　138.00 元

凡购买中国社会科学出版社图书，如有质量问题请与本社营销中心联系调换
电话：010－84083683

目　　录

第一部分

第一章　古埃及文物的发现过程及背景 ………………………………（3）

第二章　古王国时期石碑 ………………………………………（23）

第三章　新王国时期石碑 ………………………………………（46）

第四章　墓碑固定搭配 …………………………………………（68）

第五章　希腊罗马时期石碑 ……………………………………（92）

第六章　人形彩绘木棺 …………………………………………（113）

第七章　教令石碑 ………………………………………………（118）

第八章　解读托勒密教令 ………………………………………（144）

第二部分

第一章　来世观念与想象 ………………………………………（161）

第二章　仪式、魔法与墓葬习俗 ………………………………（177）

第三章　墓碑形制的演变与贵族身份的表达 ……………………（196）

第四章　墓葬文学的产生与演变 ………………………………（226）

第五章　墓葬文学与秘传知识 …………………………………（255）

第一部分

第一章

古埃及文物的发现过程及背景

一　古埃及文物的发现过程

（一）端方购买的古埃及文物及其复制品

1906 年，以端方为首的五大臣出洋考察团归国途中，在开罗停留一日，端方购买了一批古埃及文物，这些文物远渡重洋来到中国后，端方制作了多种复制品，现在部分真品和复制品在历经岁月的沧桑之后，终于拂去历史的尘埃，在 2005 年的盛世中国首次公开面世。

刘文鹏先生在2002 年发表的文章《埃及学与中国》中，曾对端方收藏的古埃及文物做了文字介绍。2002 年，作者在北京大学赛克勒博物馆首次发现端方所购买的九块石碑（原石，四个是古埃及文的，五个是拉丁文的）；2005 年，国家博物馆馆长朱凤瀚先生在国家博物馆的库房中又整理出另外 40 多块古埃及石碑的复制品和三具人形木棺。这些收藏品曾在故宫展出。

首先，关于人形木棺。在这批古埃及文物中，三具彩绘镀金的人形木乃伊木棺无疑是最引人注目的，它们上面的文字和图案都是一样的，其主人是名叫“塔荷努特”（*Tḥnwt*）的女子，她的父亲叫“帕迪荷尔帕荷瑞德”（*Pꜣ-dỉ-ḥr-pꜣ-ẖrd*），母亲名叫“杰德－赫尔”（*Ḏd-ḥr*）。塔荷努特生前是帕诺波里斯城（Panopolis，今天的阿赫米姆）敏神（古埃及主生殖的神）的女祭司。木棺的装饰是典型的托勒密时期的风格（约公元前300—前30年）。

其次，关于石碑。石碑也有类似的问题。很多石碑都是碎片，需要耐心细致地重新拼凑起来。结果发现故宫端门库房里的所有石碑都不是真品，而是用水泥做的复制品。但其中至少有两个石碑的原件已经发现，正是北京大学赛克勒博物馆所藏的埃及石碑。因此，很有可能这些复制品都是端方在购买了原件回国之后所做的。一个有力的证明就是，据作者考证，目前这些复制品上面的铭文都未见发表，也就是说不为埃及学界所知。因此，其学术价值绝不会因为它们是复制品而降低。

（二）国家图书馆所藏端方收藏的埃及文物的拓片

作者又对国家博物馆收藏的60件端方收藏的埃及文物的拓片进行了研究（据1956年《人民日报》的一篇报道，1956年5月中国与埃及建交后，6月1日北京图书馆赠送给埃及图书馆12页埃及古代石刻拓片，作者认为这一定也是端方的拓片）。其中一些拓片是开罗博物馆的著名藏品的拓片，如其中一个是卡诺普斯石碑（2.18米长）的拓片，但多数拓片的内容与北京大学赛克勒博物馆和端门库房的石碑是一致的，也就是说，端方在购买原石后，不仅制作了水泥复制品，还做了很多份拓片，有时他把同一块石碑做了多个拓片，在上面题字赠送给好友，如北京大学所藏的女王克里奥帕特拉的石碑的拓片上，有段非常诙谐的题词：“此埃及大画像如汉人食堂之类。”

有些题词的内容为我们提供了非常有用的信息。有一个拓片的画面表现一位女子为拉美西斯二世的雕像奉献供品，这是一个很常见的情景①，拓片的题词是：

编号：141

题记

光绪丙午五月自欧洲返华舟过埃及游开罗旧京得埃及五千年古刻拓赠桐轩六篇大令鉴

邑阳端方题记

余在欧洲各国博物院所见埃及古刻无过数十百通惜不能施毡拓过巴黎时廖君世切曾手拓飞邮寄赠余已绝可宝贵后随使节至开罗都城炳烛读碑遂载数十石以归匋斋尚书　举一贻余此数石在行箧尝命工拓表成巾失以赠同好中国数千年古物为世弥重者极多埃及古刻则此舟实为　祖我尚书之好古笃嗜不能得也　桐轩六兄索题

丙午九月邦述记于津门

一块刻有圣书体和世俗体象形文字的石碑上，画面上表现的是一位法老向荷鲁斯和伊西斯奉献供品（北图拓片第1433、1434号）。两个王名圈里写着皇帝的头衔“恺撒”，还可以看得出世俗体象形文字的名字“提比略”。此外，奉献该石碑的人的名字也保存下来了，是用世俗体象形文字所写的：*Prtnys*。这个叫作帕提尼乌斯（Parthenios）的人是罗马早期的科普特斯的一位非常为人熟知的人物，有20多个他的石碑散落在各个博物馆，上面有圣书体象形文字、世俗体象形文字和希腊文的铭文，这些石碑是他为了纪念自己修复科普特斯的敏神和

① 这类石碑发现于三角洲的坎特尔，多数现保存在德国的希尔德斯海姆博物馆。参见L. Habachi, *Features of the Deification of Ramesses II*, Abhandlungen des Deutschen Archäologischen Instituts Kairo 5（1969）。

伊西斯女神神庙而制作的。根据北京国家图书馆的拓片，我们得以把端门库房所发现的帕提尼乌斯石碑残片拼凑起来[①]。

1905 年，埃及学家斯宾格伯（W. Spiegelberg）在开罗见过这个石碑的原件，并拍摄了一张非常普通的照片，他就是依照这个照片解读并于 1913 年发表了这块石碑的铭文，并附有图片。[②] 他在文章的最后说："现在，是时候寻找这个石碑的下落了。"我们非常确定，一年之后，端方也到了同一家文物店，而且买下了这块石碑并把它带回了中国，之后他制作了复制品和拓片。无疑，原石现在还在中国的某个地方。

如果一块石碑仅仅提到普通的名字而没有头衔，很难断定它是否已经被发表。几个月以来我们一直在寻找已经发表的石碑，但是没有结果。如出自底比斯的伊纳罗斯之碑（Inaroys，铭文中称他是"Petenephotes 与 Taesis 之子"），我们已经发现了水泥复制品和拓片，目前看来是没有发表过的。此外，伊姆太斯之碑（Imuthes，铭文中提到他的父亲是 Peteharoeris，祖父也叫伊姆太斯），王家书吏泰奥斯之碑（Teos，铭文中称他是"Apimenis 与 Taesis 之子"），也只有拓片保存下来。由此我们认为，所有的复制品和拓片都是用买回的原石在中国制作的，而这些原石目前还在中国。现在我们可以开始寻找这些遗失的古埃及珍品了。

（三）端方收藏的埃及文物的重要性

端方收藏的埃及文物及其复制品在故宫端门展出，这是中国收藏的埃及文物首次面世。尽管展出的展品只有少数是原件，但它们仍有很高的学术价值。

---

① A. Farid, *Die Denkmäler des Parthenios*, des Verwalters der Isis von Koptos, Mitteilungen des Deutschen Archäologischen Instituts Kairo 44 (1988), pp. 13 – 65. 国家博物馆所藏的帕提尼乌斯的石碑编号是 17 号。

② W. Spiegelberg, *Zeitschrift für Aegyptische Sprache* 51 (1913), pp. 79 – 80.

1. 这里有50块没有发表过的埃及石碑，年代跨度有3000多年（从古王国时期到科普特时期）。

2. 这些石碑及其复制品向我们展现了20世纪的中国金石学家如何以收藏中国石碑的方式收藏埃及文物。对端方来说，专业制作的水泥复制品和拓片与原石一样重要。他收藏了各个时期的埃及文物，其石碑上的文字就有圣书体象形文字、世俗体象形文字、希腊文，甚至还有拉丁文，他还把这些收藏品的拓片题字赠送给友人，作为特别的礼物；精美的古埃及铭文旁边配上他的亲笔题字。有几份是端方临摹埃及石碑上的画作；这些画有的用精美的丝绸装裱，显然被端方视作珍贵的艺术品。

3. 端方购买的埃及文物多数都是真品，只有北京大学赛克勒博物馆的随葬陶俑是赝品。而他制作的复制品，不论水泥石碑还是木棺，都有很高的水准。

二　清末国人对古埃及文物的收藏

（一）中国人眼中的埃及

首先，清以前。

中国人最早得知埃及，在汉代。公元前139年，张骞奉命出使中亚，联络大月氏合击匈奴，在大月氏国，张骞听闻“安息在……其西则条枝、黎轩”[①]。公元前119年，张骞第二次出使西域，派使者到安息，返回时安息“发使随汉使来观汉广大，以大鸟卵及黎轩善眩人献于汉”[②]。所谓“黎轩”，实为［A］lexan［dria］的缩译，即埃及托勒密王朝首都亚历山大城。但两汉时期，中国人对埃及的了解，仅限于传

① 《史记·大宛列传》，第3162页。
② 《史记·大宛列传》，第3173页。

闻，并不知道埃及的确切位置，甚至在罗马帝国建立后，还将“黎轩”同“大秦”（即罗马帝国本土意大利半岛）混为一谈。[①] 唯一确定的是，亚历山大有“善眩人”。所谓“善眩”，据《魏略·西戎传》记载：“俗多奇幻，口中出火，自缚自解，跳十二丸巧妙。”[②] 即善于杂技。[③]

两汉时期，关于与埃及邻近的北非，中国人除知有“黎轩”（亚历山大城）外，还知有“已程不国”。《汉书·地理志》记载：“黄支之南，有已程不国，汉之译使自此还矣。”据考证，“已程不”为希腊语埃塞俄比亚“Ethiopia”的音译，[④] 但也仅是传闻，“已程不国”的具体方位，中国人并不明确，比如，一般认为“黄支”国为今印度东南部的甘吉布勒姆（Conjevaram），[⑤]“已程不国”不可能在“其南”。

东汉和帝永元九年（97 年），班超遣甘英出使大秦，行至条枝，听闻渡海的危险，恐惧而止。条枝即塞琉古王朝统治下、已成为罗马帝国属地的叙利亚地区，[⑥] 这是中国人到达地中海沿岸的最早记载。然而甘英带回的信息，多是关于大秦国的，基本没有涉及北非。对北非情况的详细介绍，要到唐代才有。

继东汉甘英之后，唐代杜环再次来到地中海地区。杜环是杜佑的族子，天宝十载（750 年）随镇西节度使高仙芝西征，在怛逻斯战败，被大食人俘虏到地中海地区，十余年后乘商船回到广州，著《经行记》。该书记载北非西岸有“摩邻国”，“摩邻”即 Maghrib el Aksa 之音译，也就是今摩洛哥地区。[⑦] 唐代已知的非洲国家或地区还包括：老勃萨（《新唐书·西域传下》，今摩洛哥以东地区）、拔拔力国

---

① 余太山：《古代地中海和中国关系史研究》，商务印书馆 2012 年版，第 19—36 页。

② 《三国志·魏书》，第 860 页。

③ 余太山：《古代地中海和中国关系史研究》，商务印书馆 2012 年版，第 20 页。又 Pelliot, P.，“Li-kien, autre nom du Ta-tscin”, *T'oung Pao*, Vol. 16, No. 15, 1915, pp. 690 - 691。

④ 张星烺：《中西交通史料汇编》第二册，中华书局 2003 年版，第 565 页。

⑤ 余太山：《古代地中海和中国关系史研究》，商务印书馆 2012 年版，第 120 页。

⑥ 余太山：《两汉魏晋南北朝与西域关系史研究》，商务印书馆 2011 年版，第 300 页。

⑦ 张星烺：《中西交通史料汇编》第二册，中华书局 2003 年版，第 567 页。

（《酉阳杂俎》卷四，今索马里地区）、孝亿国（《酉阳杂俎》卷四，即Siut，今埃及南部）、仍建国（《酉阳杂俎》卷四，即Utica，今突尼斯海边古城）等。[①] 然而，唐人对埃及本土基本没有了解。

南宋赵汝适首次详细介绍了埃及本土的情形。他在出任福建路市舶兼泉州市舶时，利用职务之便，“询诸贾胡，俾列其国名，道其风土，与夫道里之联属，山泽之蓄产，译以华言，删其秽渫，存其事实”，著成《诸蕃志》，该书中有“勿斯里国”。“勿斯里”，《元史·郭侃传》作“密昔儿”，《明史·西域传》作“密思儿”，皆Misr的音译，为阿拉伯人对埃及的称谓。[②] 该书对埃及的记述，有三点比较独特：其一，书中提到尼罗河的水文状况，“勿斯里国……有江水极清甘，莫知水源所出，岁旱诸国江水皆削减，惟此水如常，田畴充足，农民藉以耕种，岁率如此”。一是说尼罗河水量稳定，二是说尼罗河源头不定。其实尼罗河河源的问题，自古就备受关注。希罗多德的《历史》和阿里安的《亚历山大远征记》中都有相关讨论。其二，书中详细介绍了亚历山大港的灯塔：“遏根陀国（今亚历山大港），勿斯里之属也。相传古有异人徂葛尼（即亚历山大大帝），于濒海建大塔，下凿地为两屋，砖结甚密。一窖粮食，一储器械。塔高二百丈，可通四马齐驱而上，至三分之二。塔心开大井，结渠透大江以防。他国兵侵，则举国据塔以拒敌。上下可容二万人，内居守而外出战。其顶上有镜极大。他国或有兵船侵犯，镜先照见，即预备守御之计。”其三，书中讲到埃及历史的问题：“旧传蒲啰牛第三代孙名十宿，曾据此国。”蒲啰牛即亚伯拉罕（Abraham），十宿即约瑟夫（Jaseph），《旧约·创世纪》第41、42、43、47章有法老立约瑟为宰，教民储粮的

---

① 张星烺:《中西交通史料汇编》第二册，中华书局2003年版，第567—570页。

② 张星烺:《中西交通史料汇编》第二册，中华书局2003年版，第596、665页。《酉阳杂俎》续集卷十提到“勿斯离”国，张星烺以为，该“勿斯离”国即《诸蕃志》之“勿斯里”国，也就是今天的埃及。此说不确。《诸蕃志》中同时还有“勿厮离”国，为今伊拉克西北的摩苏尔。《酉阳杂俎》之“勿斯离”，当是摩苏尔。参看许永璋《中国载籍中非洲史资料汇编问题漫议》，《西亚非洲》2001年第5期，第52页。

记载。这是中国载籍首次对埃及历史的记载。

蒙元时期，某地人郭侃，奉旭烈兀之命讨伐埃及。当时埃及正在某某王朝，其王可乃算滩（即库图斯，Kuttuz 苏丹）率众奋起反抗，郭侃落荒而逃，无暇记述埃及情况。① 不久，某地人常德奉命到中亚拜访旭烈兀，了解到零星关于埃及的知识，但并无新奇之处。

明代中国对埃及的了解，也没有超出《诸蕃志》的范畴。《明史·西域传》仅录永乐中埃及遣使的事，之后官方联系就断绝了。明初中国航海事业达到顶峰，以郑和下西洋为代表。郑和船队与非洲东海岸诸国保持密切联系，尤其和索马里地区（木骨都束、竹步、速麻里儿、不剌哇）、肯尼亚地区（麻林）往来密切，但是和埃及地区交流的记载几乎没有。

明末清初，西方耶稣会派遣了一大批传教士到中国，他们以传教为目的，但同时也将西方地理学知识带到中国。其中《职方外纪》（1623 年成书）为第一部中文版的世界地理，其作者正是耶稣会传教士艾儒略。艾儒略原名 Giulios Aleni，意大利人，天启三年，翻译、汇编成《职方外纪》一书。该书的材料来源有三：一是西班牙人庞迪我、熊三拔等的地图，因此该书详于西班牙及美洲；二是艾儒略自己带来中国的“方域梗概”，大概是西方流行的地理书籍；三是耶稣会士的游历见闻；其中邓玉函、鄂本笃提供的印度和中亚的地理知识，为当时世界最新。可以说，《职方外纪》为中国人带来的，是当时世界上最新的地理知识，为中国人提供了大量关于外部世界的信息。然而这本书并未在中国流行起来。主要因为两点：一是该书的宗教说教色彩太浓；二是其欧洲中心主义倾向太强烈，作为天朝大国子民的中国人无法接受。② 该书称埃及为“厄入多”，提到了约瑟教民储粮、尼罗河水文、古时崇“淫祀”（即多神崇拜），并谈到金字塔、孟菲斯古

① 《元史·郭侃传》称库图斯投降，而据霍沃尔德（H. H. Howorth）《蒙古史》所记，郭侃实际战败而逃。参看张星烺《中西交通史料汇编》第二册，中华书局 2003 年版，第 596—600 页。

② 艾儒略著，谢方校释：《职方外纪校释》，中华书局 2000 年版，“前言”，第 3—5 页。

城遗迹。"昔国王凿数石台，如浮屠状，非以石砌，是择大石如陵阜者，铲削成之。大者下趾阔三百二十四步，高二百七十五级，级高四尺，登台顶极力远射，箭不能越其台趾也。""有古城名孟菲斯，今曰该禄……其城有百门，门高百尺，街衢行三日始遍，城用本处一种脂膏砌石成之，坚致无比……今其国已废，城亦为大水冲击，啮其下土，因而倾倒。然此城虽不如旧，尚有街长三十里……"①

南怀仁《坤舆图说》基本抄录《职方外纪》，其"七奇图"有埃及金字塔，图注曰"利未亚洲厄日多国孟斐府尖形高台：多禄茂王建造，地基矩方，每方一里，周围四里，台高二百五十级，每级宽二丈八尺五寸，高二尺五寸，皆细白石为之，自基至顶计六十二丈五尺，顶上宽容五十人，造工者每日三十六万"②。

其次，清朝。

中国人大规模关注世界历史地理，要到清朝晚期时候。随着世界局势的发展，中国人闭关自守的状态越来越不能维持，外国商人、军队的陆续到来，使中国人了解世界的愿望与日俱增，史地学者的视野也逐渐开阔。在这样的背景下，晚期出现了两部重要的历史地理著作，即魏源的《海国图志》（1842 年初版）和徐继畬的《瀛寰志略》（1848 年初版）。

《海国图志》所用的资料，"一据前两广总督林尚书所译西夷之《四洲志》，再据历代史志及明以来岛志，及近日夷图、夷语"。"彼皆以中土人谈西洋，此则以西洋人谈西洋也。"③ 埃及一章（称"厄日度国""伊揖国"）则主要据葡萄牙人玛吉士的《地理备考》、广东译出的《外国史略》《每月统纪传》、刊本《万国地理全图集》、艾儒略《职方外纪》，类似汇总类书。本书对埃及的介绍，比较详备，包括埃

① 艾儒略著，谢方校释：《职方外纪校释》，中华书局 2000 年版，第 109—111 页。

② 南怀仁：《坤舆图说》卷下，第 221—222 页。

③ 魏源撰，陈华等点校注释：《海国图志》上册《海国图志后叙》，岳麓书社 1998 年版，第 7—8 页。

及古今历史、地理、物产、风俗、古迹等。[①]

《瀛寰志略》为徐继畬驻守闽广时搜集各国资料汇编而成。[②] 其资料来源，主要为对美国传教士雅裨理（David Aheel）、英国首任驻福州领事李太郭（C. T. Lay）、继任领事阿礼国（Rutherford Alcock）等人的采访，其中雅裨理影响最大。此外，他还参考《天下郡国利病书》《海国闻见录》《西域闻见录》等，以及晚明以来西方传教士的中文书籍、地图等。[③] 书中称埃及为"麦西"，主要介绍埃及的历史沿革，从传说的诺亚方舟时代开始，到唐代阿拉伯化止。其关于古埃及的历史，相当混乱。"都城有大库，藏书七十万册，称西土艺林，迨为回部所破，取其书为薪爨饭，遂等秦皇之一炬云。都城外有古王冢数处，皆基阔顶锐，棺内贮香油，尸体千年不腐。有一冢基阔五里，高五十丈，顶似峰尖，中有洞，深三丈四尺，阔二丈七尺，内藏石棺一，不知何代何王所造，西土以为异观。注：南怀仁《宇内七大宏工》记有此冢。"[④] 该书印成后，并未引起很大反响。因为清政府鸦片战争新败，朝野上下忌谈西方，而本书对英美等有不少肯定的评价。直到19世纪60年代，洋务运动兴起后，此书的重要性才逐渐显露，甚至逐渐成为出洋使节人手一册的"指南"。

我们从这两部书中，可以窥见清代国人对埃及的认识。

埃及古老，为近东文明之源。

古时多神崇拜、信奉伊斯兰教。

尼罗河水量充足、水位稳定、能带来肥沃泥沙。

古迹有：亚历山大港之灯塔、孟菲斯古城遗迹、金字塔。

金字塔年代：商朝时；托勒密时。金字塔为坟墓，内有千年不腐的木乃伊。

---

① 魏源撰，陈华等点校注释：《海国图志》中册，岳麓书社1998年版，第989—998页。

② 白寿彝主编：《中国通史》第20册近代前编，上海人民出版社1999年版，第1848页。

③ 徐继畬：《瀛寰志略》，上海书店2001年版，"点校说明"。

④ 徐继畬：《瀛寰志略》卷八，上海书店2001年版，第242—248页。

（二）古埃及文物引起国人注意

首先，清末金石学的发展。

“同治朝十三年间，为恢复秩序耗尽精力，所以文化方面无什么特色可说。光绪初年，一口气喘过来了，各种学问，都渐有向荣的气象。清朝正统学派，即考证学，当然也继续工作。但普通经学史学的考证，多已被前人做尽，因此他们要走偏锋，为局部的研究。当时最流行的有几种学问：一，金石学；二，元史及西北地理学；三，诸子学。这都是从汉学家门庭孳衍出来的。”①

其次，清末国人出访国外。

1840 年英军叩关之后，中国日益被迫同西方接触，在这个过程中，清政府不得不派出大量访问团或使节，以利于外交工作的开展，或者为了考察国外政治、军事、经济等，以资本国借鉴，这些访问团的成员及清朝驻外使节留下了大量关于国外情况的记载，其中不少涉及古埃及文物。有些人甚至同国外埃及学家有过密切接触。与此同时，有很多商人或知识分子也走出国门，到欧美游历，他们也接触了大量埃及文物，并留下了相关记载或研究成果。

第一批由清政府官派出洋“游历”的是斌椿使团。同治五年（1866 年），在总税务司赫德（R. Hart）建议下，斌椿率同文馆学生一行五人，途经埃及，历游英、法、荷、德、丹、瑞、芬、俄、比等国。他们在埃及时参观了金字塔，并留下了国人关于古埃及象形文字最早的记载，其参观记录载于斌椿所撰《乘槎笔记》和《海国胜游草》中。

斌椿使团的成员张德彝，最早以同文馆学生的身份随斌椿出访。此后，他又先后七次出国，每次出国，张德彝都留下了详细的出游记录，写成《航海述奇》《再述奇》等共八“述奇”。其中《航海述奇》

① 《梁启超论清学史二种》，复旦大学出版社 1985 年版，第 122 页。

详细记载了张德彝第一次到达埃及时的游览经历，以及在伦敦水晶宫所见埃及文物的情况；《再述奇》记载了他在加拿大所见埃及木乃伊。

郭嵩焘为清廷派驻欧洲的第一人，他于1876—1878年任驻英国、法国大使，期间作日记达60余万字，这些记载在《使西纪程》中刊行约两万字，《伦敦与巴黎日记》又作了更详细的刊布。据其日记，郭路经苏伊士河时，在轮船上买得"埃及古迹图"数幅，其中有古埃及文，郭对其作了初步分析。

王韬，1867年应理雅各（J. Legge）之邀赴英国访问，在爱尔兰居住达两年，于1870年回国，留下《瓮牖余谈》《弢园文录外编》等著作。

李圭，1876年以中国工商业代表的身份，前往美国费城参加世界博览会，后又往欧洲游览，作《环游地球新录》。

张荫桓，1886—1889年担任美国、西班牙、秘鲁三国公使，驻外长达四年，游历遍及欧美，在此期间，张荫桓留下了详细的日记。归国后，将其整理为《三洲日记》。

薛福成，1890年出任英法意比四国大臣，1894年任满归国。驻外期间，薛勤于笔耕，留下了详细的日记，这些记录刊布在《出使日记续刻》《出使英法义比四国日记》等书中。

1905年，清政府"预备立宪"，并派五大臣出洋考察。五大臣分两批出使：戴鸿慈、端方前往美、德、奥匈、俄、意等国；载泽、尚其亨、李盛铎前往日、英、法、比等国。其中，端方素以收藏著称，此行考察中，端方在埃及购买了一批文物，这成为清末流入中国规模最大的一批埃及文物。同行者戴鸿慈著有《出使九国日记》。

最后，出洋中国人对埃及文物的感性认识。

清末中国人对埃及文物的介绍，范围比较窄，主要包括三个方面的内容。第一，游历至埃及的人，对开罗附近金字塔的介绍；第二，对欧美各大博物馆中所藏埃及文物的介绍，这些文物包括：碑刻、木乃伊、石像、陶器、印章等。但介绍较多的还是碑刻和木乃伊。第三，对埃及文字的讨论。

1. 金字塔

对开罗附近金字塔的介绍，比较详细的有斌椿的《海国胜游草》《乘槎笔记》、张德彝的《航海述奇》及王韬的《瓮牖余谈》。[①] 他们三人都曾亲历埃及，参观金字塔，并进入金字塔地宫，参观了石棺及木乃伊。其中对金字塔介绍最详细的，是张德彝的《航海述奇》。

张德彝将埃及这三座金字塔同中国的万里长城并论，以为“天下第一大工”。他描述金字塔上古埃及文“字如鸟篆”。入地宫后，他参观了古埃及石棺，称其“如马槽”，又描述祭庙神道、狮身人面像等。[②] 王韬提到了墓内的木乃伊。

开罗三座金字塔非常有名，很多未到过埃及的人都知道它。张荫桓称其为“三尖古冢”,[③] 显然错误，但是他所指当是这三座金字塔。

2. 碑刻、木乃伊等

碑刻。碑刻是旅外公私人员关注的重中之重，它们常被用来讨论中国、埃及古文字的关系，有些人甚至试图去了解这些文字的内容。在埃及碑刻资料传入中国后，迅速融入中国金石学的传统中，成为文人之间互相馈赠、共同赏玩的题材。这些我们将在后文详细说明。

木乃伊。这些公私出国者，记载的木乃伊分布在加拿大、法国、英国、埃及。王韬在《瓮牖余谈》中提到金字塔中的木乃伊,[④]《再述奇》中记载了加拿大的木乃伊。[⑤] 李圭、丁韪良详细记载了木乃伊的

---

① 分别见斌椿撰《海国胜游草》“古王陵”条，见《清代诗文集汇编》第615册，第8页上；斌椿撰《乘槎笔记》，湖南人民出版社1981年版，第15页；王韬撰《瓮牖余谈》卷五“埃及古迹”条，见影印本第469页。

② 张德彝：《航海述奇》卷一，收在《稿本航海述奇汇编》第一册，北京图书馆出版社1997年版，第103—105页。

③ 张荫桓：《三洲日记》，第398页。

④ 王韬：《瓮牖余谈》卷五“埃及古迹”条，见影印本第469页。

⑤ 张德彝：《再述奇》卷二，六月二十九日日记，收在《稿本航海述奇汇编》第一册，第589—590页。

制作方法。

李圭在《环游地球新录》中记载："西友为言，古时埃及人死，将尸置日下晒稍热，涂以香油后，用布裹扎极紧，图死者面貌；再用布二三百丈裹之，入棺埋葬，可历久不坏，而其法今不得闻矣。……牛羊猫犬鱼鸟之类，亦用前法包扎，盖殉葬物也。"[①]

丁韪良《西学考略》载卢浮宫古埃及木乃伊制法，曰："埃及葬礼，如故者向有名望，则实以香料，缠以油布，因而尸身永固，后世得以启视。"[②]

除了讨论木乃伊的制作方法外，古埃及人制作木乃伊，更被援引来讨论中国古史的问题。康有为在《孔子改制考》中，为说明"太古不知重魂、唯重尸体"的观点，就举出了木乃伊的例子。[③]

石像。《航海述奇》记载，伦敦水晶宫内陈列的古埃及文物，有"兽身人面者，更有兽身人面而带翅者，皆红身黑发，重眉长唇"[④]。《三洲日记》记载，在马德里"旧画院……楼下铜石像甚古，有铜像一枚高约尺八寸，背镌埃及古文，殊清晰，惜不能拓"[⑤]。

陶器、印章及其他。薛福成《出使日记续刻》记载埃及古陶器，推测其时代在夏商之时。[⑥]《三洲日记》载："有英人好古之士，宝藏埃及绿石一枚，如鸟啄而无首，云系二千余年物，又黑石一枚，状如刚卯，而无字绝类吾华旧玉，斑驳可爱。又埃及印章一枚，字三行，皆不易识，印背刻蝉，浅绛色。"[⑦]

---

① 李圭：《环游地球新录》卷三"百利替施博物院"（按：即 British Museum）条，见影印本第 685 页上。

② 丁韪良：《西学考略》卷上，页 21b，见影印本第 689 页下。

③ 康有为：《孔子改制考》卷四《墨子托古》，见《康南海先生遗著汇刊》二，第 100 页。

④ 张德彝：《航海述奇》卷二，四月初二日记，收在《稿本航海述奇汇编》第一册，第 166 页。

⑤ 张荫桓光绪十三年闰四月二十五日日记，见张荫桓《三洲日记》，第 175 页。

⑥ 薛福成：《出使日记续刻》卷四"十八日记"条，见影印本，史 579，第 7 页上。

⑦ 张荫桓光绪十五年九月十一日日记，见张荫桓《三洲日记》，第 422 页。

（三）清末国人对古埃及文物的收藏

首先，埃及文物及相关资料流入中国的途径。

清末进入中国的、和古埃及文物相关的资料包括：碑刻、陶器等文物本身，文物拓片、照片、石印本等。这些资料流入中国，主要得力于以上出国游历、访问考察的公私人员。他们在接触到埃及文物时，通过购买、捶拓、摄影等方式，以及获得国外博物馆及个人赠予的方式，将埃及文物及相关资料带回国内。

1. 购买

购买埃及文物最出名的，要数端方了。端方在考察欧美时，特别注意参观博物馆、美术院等机构。考察途中，端方不忘搜集购买古物。《陶斋所藏石刻》著录了 86 件埃及文物，包括：埃及石刻 36 种、埃及小人 12 件、小印 14 件、瓦石等器 24 件。[①] 这些应该就是端方归国途经埃及时，在开罗城购买的。

郭嵩焘途经埃及时，购得“埃及古迹图”数幅，其中有“克里阿卑得拿尼得尔”（按：即 Cleopatra VII）方尖碑图。[②] 康有为误称之为“拓本”，[③] 张荫桓《三洲日记》指出，“西人不知拓法”，然而，“西人游埃及归来，出照本用显微镜摹绘于石印上，尺寸虽大小不同，而跕画形体实无差讹，比之照本尤为清晓”，也就是说，西方人游历埃及后，会带回大量照片，为了扩大传播，他们会将照片石印出售，郭嵩焘所得，可能是文物照片或者前述石印本。[④]

2. 摄影及捶拓

叶昌炽《缘督庐日记》卷五记载，叶昌炽在郑盦丈处见到埃及古

① 《陶斋所藏石刻》，抄本，藏国家图书馆。此处所用资料，转引自潘崇《清末端方的古物收藏及藏品著述》，载《中国国家博物馆馆刊》2011 年第 7 期。

② 郭嵩焘：《使西纪程》卷下“二十四日”条，见影印本第 15 页下—第 16 页上。

③ 康有为：《广艺舟双楫》卷一，页 2a，见影印本第 3 页下。

④ 张荫桓：《三洲日记》，光绪十五年五月二十一日日记。收在任青、马忠文整理《张荫桓日记》，世纪出版集团、上海书店 2004 年版，第 397—398 页。

文的照片，“其石在法国巴黎斯城，高不可拓，以影照法缩于片纸”①。

《缘督庐日记》卷六记载，郑盦丈给他展示了埃及残石拓本一份，该石乃美国菲尔士所藏，张祖翼逖先游历美国时所拓。“张君欲打本，菲尔士恐损石，初拒不允，张君告以中国碑版所以流传甚远者，皆毡蜡之功，始拓得十余通，此本黄仲弢从张君乞得，以转赠郑盦师者也。”②

康有为游历埃及时，拍有照片。③

3. 获赠

张荫桓在美国时，华盛顿某博物馆赠给他埃及文石碑一通、希腊文石碑二通，埃及文石碑“碑额中画圆珠，约二尺；两旁若缀绦，而左右小异；绦下横列两长柄刀，圆珠之上遍画鸟翼，圆珠之下有三字形”。随后，张即将此三通石碑“转托鸟约旗昌附船寄沪”④。不久，陈敬如又寄来巴黎富人车奴士机购赠的“埃及石印八纸”⑤。这里的“埃及石印八纸”，据张荫桓后文介绍，并不是八枚印章，而是用石印技术复制的八块埃及石碑的照片。其一“乃一人侧立点滴，而下作一小人屈足而坠方围，许多小人环绕之……西人谓系三尖古冢（按：即开罗附近三座金字塔）中所得”；其二为“石幢”；其三为“火葬时储死灰之瓮”，它“有鬼神之状，满身皆文字”⑥。

其次，古埃及文物的主要藏家。

以金石家而主动收藏埃及文物的，似以潘祖荫、端方为主。潘祖荫请张荫桓代为搜罗，端方自己外出购置。潘祖荫倾心外国碑刻、文字，自其而立之前即已开始，先以高丽碑刻、后又日本碑刻。端方的搜集埃及文物，或受潘祖荫强烈影响。

---

① 叶昌炽：《缘督庐日记》卷五己丑二月“二十日”条，见影印本第173页下。

② 叶昌炽：《缘督庐日记》卷六庚寅五月“二十七日”条，见影印本第189页下。

③ 康有为编：《不忍杂志》，1913年第1—3期，文海出版社1988年版。

④ 张荫桓光绪十五年二月十三日、十七日，三月十八日日记，见张荫桓《三洲日记》，第371、373、380页。

⑤ 张荫桓光绪十五年三月十六日日记，见张荫桓《三洲日记》，第380页。

⑥ 张荫桓光绪十五年五月二十一日日记，见张荫桓《三洲日记》，第398页。

1. 潘祖荫

《金石补编》

2. 叶昌炽

《语石》

《缘督庐日记》

3. 端方

《国朝金石诗录》，上海图书馆藏，清人佚名编，思古斋抄本，二十册。

4. 康有为

《广艺舟双楫》

5. 汪鸣銮

《笘誃日记》

最后，清末中国人对埃及文物的介绍、研究情况。

晚清国人对埃及文字的研究，有两条路线，一是从其形态出发，与中国古籀文、篆文对比，讨论两者的关系。这条路线基本属于穿凿附会，但是非常流行。另一路线是，关注埃及古文的内容，并将其介绍给国内研究者。

对中埃古文字形态的对比研究，李长林、杨俊明作了总结，[①] 这类研究的基本结论是：古埃及文字同中国古籀文、篆文类似，不外乎“六书”范畴，因而中埃古文字同体，有人甚至认为，古埃及文字源于中国；[②] 而古埃及文为西方文字之祖，那么中国为西方之祖。

在古文字“中埃一体”的基础上，不少人进一步发挥，讨论与之相关的古史、文化问题。例如：

金永森在《西被考略》卷一大胆假设：大洪水之后，人类以葱岭为中心，迁往现居地，中埃文字一体，可为旁证，同时推测“非

① 李长林、杨俊明：《国人对古埃及象形文字的早期研究》，载《世界历史》1995 年第 2 期。

② 如王韬《弢园文录外编》卷一“原学”，称埃及文为“云书”，源于中土。

洲盖中华神明之胄”。在卷四《海西通使贡献》中，以中埃文字同体，推测《竹书纪年》“黄帝轩辕氏五十九年，长股氏来宾”之“长股氏”为埃及人。①

又康有为在《广艺舟双楫》中，引埃及文为象形之例，说明“文字之始于象形”的观点。②

以上推测，尤其是金永森的推测，带有很大的随意性，不足为信。然而，他们以文字研究为基础，试图进一步探讨、解决问题的勇气和眼光，值得肯定。

在以埃及古文形态为对象做研究的同时，清末国人也试图了解古埃及文的内容。在这方面，张荫桓及陈其驪贡献最大。

张荫桓在美国时，见到一块记载托勒密三世功绩的石碑，并将该碑碑文从英文译出。《三洲日记》记载，该碑为：“该国祠官颂国王多尼微第三（按：即托勒密三世）及王后毗连力奇（按：即伯伦尼斯二世）功德而立，大致以王崇信神道、祀事丰洁，此西俗信教之常。然其颂王克服波斯迎回神像、荒年购粮食赈济，此则武功仁术，有可嘉者。又王之少女奄逝，铸像于一等神坛，亦感念王仁而充拓之，犹见民俗之厚。”③

同时，张荫桓还顺便介绍了另外一块记载托勒密三世功绩的石碑，它是1866年德国考古人员在苏伊士河边的“汕得”发现的，据张记载，该碑:“高（英尺）七尺五寸宽二尺五寸，上段象形字，下段希腊字，续又得小碑一，为通用破体字，悉储埃及波勒博物院，碑纪多尼微王第三之九年太皮月十七日，即西历耶稣未降生以前二百三十八年三月七号也，象形字三十七行，希腊字七十六行，破体字七十三行，均纪多尼微王第三及王后毗连力奇加惠及神庙之事，征服波斯夺回神像之

---

① 金永森：《西被考略》卷一“西山经”条，见影印本第660页下；卷二“大荒西经”条，见影印本第684页下；卷四《海西通使贡献》“竹书纪年黄帝轩辕氏”条，见影印本第724页下。

② 康有为：《广艺舟双楫》卷一《原书第一》，页1a，见影印本第3页上。

③ 张荫桓光绪十五年三月二十二日日记，见张荫桓《三洲日记》，第381页。

功，举国升平有庆祠，祭司感戴德威，崇上王与后神号，增设慈悲神祠，祭司班秩，又每年三百六十日加增五日，以符日行轨，度永为庆祝慈悲圣神之期，所定新历以卑尼月初一日即西历七月十八号天狼星见之日起算。”①

陈其驪则将《罗塞塔石碑》翻译过来，编成《埃及碑释》一卷。

清末出洋国人对古埃及文有如此大的热情，他们必然同国外的埃及学家有过密切接触，例如《皇朝经世文三编》卷七十六洋务八《外洋学校》记载，宋育人在伦敦认识一位“麻翁”，能识埃及文。② 这些外国埃及学家，对出洋国人把握埃及石碑的价值，有很大的帮助。

（四）古埃及文物对清末知识分子生活的影响

埃及文物，尤其是埃及碑刻，进入晚清知识分子的视野之后，迅速同中国文化融合。埃及文物以其新颖性，逐渐融入知识分子的唱和、赏玩活动中，这表现在：

首先，埃及碑拓入诗。

比如黄遵宪《人境庐诗草》卷九《己亥杂诗》：“上烛光芒曜日星，东西并峙两天擎；象形文字鸿荒祖，石鼓文同石柱铭”。③ 又如陈三立《散原精舍诗》卷下《题陶斋尚书陶公亭雪夜评碑图图后为天发神谶精拓本》，“东搜扶桑制，西摹埃及碣；三代遗法物，奥窈充阛阓”。④ 陈衍《石遗室诗集》卷六《三六桥都统属题朔漠访碑图》：“近来搜采遍环瀛，埃及古刻多象形。匋斋已死金盘出，更谁访君士但丁。”⑤

其次，埃及碑拓成为文人共同把玩、鉴赏的题材。

---

① 张荫桓光绪十五年三月二十二日日记，见张荫桓《三洲日记》，第381—382页。

② 宰鸿铭著，陈忠倚辑：《皇朝经世文三编》，文海出版社1972年版，第1129页。

③ 黄遵宪撰：《人境庐诗草》，见《清代诗文集汇编》第767册，第586页下。

④ 陈三立著，李开军点校：《散原精舍诗文集》，上海古籍出版社2003年版，第207页。

⑤ 陈衍：《石遗室诗集》，《续修四库全书》影印本，第172页下。

比如程颂万：《石巢诗集》卷十一《同子申中实佛翼集黄筱农寓，题埃及古王王后画像拓本，陶斋所谓五千年石刻也》。[①] 而叶昌炽拜访郑盦丈时，郑常常将新得的埃及碑拓或照片拿出，与叶共同欣赏。[②]

再次，埃及碑拓成为文人相互馈赠的佳品。

端方购回埃及碑刻后，制作了大量拓片，分赠好友，同时，他也从别处获赠埃及碑拓，比如，康有为就曾赠给他一幅埃及石碑拓片。

最后，“埃及风”用具。

埃及文物进入清末文人圈子后，被改造利用，一批“埃及风”用具应运而生。端方曾制作过一批装饰有埃及碑刻拓片的扇子，分送好友。俞樾《春在堂诗编》有诗《午桥尚书以埃及古国所得石像数具，摹拓其文，制扇赠客，余与陛云各得其一，洵奇迹也，为作此歌》，[③] 即记载了端方制造的“埃及风”扇子。除俞樾、陛云外，端方的朋友缉之也获赠一枚“埃及风”团扇，上题“埃及五千年石刻，奉缉之仁弟大人鉴。端方”，钤“陶斋”朱印一枚。

类似的“埃及风”装饰也出现在折扇扇骨上。坊间流传一把折扇，扇骨上刻有埃及人物画像，其一侧题“埃及造像。茫父拓”，一侧题“匋斋珍藏。迪生刻”，说明扇骨上的埃及人像是颖拓大师姚华（号茫父）所拓、刻竹名家吴迪生所刻。除此之外，姚华还颖拓过其他数件匋斋所藏的埃及碑拓。

然而用埃及元素装饰器具，并没有成为一种时尚。从以上介绍可以看出，埃及文物、碑拓以及与之相关的装饰元素，基本都和端方有联系。流入中国的埃及文物，继续活跃的，也就数端方购买的那一批了。可见，清末埃及文物的流入，对中国文人的影响并不大。

---

① 程颂万：《石巢诗集》卷十一，页9b，见《续修四库全书》影印本，第320页上。

② 见前引《缘督庐日记》内容。

③ 俞樾：《春在堂诗编》卷二三，见《续修四库全书》影印本，第678页上。

第二章

古王国时期石碑

一　1号石碑

国家博物馆编号 8，21。

国家图书馆编号 1424，1446。

材质：原石：砂岩。

尺寸：不详。

出土地：不详。

年代：古王国时期。

（一）描述

长形石碑，严重破损，只余中间部分。

（二）铭文转写

]*tyw.f ḏr.f...sw*

]*nb.w sn nb.w ḥm-kꜣ nb.w nt*[*y*] *nnt*

]*ty ḥm-kꜣ ỉw.f r ꜣḫ mnḫ m ḫr.t-nṯr.t*

（三）译文

1. ……他结束了它们……

2. ……耐布，耐布的兄弟，……的卡祭司……

3. ……卡祭司，他将成为墓地中杰出的灵魂……

图1-2-1　1号石碑

二　3号石碑

国家博物馆编号12，24，38。

材质：原石：砂岩。

尺寸：不详。

出土地：不详。

年代：不详。

（一）描述

长方形石碑，破损严重。左边是一个穿长袍的祭司，左手托着供品，右手执法器。右边是一行文字。

（二）铭文转写

wnn.k ʿnḫ.tw smn.tw r ḥḥ

（三）译文

愿你永生，愿你永存。

图 1－2－2　3 号石碑

三　4 号石碑

国家博物馆编号 25，30。

材质：原石：砂岩。

尺寸：长，60 厘米；宽，28 厘米。

出土地：不详。

年代：古王国时期。

（一）描述

长形石碑，严重破损。

（二）铭文转写

ḥtp di͗-nsw ʾInpw ḫnty sḥ-nṯr ḳrs m st i͗mntt

i͗3w nfr wr.t ḫr nṯr ʿ3 rḫ nswt i͗my-r ḥm-k3 sḏmw

（三）译文

国王与西方墓地神祠之首阿努比斯赐予的供品，愿“国王之友”“卡祭司”总管，塞杰姆，在伟神身边（度过）美好晚年之后，埋葬在西方墓地。

图1-2-3　4号石碑

四 11号石碑

国家博物馆编号 34，35。

国家图书馆编号 1412。

材质：原石：砂岩。

尺寸：长，65 厘米；宽，21 厘米。

出土地：不详。

年代：古王国时期。

（一）描述

长形石碑，可能为假门上方门楣。

（二）铭文转写

ḥtp di͗ nsw ꜣInpw ḫnty sḥ-nṯr ḳrs m st i͗mntt nb i͗mꜣḫ ḫr nṯr ꜥꜣ i͗ꜣw nfr wr.t pr-ḫrw t ḥnḳt rꜥ nb rḫ nswt i͗my-r swt n spr

（三）译文

国王与西方墓地神祠之首阿努比斯赐予的供品，（愿）伟神尊崇之人，“国王之友”……监察官，尼塞普尔，于美好的晚年之后，埋葬在西方墓地，每天（得到）面包、啤酒等供品。

图1-2-4　11号石碑

五　41号石碑

国家图书馆编号1411。

材质：原石：砂岩。

尺寸：长，61厘米；宽，24厘米。

出土地：不详。

年代：古王国时期。

（一）描述

长形石碑，严重破损，只余中间部分。

（二）铭文转写

rḫ nswt imy-r 10 n wi3 sḥḏ pr-ḥḏ nḫ.t-ḫrw n ḫnw imy-r ḥm-k3 Sḏmw

（三）译文

国王之友，10 条船的船队队长。

国库监察官，都城“点货官”，“卡祭司”总管，塞杰姆。

图 1-2-5　41 号石碑

六　同类石碑：Inti 石碑[①]

波士顿美术馆 31.781。

材质：原石：石灰石。

尺寸：高，84 厘米；宽，34 厘米。

出土地：吉萨（或萨卡拉）。

---

① Peter Der Manuelian, A Case of Prefabrication at Giza? The False Door of Inti, *Journal of the American Research Center in Egypt*, Vol. 35 (1998), pp. 115-126.

年代：古王国。

（一）铭文转写

门板：

ỉIntỉ

门楣：

ỉIry(t)-ẖt nswt, ḥm-nṯr Ḥwt-ḥr nbt nht

门框左侧外：

ḥtp dỉ nswt ḥtp dỉ ỉInpw ḫnty sḥ-nṯr ḳrs.t(i).s m ỉmȝḫwt ḫr nṯr ʿȝ

门框右侧外：

ḥtp dỉ nswt ḥtp dỉ ỉInpw ḫnty sḥ-nṯr ḳrs.t(i).s m ỉmȝḫwt ḫr nṯr ʿȝ

门框左侧内：

ḥtp dỉ nswt ḥtp dỉ Wsỉr prỉ n.s ḫrw m ḥb nb n rʿ nb

门框右侧内：

ḥtp dỉ nswt ḥtp dỉ Wsỉr prỉ n.s ḫrw m ḥb nb n rʿ nb

（二）译文

门板：

恩提。

门楣：

国王财务总管，哈托尔女祭司，无花果女主人。

门框左侧外：

国王与神祠之首阿努比斯赐予的供品，愿她作为高贵之人，埋葬在伟神之前。

门框右侧外：

国王与神祠之首阿努比斯赐予的供品，愿她作为高贵之人，埋葬在伟神之前。

门框左侧内：

国王与奥塞里斯赐予的供品，愿她每天，每个节日都得到供品。

门框右侧内：

国王与奥塞里斯赐予的供品，愿她每天，每个节日都得到供品。

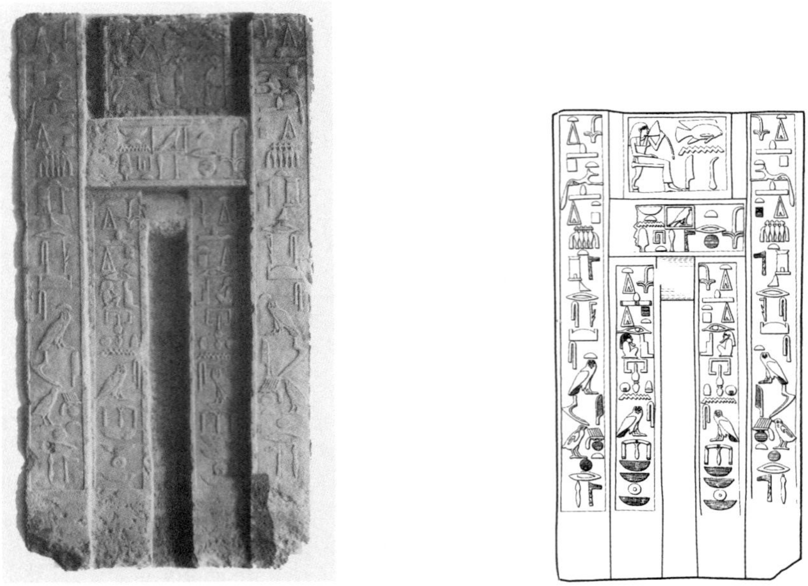

图 1-2-6　Inti 石碑

七　同类石碑：Irti 石碑[①]

材质：石灰石。

尺寸：高，62.8 厘米；宽，48.2 厘米。

① Robert McCorkell 私人收藏，见 Ronald J. Leprohon，The Sixth Dynasty False Door of the Priestess of Hathor Irti，*Journal of the American Research Center in Egypt*，Vol. 31（1994），pp. 41-47.

出土地：萨卡拉。

年代：6 王朝。

（一）铭文转写

门楣横梁：

i͗mꜣḫwt ḫr nṯr ꜥꜣ ʾIrti͗

门楣左侧：

i͗mꜣḫwt ḫr nṯr ꜥꜣ ʾIrti͗

nṯr ꜥꜣ nb i͗mntt ḥmt-ḥwt ḥm-nṯr nswt ʾIrti͗

...ḏdw i͗mꜣḫwt ʾIrti͗

门楣右侧：

i͗mꜣḫwt ḫr nṯr ꜥꜣ ʾIrti͗

ḥmt-ḥwt ḥm-nṯr nswt ʾIrti͗

（二）译文

门楣横梁：

在伟神面前尊崇的伊瑞尔蒂。

门楣左侧：

在伟神面前尊崇的伊瑞尔蒂……

伟大的西方之神，哈托尔神女祭司，王室女贵族伊瑞尔蒂。

布巴斯太斯……尊崇的伊瑞尔蒂。

门楣右侧：

在伟神面前尊崇的伊瑞尔蒂……

哈托尔女祭司，王室女贵族伊瑞尔蒂。

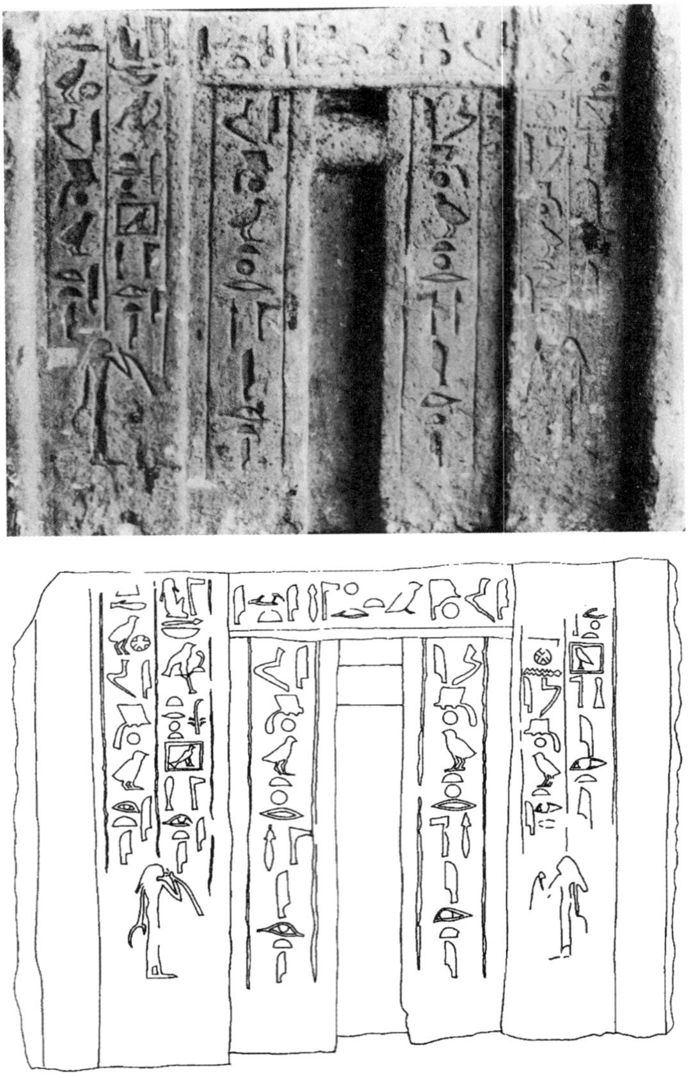

图 1－2－7　Irti 石碑

八　同类石碑：Skr-htp 石碑[①]

柏林博物馆 11667。

材质：原石：石灰石。

尺寸：高，84 厘米；宽，34 厘米。

出土地：吉萨（或萨卡拉）。

年代：古王国。

（一）铭文转写

1. *ḥtp dỉ nswt ʾInpw ḫnty sḥ-nṯr ḳrs(.tỉ.f) m ẖrt-nṯr ỉꜣw nfr(t) wrt Skr-ḥtp*

2. *ḥmt.f mỉtrt Dwꜣt-nwb*

3. *ỉmy-r ḥwt-šmꜥt Skr-ḥtp*

4. *ḥtp dỉ Wsỉr nb Ḏdw prỉ n.f ḫrw m wꜣg (ḥb) ḏḥwty (ḥb) tpy-rnpt ḥb wpt-rnpt ḥb (n)ẖrt hrw (nt) rꜥ nb*

5. *ỉn sꜣ.f ỉr n.f ỉmy-r ḥwt-šmꜥt Rwḏ*

（二）译文

1. 国王与西方墓地神祠之首阿努比斯赐予的供品，（愿）赛克尔荷太普于美好的晚年之后，埋葬在墓地。

2. 他的妻子，王室仆从（mitrt）杜瓦特－努博。

3. 亚麻屋总管赛克尔荷太普。

4. 愿布巴斯太特之主奥赛里斯在每年的这些节日都赐给他墓葬供品：瓦格节，图特节，岁首，新年。

5. 这是他的儿子，亚麻屋总管鲁杰为他做的。

① Khaled Daoud, The False-Door of the Family of Skr-htp, *Studien zur Altägyptischen Kultur*, Bd. 23 (1996), pp. 83 – 102.

图 1－2－8　Skr－htp 石碑

九　同类石碑：Petowe 石碑[1]

菲尔德自然历史博物馆 31683。

材质：石灰石。

尺寸：高，40 厘米；宽，27 厘米。

出土地：阿赫米姆。

年代：托勒密时期。

（一）铭文转写和译文（顶部文字）

Nb-pt, Bḥdty, nṯr nfr.

---

① Thomas George Allen, *Egyptian Stelae in Field Museum of Natural History*, Chicago, 1936, pp. 55－56.

天空之主，贝赫代特（Beḥdet），伟大之主。

人像部分（从右至左）：

P3tyw, m3ᶜ-ḫrw

正直的帕提乌（Petowe）。

Wsir, ḫnty imntt, nṯr nfr, iri s3

奥赛里斯，西方之首，伟大之神，保护者。

Ỉnpw.

阿努比斯。

3st.

伊西斯。

Nbt-ḥwt.

奈弗西斯。

（二）铭文转写和译文（正文部分）

1. *ḥtp-di-nsw n Wsir, ḫnt imnt, nṯr nfr, nb 3bḏw;*
2. *Skr-Wsir, ... ; 3st wrt, mwt nṯr, ḥry-ib Ỉpw; Nbt-ḥwt,*
3. *snt nṯr; Ỉnpw, ḫ3t sḥ-nṯr, wt, nṯr nfr, nb Ḏsrt-imntt. di.sn prt-ḫrw t, [ḥnqt,]*
4. *k3(w), 3pdw(w), irp, irṯt, snṯr, mrḥt, šsr, mnḫt, qbḥw n*
5. *...n(y) Wsir-P3tyw, m3ᶜ-ḫrw, s3 n(y) Pdi3st, m3ᶜ-ḫrw, irt n(y) nbt*
6. *[t3]rs, m3ᶜ-ḫrw, ḏt.*

1. 国王和奥赛里斯给予的供品，奥赛里斯是西方之首，伟大的神，阿拜多斯之主。

2. 索克尔－奥赛里斯……伟大的伊西斯，神之母，居住在阿赫米姆（Akhmīm）；奈弗西斯。

3. 神的姐妹；阿努比斯，在神殿之前者，防腐者，伟大的神，麦迪纳特哈布之主。这些神祇给予召唤供品如下：面包，［啤酒］。

4. 牛，禽，葡萄酒，牛奶，香料，油，亚麻布和衣服，祭酒，这些给予。

5. 公正的奥赛里斯帕提乌，公正的帕迪阿塞特之子，公正的家庭女主人。

6. 塔里斯之子。

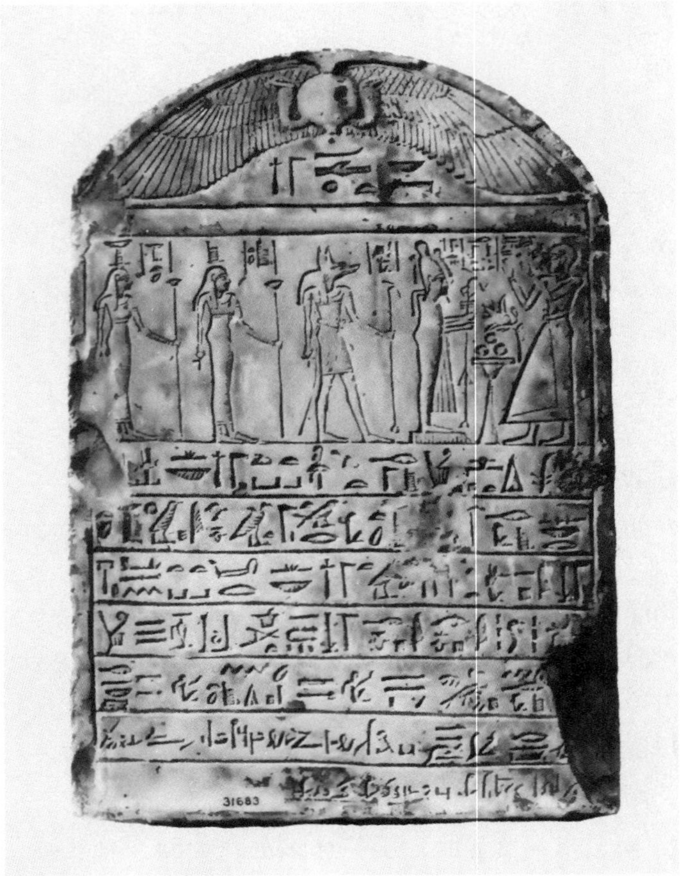

图 1－2－9　Petowe 石碑

十　同类石碑：Hsy假门石碑[①]

大英博物馆1212。

材质：石灰石。

尺寸：高，0.29厘米；宽，0.44厘米。

出土地：不详。

年代：4王朝。

（一）铭文转写

ḥtp-di-nsw ḥtp-di-Ỉnpw

ḫnty sḥ-nṯr ḳrs

m st imntt

i3w nfrt wrt

prt-ḫrw

n.f t ḥnqt m wpt-rnpt

ḏḥwty di(w) tp-rnpt

ḥb nb rᶜ nb

rḫ(w) nsw

nb im3ḫ ḫr nṯr ᶜ3 ḥsy

（二）译文

国王和阿努比斯赐予的供品，

阿努比斯在神殿之首，

愿国王之友，伟神尊崇的赫兹，

在度过美好晚年之后，

埋葬在西方墓地。

① T. G. H. James, Hieroglyphic texts from Egyptian Stelae, *Part* 1, *The Trustees of British Museum*, London, 1961, p. 13.

愿他在每个节日：新年、图特节、岁首，每天所有的节日，
得到下列呼唤供品：
面包，啤酒。

图 1－2－10　Hsy 假门石碑

十一　同类石碑：Qar 壁龛假门①

材质：石灰石。

尺寸：不详。

横梁（A）：长，53 厘米；高，210 厘米。

侧柱（B C）：长，35—71 厘米；高，215 厘米；厚度，17—20 厘米。

横板石碑（D）：长，43 厘米；高，102 厘米。

假门（E）：长，134 厘米；高，215 厘米。

① Mahmoud El-Khadragy，"The Edfu Offering Niche of Qar in the Cairo Museum"，*Studien zur Altägyptischen Kultur*，Bd. 30（2002），pp. 203－228.

发现地：艾德福。

年代：6 王朝。

（一）铭文转写（A 部分：横梁）

1. *ḥtp di nwt ʾInpw ḫnty sḥ-nṯr tpy ḏw.f imy wt nb tꜣ ḏsr nb spꜣ qrs.t(y).fi nfr m ḫrt-nṯr m smyt imntt [iꜣw nfr w]rt m ḥtp m ḥtp(ḥp.f)[ḥr wꜣwt nfr(w)t nt imnt ḫ]p[p]t [imꜣḫw ḫr.sn]...[smr] wʿ [ty] ḥry-tp [ʿꜣ] n spʿt ḳꜣr rn.f nfr [Mryyrʿ-nf]r*

2. *ḥtp di nswt Wsir ḫnty-imntyw nb ꜣbḏw ḫnty ḏdw prt-ḫrw n.f m Rkḥ m sꜣḏ m tpy rnpt m Wʿg ḏḥwtyt m ḥb nb nfr smr wʿty ḫry-ḥbt imy-r ḫnty(w)-š pr-ʿꜣ ḳꜣr*

3. *wn(.i) m ḥwn ṯs mḏḥ m rk tty in.t(y.i) (i)n ppyy r qmꜣt m-m msw ḥryw-tp rdy.t(y.i) m smr wʿty imy-r ḫnty(w)-š pr-ʿꜣ ḫr ppyy rdi.in ḥm n Mr-n-Rʿ ḫnt(.i) r Wṯst-ḥr m smr wʿty ḥry-tp n spʿt m imy-r šmʿw imy-r ḥm(w)-nṯr*

4. *n iqr(.i) špss(.i) ḫr ib ḥm(.f) ii.n(.i) n dmy(.i) m ḥꜣt ḥry-tp nb n šmʿw mi-kd.f ink wpw n šmʿw mi-kd.f iw rdi.n(.i) wn iwꜣ nw spʿt tn r-ḫrw n iḥwt (m) mḏwt m ḥꜣt šmʿw mi-kd.f n gmt.n(.i) is pw m-ʿ ḥry-tp wn m spʿt tn tp-ʿwy*

5. *n rs-tp(.i) n mnḫ(.i) (m) ḫrp iḫt n ḫnw ink ḥry-sštꜣ n mdt nb(t) innt m r-ʿꜣ gꜣw ḫꜣswt m ḫꜣswt rsy(w)t iw rdi.n(.i) t n ḥqr ḥbs n ḥʿy n(ty) gm.n(.i) m spꜣt tn iw rdi.n(.i) mhrw m irṯt iw ḫꜣ.n(.i) šmʿw m pr(.i) m pr(.i) n ḏt n ḥqr gm.n(.i) (m) spʿt tn*

6. *ir rmṯ nb gm.n(.i) m spʿt tn ṯꜣbt nt kyy r.f ḏbꜣ s(y) n nb.s m pr(.i) n ḏt ink qrs rmṯ nb n spʿt tn iwty sꜣ.f m ḥbs m išt(.i) n ḏt iw sḥtp.n(.i) ḫꜣswt nb(t) n ḫnw r mnḫ(.i) rs(w) ḥr.s ḥsy.k(wy) ḥr.s in nb(.i) iw nḥm.n(.i) mꜣr m-ʿ wsr r.f iw wp.n(.i) snwy r ḥtp.sn*

7. *ink mryy n it(.f) ḥsy n mwt.f mrrw snw.f ʿnḫw tpyw tꜣ swꜣ.t(y).sn ḥr is pn mrrw nswt dd.t.sn ḫꜣ t ḫꜣ ḥnqt ḫꜣ kꜣ n smr wʿty ppyy-nfr*

（二）译文（A 部分：横梁）

1. 国王和阿努比斯赐予的供品，阿努比斯是神殿之首，在山丘之上，在防腐之处，是圣地之主，塞帕（Sepa）之主，愿他在享受一个美好的晚年之后，在宁静之主被安葬在西方沙漠中的墓地。愿他经过西方的美好之路，那些受尊敬的人走过的路，唯一的陪伴，诺姆的州长，卡尔，他的美好的名字是麦伦拉－尼弗尔。

2. 国王与奥赛里斯和亨提阿门提乌赐予的供品，他是阿拜多斯之主，布西里斯之首，愿卡尔在火宴节，在萨德节，在新年节，在瓦格节，在图特节，在每个美好的节日，都得到墓葬供奉。

3. 当我还是孩童时，我在太提（Teti）在位时就在王宫，培比国王让我与其他高官的孩子一起受教育。我在培比在位时被任命为唯一的陪侍和宫廷人员的总管。麦伦拉陛下命我逆流而上前往艾德福诺姆，我的身份是唯一陪侍、诺姆长官、上埃及粮仓总管以及祭司总管。

4. 因为我是陛下心里特别喜欢和信任的人。我来自我的城市，我超过了南方所有的领主，我是整个南方的开创者。我使得全省各处的公牛与母牛一样在养牛场饲养。此前这个省的长官从来没有做到这点。

5. 因为我掌管王室事务时居安思危、工作高效，我成为知晓南方沙漠之路所有秘密事务的人。我给我在这个省发现的饥饿者面包，给裸体者衣物。我给人们装着牛奶的奶罐。我把我的墓葬专用庄园中的上埃及大麦拿出来，给了我在这个省发现的饥饿者。

6. 如果我发现某人欠了别人的粮食，我会从我的墓葬庄园中取出粮食替他偿还。我用自己庄园的布料安葬了这个省所有没有儿子的人。我为王室平定了所有的外国土地，因为我工作高效、机警敏捷，陛下为此赞扬了我。我把弱者从比他强的人手里拯救出来。我为双方裁判使得彼此都满意。

7. 我为父亲所爱，为母亲做夸奖，为兄弟所爱。啊世上活着的人们，你们会经过这个墓，那些得到国王恩宠的人会说：一千个面包，一千罐啤酒，一千个牛，给予培比国王的唯一侍从。

（三）铭文转写（D 部分：横板石碑）

1. *ḥtp di͗ nswt ḥtp di͗ Wsi͗r ḥtp ꜥInpw prt-ḫrw n.f m Wꜥg ḏḥwtyt m Rkḥ tpy rnpt wpt rnpt ḥb(nb) nfrt rnpt*

2. *ḥtp di͗ nswt n i͗mꜣḫw ḏd nfr wḥm nfr mry i͗t(.f) ḥsy mwt.f i͗mꜣḫw ḫr ḥr bḥdty*

3. *ḥtp di͗ nswt Wsi͗r qrs.t.f m ḫrt-nṯr m smyt i͗mntt m i͗ꜣt.f nt ḥry-tp ꜥꜣ n Wṯst-ḥr*

4. *ḥtp di͗ nswt ḥtp ꜥInpw tpy ḏw.f nb tꜣ ḏsr i͗my wt (n) i͗mꜣḫw ḫr Ptḥ-skr Qꜣr*

5. *wr mḏ šmꜥw rḫ nswt mḏḥw sš nswt sꜣb ꜥḏ-mr ni͗ nst ḫntyt ḫry-tp nswt pr-ꜥꜣ mšꜥ*

6. *smr wꜥty ḥry-sštꜣ n mdt nb(t) štꜣt i͗wt m r-ꜥꜣ n ꜣbw*

7. *smr wꜥty i͗my-r wp(w)t nb(t) nt nswt Mryrꜥ-nfr rn.f nfr Qꜣr*

（四）译文（D 部分：横板石碑）

1. 国王赐予的供品，奥赛里斯赐予的供品，阿努比斯赐予的供品，愿他在瓦格节，图特节，火宴节，岁首节，新年节，以及全年每一个节，都得到墓葬供品。

2. 国王赐予荣耀者的供品，他说善良之言，重复善言，他为父亲所爱，为母亲所喜欢，在艾德福的荷鲁斯面前的荣耀者。

3. 国王和奥赛里斯赐予的供品，愿他安葬在墓地，在他做领主的艾德福诺姆的西方沙漠。

4. 国王赐予的供品，阿努比斯赐予的供品，他在山丘之上，是圣地之主，他在防腐之地，供品给予普塔－索克尔面前荣耀之人——卡尔。

5. 上埃及十伟人之首，国王之友，国王的首席建筑师，要地的法官和边防长官，宫廷侍从。

6. 唯一侍从，他知晓整个象岛入境之处事务的所有秘密。

7. 唯一侍从，国王麦伦拉所有事务的总管，他的美好的名字是：卡尔。

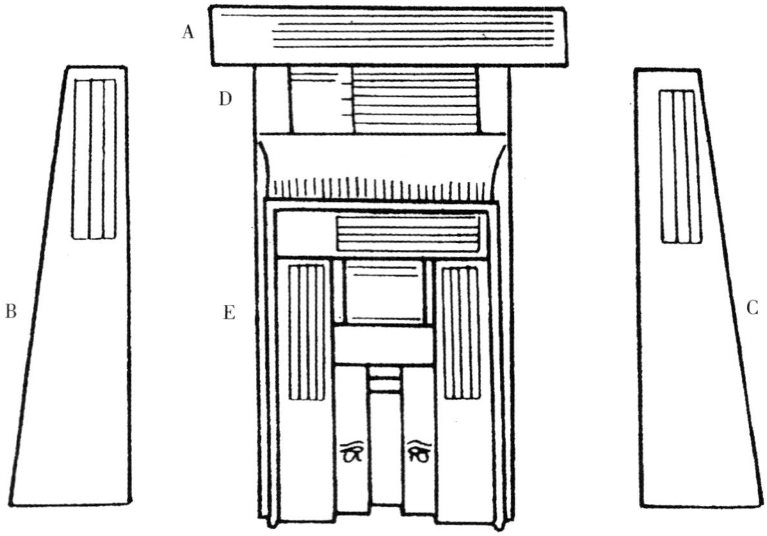

图 1－2－11　Qar 壁龛假门

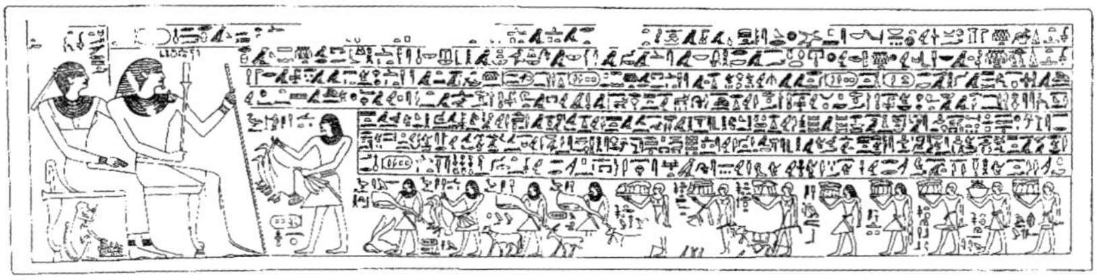

图 1－2－12　A：横梁

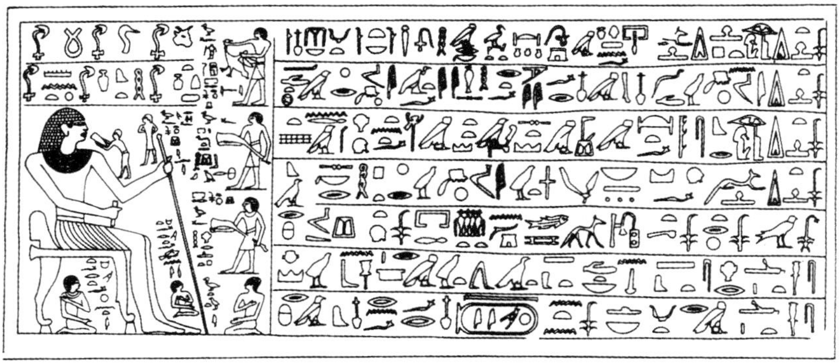

图 1－2－13　D：横板

第三章

新王国时期石碑

一 2号石碑

国家博物馆编号23。

国家图书馆拓片946，1444号。

材质：原石：砂岩。

尺寸：高，89厘米；宽，48厘米。

年代：新王国时期。

（一）描述

长方形石碑，顶部呈拱形，有圆弧形刻槽，弧形两端的下方各有一个象征统一的权杖（古埃及文的*wʿs*），对称并列，括住最上面一个格层的画面。弧形的下面是双翼日轮，日轮下方伸出两条蛇。石碑上部的浮雕分为两个格层，浮雕的下面是五行文字。

第一格层：

画面的中心是一个供桌，上面对称摆放着两个家禽和两枝莲花，桌子下方有两个陶瓶。供桌右边站着死者和他的妻子，他右手抬起，举着水瓶，有水柱洒向供桌。死者及其妻子的名字写在供桌的上方，分别是*ꜥnḫ-bḏḏḏ.t*和*Ḫꜣꜥ-sw-ʾIs.t*。供桌的左边站着奥赛里斯和伊西斯，他们的名字分别写在右上方。

第二格层：

五个手举供品的人物，前三个和最后一个是男子，第四个是女子。

该石碑有两份拓片，明显是拓自不同的原石，其中一个拓片上能看出原石有很深的裂纹，穿过整个碑面。

（二）铭文转写

1. *ḥtp-dỉ-nsw Ptḥ-Skr-Wsỉr nṯr nḏ nb Rstꜣ dỉ.t.f krs*
2. *nfr m ḫr-nṯr ỉꜣw nfr wr prt-ḫrw t ḥnḳt ꜣpdw ḳb ỉrp*
3. *ỉrtt ḫt nbt nfr ꜥnḫ nṯr ỉm.sn ỉmꜣḫ ḫr nṯr ꜥꜣ nb pt*
4. *ꜥnḫ-bḏḏḏ.t   sꜣ ꜥnḫ-pꜣ-ḫrd ms nb.t-pr Dỉ-Bꜣst.t-pꜣ-snb*
5. *ḥm.f nb (t)-pr Ḫꜣꜥ-sw-ʾIs.t   sꜣ ỉmꜣḫ Ḥtp-ʾImn mꜣꜥ-ḫrw*

（三）译文

1. 国王与罗塞陶之主普塔－索克尔－奥赛里斯赐予的供品，愿他（们）赐予（死者）一个好的墓地。

2. 在他于伟神身边度过美好晚年之后。（愿他得到）面包，啤酒，禽类，水，葡萄酒。

3. 牛奶等，所有那些神所赖以生存的美好供品，伟神即天空之主所尊崇之人。

4. 昂赫－布杰代特，昂赫－帕－赫瑞德之子，其母是迪－巴斯泰特－帕－塞耐布。

5. 其妻是哈奥－苏特－伊塞特，受尊敬的阿蒙荷太普之女。

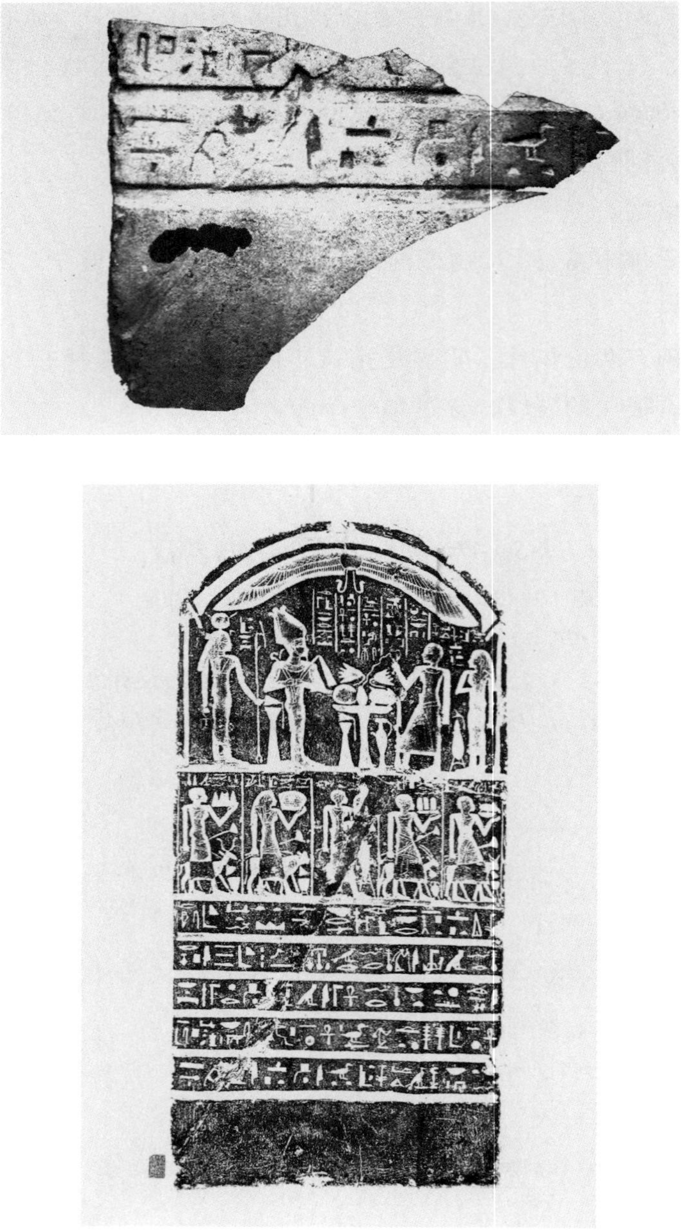

图 1－3－1　2 号石碑

二　15号石碑

国家博物馆编号43，44。

国家图书馆拓片编号1441。

材质：原石：砂岩。

出土地：不详。

年代：新王国时期。

（一）描述

长方形圆顶石碑，严重破损，只余碎片。浮雕分为左右对称的两部分，左边是穿长袍的祭司举起双手对着面前的国王祈祷。右边是祭司举着双手对阿蒙神祈祷。国王左手拿着万斯权杖，右手拿着象征世俗权力的赫卡权杖。阿蒙神左手拿着万斯权杖，右手拿着杰德杖。国王的名字写在他上方的王命圈里，前面有“法老”一词。祭司的名字写在他的前下方。

（二）铭文转写与翻译

左边祭司前面：

ỉr n sꜣwty šnwt …n pr (stp n Rꜥ mr-ỉmn)…

法老阿蒙摩斯（19王朝法老，公元前1200—前1196年）的粮仓总管。[①]

左边国王前面：

…nb ḥḥ ḥḳꜣ

① Hermann De Meulenaere, Les chefs des Greniers du nom de Saese au Nouvel Empire, *Chronique d'Egypte* 46 (1971), pp. 223 – 233.

百万，统治者。

右边：

ỉr n s3wty šnwt htp-nṯr n ʾImn Nfr-ḥr m3ʿ-ḫrw ḏd n.f Ṯ3y

阿蒙供品粮仓总管，受尊敬的尼弗尔－荷瑞，他说：……

左下方：

Nfr-ḥr m3ʿ-ḫrw ḏd n.f Ṯ3y

受尊敬的尼弗尔－荷瑞，他说：……

图 1－3－2　15 号石碑

三　19 号石碑

国家博物馆编号 7，18。

材质：原石：砂岩。

尺寸：高，112 厘米；宽，59 厘米。

出土地：不详。

年代：新王国时期。

（一）描述

长方形石碑，顶部呈拱形，有圆弧形刻槽，弧形的下面是双翼日轮，日轮下方伸出两条昂首的眼镜蛇。石碑上部为浮雕，下面有约 10 行文字。

浮雕表现一个男子向三位神祈祷，男子弯着腰，双手举起，他的形象比三位神的形象小约三分之一。三位神分别是奥赛里斯、伊西斯、荷鲁斯。男子和三位神的名字都写在他们的前方。

（二）铭文转写

奥赛里斯前方铭文：

Wsỉr Wn-nfr

伊西斯前方铭文：

ʾIs.t-wr.t

荷鲁斯前方铭文：

Ḥr sꜣ ʾIs.t

祈祷者前方铭文：

Pꜣ-dỉ-ẖnsw

1. *ỉy ʿnḫw tp tꜣ mr.ỉ s ʿnḫ rn.ỉ tp tꜣ mnḫ ỉmntt* [*mỉtt nṯr*] *tn*
2. *s ʿnḫ msw ms.sn tp tꜣ ḫrp ỉb.tn... mrt*(*ỉntt*)..
3. *mr.ỉ msd ḳbḥ mn mnḫt.....mr*
4. *sn ỉw r.ỉ nḫt nn rdỉ ḥn.ỉ pt n ỉt....ḥt wpt.ỉ gr.f gr.ỉ*
5. *ḥf.ỉ m r nḥḥ sḏf mr ḥs.f...kr...ỉnk ỉ*
6. *... ỉ msw ntt mr...ỉrt ỉṯ ỉỉ.f....ỉw ỉr dỉ.tn mꜣʿ-ḫrw r*
7. *rn . . . mnḫ - - - - m ỉꜣb.t sʿnḫ.tn rn.ỉ*①
8. *nḏt ḥs rmt rstw . .nn ḫꜣswt . . . ỉgr m ntrwy.ỉ*(*ḏbʿwy.ỉ rnpwt.ỉ*)*Pꜣ-dỉ*
9. *Ḫnsw sꜣ...ỉ mꜣʿ-ḫrw ms nb.t-pr ʾIs.t-ỉy.tỉ*② *nn nn mr r....*
10. *ḏt sꜣ Pꜣ-dỉ-ḫnsw sꜣ.t ḥr ỉmn* (*mꜣʿ-ḫrw*) *ms* (*n*) *ʾIs.t-ỉy.tỉ...ḏ.t*

（三）译文

奥赛里斯前方铭文：

奥赛里斯，维恩尼弗尔。

伊西斯前方铭文：

伟大的伊西斯。

① “-”表示原文缺失。

② Erich Luddeckens, *Demotisches Namenbuch*, *Band I*, Dr Ludwig Reichert, 2000, p. 74.

荷鲁斯前方铭文：

伊西斯之子荷鲁斯。

祈祷者前方铭文：

帕迪洪苏。

1. 啊，我所爱的世间的人们，让我的名字在这美好的世上永久地活下去，就像神在西方一样。

2. 让世间那些怀有爱心的人们成为显赫之人。

3. 我心存爱，我不憎恨（别人），爱会永存。

4. 对于那些强势的同伴，我不说他们的坏话，对于那些让我传达的信息，我保守它们的秘密。

5. 没有永远的敌人，那些破坏爱的人，得到的是忧伤……

6. 啊，那些心存爱的人……它将带给你……你将永恒……

7. 名字……美好的……在东方……愿你们让我的名字留存下去……

8. 罗塞陶的人们将保护我，赞美我……没有侵犯者……在众神的死亡之地，（我的印章，我的日期），受人尊敬的帕迪洪苏。

9. 他的母亲，“家之女主人”伊西斯伊蒂。

10. 他的儿子帕迪洪苏，他的女儿荷尔伊蒙，伊西斯伊蒂之女。

图1－3－3　19号石碑

四　51 号石碑

国家图书馆拓片 1094。

材质：原石：石灰岩。

尺寸：高，80 厘米；宽，60 厘米。

出土地：底比斯。

年代：19/20 王朝。

（一）描述

长方形石碑，顶部为金字塔形状，损毁严重。石碑表面的浮雕以双线分为三个格层：

第一格层：

缺损的 šn 符号，古埃及人以此来表示无限的宇宙。

第二格层：

鹰头的太阳神坐在太阳船里，膝上有个生命的符号，鹰头人身的荷鲁斯站在太阳神的后面，头戴红白两个王冠，右手握着蛇。在这两位神的面前，一个狒狒正举起双手祈祷。

第三格层：

左边是尼弗尔塔丽坐在王座上，左手举着连枷，右手拿着生命的符号，一个男子站在她的面前，穿着士兵样式的短袍，右手举起莲花放在鼻前，左手也拿着一枝莲花。尼弗尔塔丽和士兵中间有个供桌，上面有圆形面包、莴苣、莲花等供品。供桌的上方是六行竖写的文字。

拓片的右边写着："埃及古文六千年赠同殊世兄"，左边落款是"康有为"。

铭文以中间为界，由内向外分两个方向读。

右边的铭文：

ḥtp dỉ-nsw Ḥr-3ḫty dỉ.f ḥtp nb nfr.t wʿb.t n 3ḫ n Rʿ...wʿ

国王及“地平线上的荷鲁斯”赐予的供品，愿他们将所有美好纯洁的供品赐予拉神的灵魂……

左边的铭文：

ḥmt-nsw wr n ʾImn Nfr.t-ỉry

阿蒙伟大的王后尼弗尔塔丽。

（二）评注

R. J. Demaree 所著 The *3ḫ ỉḳr n Rʿ* Stelae（Leiden，1983）中，A 27 石碑与我们的 51 号石碑非常相似，下面是细节上的微小差异：

51 号石碑	Demaree A 27
荷鲁斯在拉神后面	法老站在拉神后面（显然是模仿错误）
拉神举着生命符号	拉神举着*w3s*权杖
王冠形状：	王冠形状：
供桌上没有鱼	供桌上有两条鱼
供桌上有两枝莲花	供桌上有三枝莲花
供桌上有三个面包	供桌上有五个面包
面包和莲花之间有竖线	没有竖线
人物头顶没有油脂香水	男子头顶油脂香水
下垂的莲花根茎很不自然	莲花根茎自然下垂

图 1－3－4　51 号石碑

五　同类石碑：*Dwꜣ r nḥḥ*石碑①

菲尔德自然历史博物馆 31663。

材质：原石：石灰石。

① H. M. Stewart, *Egyptian Stelae Relief and Paintings from Petrie Collection*, Warminster, 1976, pp. 25－26.

尺寸：高，61 厘米；宽，42 厘米。

出土地：底比斯。

年代：19 王朝。

（一）铭文转写

1. *ỉry-pˁt ḥˁty-ˁ sḏɜw bity tkn m nswt wˁ rs tp ḥr nb m bgi ḥr ḫḫ ɜḫt n nb.f sdhn*

2. *n nswt ḥr [mn]ḫ.f r ỉrt m ḥrw ṯswt.f　ỉmy-r pr wr dwɜwyrnḥḥ mɜˁ-ḫrw hɜ.k ỉrf*

3. *m ḥtp-dỉ-nswt ḫt nb nfrt nḏm sḫp(w) wˁb ḥr ḥtpt.k šmst(w).k ỉn kɜw.k r stw.k wɜbt r st.k nt rˁ-ḳrrt*

4. *m ḥtp sp ḥr nṯr ˁɜ [ỉmy-r pr] wr dwɜwyrḥḥ mɜˁ-ḫrw ḏd.f ḥr rmṯ wnyw ḏd.j n ṯn ḫprt*

5. *n.j ḥr ỉrt.n.j m šms ỉty šms.n.j sw ḥr mw ḥr tɜ ḫt ḫɜst rsyt mḥtt n ỉw sp.j*

6. *m stp-sɜ ỉr.n.j ḏdt.n.f mnḫ sḫnt.kwỉ r mỉty nb rdỉ.kw(ỉ) m-ḥɜt smrw.f ỉỉ.n.j ˁɜ*

7. *r nỉwt nt nḥḥ ỉr.n.j mrrt rmṯ ḥsst nṯrw smɜ.n.j tɜ m sˁḥ nb ḥsyw n nṯr nfr ḳˁḥ.n.j ḏrt ḥr rn.sn ỉrw*

8. *n.j ḥtp-dỉ-nswt mỉ nw ỉr.n.j tp tɜ jnk sˁḥ n ỉrt.n.f ḏd nfrt wḥm mrrt nfr pw ỉrt ḥr ỉrywt*

9. （右）*wdn ḫt nb wˁbt nfrt n ỉmy-r pr* [ ]

（左）*ỉry-pˁt ḥˁty-ˁ smr ˁɜ n mrt ỉmy-r pr wr dwɜwyrnḥḥ ỉt.f bnỉɜ mwt.f mswt*

10. （左）*sn.f nfr, snt.f snsnb, snt.f rwty-hwt-ḥr, ỉny, ỉˁḥms*

（二）译文

1. 世袭贵族，本地的王子，来到下埃及国王面前，别人都倦怠时，他是唯一有活力的人，他寻找对国王有益之事。国王提拔他……

2. 因为他在管理下属方面有着优秀的品质。公正的大主管杜阿维奈赫赫，现在你下来。

3. 带着王室供品，所有美好愉悦的东西，洁净的东西放到了你的供桌上。你的卡跟随你来到纯净之地，来到你的洞穴入口处。

4. 在平和中，在平和中，在伟神的陪伴下。公正的大主管杜阿维奈赫赫，他对活着的人们说：我告诉你们当我跟随陛下时经历的事情。

5. 我跟随他走过水路走过陆路，到过南边和北边的外国土地。我从来没有在宫中出错。

6. 因为我高效地按照国王所说的去做事，我被提拔到所有同僚之上。我位列群臣之首。

7. 我来到这个永恒之城，在我做了人民所喜欢的和神所赞扬的事情之后。我作为一个高贵的人，一个神所赞扬的人，在此入土。我伸展双臂赞美众神之名。

8. 我被赐予国王的供奉，就像我活着时候一样。因为我所作所为，我是个高贵之人，我说善良之言，我重复陛下希望之事，按照已经做的事情来行事是好的。

9. 为大主管杜阿维奈赫赫呈上所有洁净美好的供品，他是世袭贵族，本地王子，受国王宠爱的高官，大主管杜阿维奈赫赫，他父亲是本雅，他母亲是梅苏特。

10. 他的兄弟是尼弗尔，他的姐妹是森森博，他的姐妹茹提－胡特－赫尔，伊尼，雅赫摩斯。

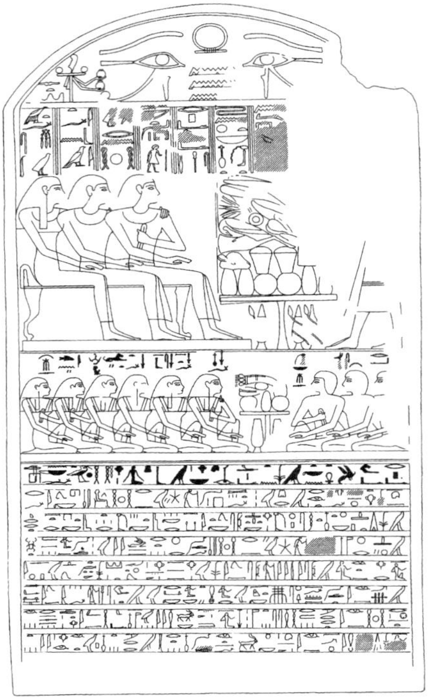

图 1－3－5　*Dwꜣ r nḥḥ* 石碑

六　同类石碑：Nebamun 石碑[①]

皮特里博物馆 14348。

材质：石灰石。

尺寸：高，27 厘米；宽，36 厘米。

出土地：阿拜多斯。

年代：18 王朝。

① H. M. Steward, *Egyptian Stelae, Reliefs and Paintings*, Warminster, 1976, p. 28.

（一）铭文转写

左侧：

1. *ḥtp-di̓-nsw Wsi̓r*

2. *nb ḏdw nṯr ꜥꜣ*

3. *nb ꜣbḏw di̓.f prt-ḫrw t ḥnqt kꜣw ꜣpdw*

4. *ḫt nb nfrt wꜥb ḳbhw i̓rp*

5. *i̓rṯt n Wsi̓r mꜣꜥ ḫrw*

右侧：

1.*tr di̓.sn nb*

2.*ꜣbḏw i̓r mꜣꜥ nb-i̓mn*

3.*ḥmt nbt-pr i̓mn-m-i̓pt*

右侧两人之间：

ṯꜣy n pḏr pr-ꜥꜣ nb-i̓mn

（二）译文

左侧：

1. 国王与奥赛里斯赐予的供品。

2. 奥赛里斯是布西里斯之主，伟大的神。

3. 阿拜多斯之主，他赐予如下的呼唤供品：面包，啤酒，牛肉，禽类。

4. 一切纯洁美好的东西，以及祭酒供品如葡萄酒。

5. 牛奶，给公正的奥赛里斯。

右侧：

1. 他们赞美奥赛里斯。

2. 阿拜多斯之主，并行正义之事。

3. 奈布阿蒙，家庭女主人阿蒙姆佩特。

右侧两人之间：

国王的弓箭手奈布阿蒙。

图 1－3－6　Nebamun 石碑

七　同类石碑：*Rwd-ʿḥꜣ*石碑[①]

材质：石灰石。

尺寸：高，157.48 厘米；宽，96.52 厘米。

出土地：阿拜多斯。

年代：11 王朝。

---

① R. O. Faulkner, The Stela of Rudj'ahau, *Journal of Egyptian Archaeology*, Vol. 37 (1951), pp. 47－52.

（一）铭文转写

1. *ḥtp dỉ nsw Wsỉr nb ḏdw ḫnty ỉmntt nb ꜣbḏw m swt.f nbt pr-ḫrw* 1000 *t ḥnqt* 1000 *kꜣ ꜣpdw* 1000 *ššr mnḫ…nbt*

2. *nfr wꜥb t n Wp-wꜣwt dbḥt-htp nt Wsỉr sns t ḥḏ wꜥb mhrw ḏwỉw ḥnqt ḏfꜣwt*

3. *nw nb ꜣbḏw prt m-bꜣḥ nṯr ꜥꜣ m-ḫt ḥpt kꜣ.f ỉm n ỉmꜣḫw ỉmy-r ḥm-nṯr Rwḏ-ꜥḥꜣ mꜣꜥ ḫrw ḏd ỉnk rḫt*

4. *sšmw ḏḥwty ḥꜣp <ḥr> rꜣ šsꜣt ḥwt-nṯr sṯny pꜥt rḫyt ḏḥwty pr-ꜥ ỉw <n.f> tꜣ.wy ỉnk Ptḥ*

5. *snw ẖnmw wr šꜥt m ḫꜣkw-ỉb ḫftyw m prt sm ḫnty st m ꜣḫt ỉmntt mỉt wꜥ*

6. *ỉm.sn ʾInk ʾInpw ỉry sšrw rꜥ sḫn…nbꜣ wn ꜥ ḫnr*

7. *ḫftyw m-ꜥ Wꜥrt-ḥtpt fnḫ-ỉb ḥm-nṯr Nt rꜥ n ỉdḫw ḥbs-ḫt rꜣ wḏꜥt*

8. *rꜥ snỉ pꜣ qt hssw ḫnty ḥsrt m mꜣꜥ smꜥt sm ḥrt*

9. *wꜣt dwꜣt rꜥ sꜥḥꜥ ꜥbwt ẖnm nṯr.f m mrt.n.f sꜥḥ sw m šspt ỉb.f sḥtp sꜥḥw*

10. *m prt m bꜣḥ nb.f ỉmꜣḫ Rwḏ-ꜥḥꜣ mꜣꜥ ḫrw ḏd ʾInk ꜥꜣ ḫꜣm rmn rḫ st-rd.f m ỉrw*

11. *ʾInk ꜥꜣ m nỉwt.f šps m pr.f ḏd n ꜣbt.f ʾInk mrr.f nfrt msḏ.f ḏwt nwt sḏr n*

12. *rmṯ špt r.f nn ỉsft prt m rꜣ nn ḏwt ỉrt n ꜥ.wy ʾInk ỉrk ḳd.f mrrw rmṯ m ẖrt hrw nt rꜥ nb*

（二）译文

1. 国王赐予奥赛里斯的供品，他是布西里斯之主，西方之首，他栖居在那里。召唤供品如下：一千个面包和啤酒，一千个牛和禽，一千匹亚麻和石膏，所有……

2. 美好纯洁的东西，维普瓦乌特（Wepwawet）的面包，奥赛里斯的葬礼宴会食品，申斯（sns）面包，纯净的白面包，成罐的牛奶，成罐的啤酒，

3. 属于阿拜多斯之主的供品，在伟神的卡享受了之后，在他面前分发给受尊敬的大预言师公正的鲁杰阿哈。他说，我是个智者。

4. 我是有图特特质的领导者，我对神庙的秘密守口如瓶，我从平民中提拔贵族，一个公正的图特，两片土地朝我走来。我是个普塔一样的人。

5. 我就像赫努姆第二，我在塞姆祭司的巡行中无情杀敌，我在西方地平线之首，就像其中的一员。

6. 我是阿努比斯神的祭司，我是守护亚麻衣物者，在捆绑之日，抬着轿子。

7. 在供奉之区迅速出手击退敌人，我是敏锐之人，在……那天，我是奈特女神的预言师，我对审判的结果守口如瓶。

8. 在砍开亚麻布的那天；我是被赞扬者，居住在 hsrt，引导大家走向通往来世的 Hrt 之路。

9. 在立起花束的那天，我以神所喜爱的来取悦他，以心所接受到的来提升自己；安抚那些贵族。

10. 当从陛下那里回来时，受人尊敬的鲁杰阿哈。他说：我是个出身贫寒的权贵，我的出身为贵族所接纳。

11. 我是个成功者，来自我的城市，我的家庭富有，我是家庭的支柱。我热爱善，憎恨恶。我入睡的时候。

12. 从来没有背负着人们对我的憎恨。我从不口出谎言，双手从来不做恶事。所有的人每天都爱戴我。

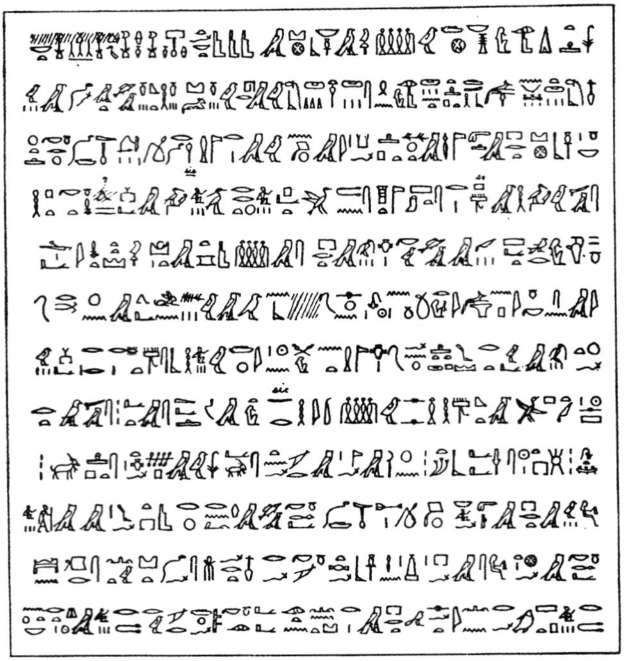

图 1－3－7　*Rwd-ˁḥ3* 石碑

八　同类石碑：Tefket 石碑[①]

菲尔德自然历史博物馆 31656。

材质：原石：石灰石。

尺寸：高，29 厘米；宽，23.5 厘米。

出土地：不详。

年代：18 王朝。

① Thomas George Allen, *Egyptian Stelae in Field Museum of Natural History*, Chicago, 1936, pp. 27－28.

（一）铭文转写

1. *ḥtp-di͗-nsw Wsi͗r ḫnty i͗mnt nb ȝbḏw di͗.t.f prt-ḫrw t ḥnqt*

2. *kȝw ȝpdw ḫt nb nfrt wʿb ʿnḫ i͗m.sn n kȝ n nb.t...*（*tfkt*）

3. *i͗r.n sȝ.t sʿnḫ rn.s tȝhwy*

（二）译文

1. 国王与西方之首阿拜多斯之主奥赛里斯赐予的供品，愿"家中的女主人"（太弗凯特）的卡得到下列供品：面包，啤酒，

2. 牛肉，禽类等所有神所赖以生存的纯洁美好的东西，

3. 她的女儿塔胡伊将使她的名字永存。

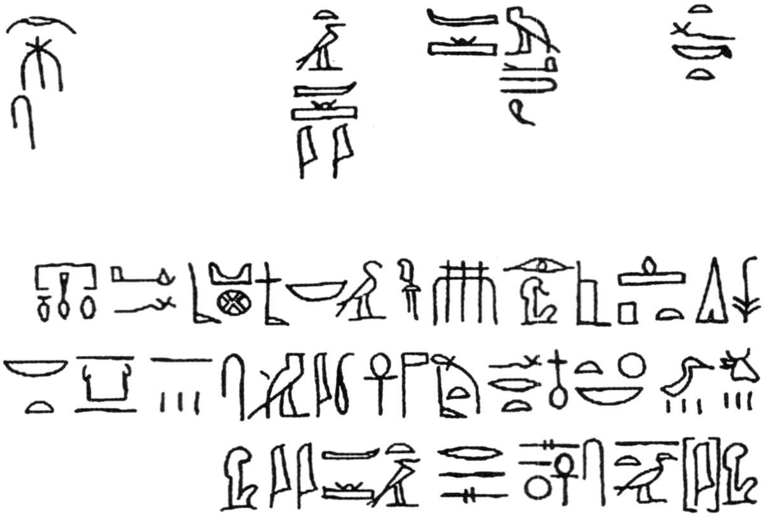

图 1-3-8 Tefket 石碑

九 同类石碑：Userhet 石碑[①]

菲尔德自然历史博物馆 31663。

材质：原石：石灰石。

尺寸：高，61 厘米；宽，42 厘米。

出土地：底比斯。

年代：19 王朝。

（一）铭文转写

1. *ḥtp-di-nsw Wsir Wn-nfr nb ḏd ḥkꜣ ꜣbḏw nb r nḥḥ di.t.f*
2. *kꜣ smsw.f m tp nb pꜣ mw in.f sš n nb tꜣ.wy wsr-ḥꜣt*

① Thomas George Allen, *Egyptian Stelae in Field Museum of Natural History*, Chicago, 1936, pp. 33 – 34.

（二）译文

1. 国王与西方之首、永恒之主、阿拜多斯之主、不朽之主奥赛里斯－温尼弗尔赐予的供品，愿……

2. 他的追随者的卡在每个（月）之初，让纯净之水环绕他，这是两片土地之主的书吏乌瑟哈特为他做的。

图1－3－9　Userhet石碑

第四章

墓碑固定搭配

一 *ḥtp-dj-nswt*句式

*ḥtp-dj-nswt*句式的基本结构：

*ḥtp-dj-nswt*句式是棺椁、墓碑和其他丧葬祭品铭文中最常见的献祭句式，通常出现在铭文的开头。

下面是一个典型的例子，选自中王国晚期的一块石碑。

ḥtp-dj-(n)swt wsjr ḫnt(j) jmntjw nṯr ʿꜣ nb ꜣbḏw wp-wꜣwt nb tꜣ ḏsr

dj.sn prt-ḫrw t ḥnḳt kꜣw ꜣpdw šsr mnḫt, ḫt nbt nfrt wʿbt ddt pt ḳmꜣ(t) tꜣ jnnt ḥʿp(j) ʿnḫ nṯr jm, ḥtpwt ḏfꜣw ṯꜣw nḏm n ʿnḫ

n kꜣ n rḫ-(n)swt snbj šrj mꜣʿ ḫrw ms.n nbt pr jwwj mꜣʿt ḫrw

“国王给予西方世界民众之首、伟大的神、阿拜多斯之主奥赛里斯和圣地之主外普瓦外特的祭品，给予以下仪式祭品：面包和啤酒、家畜和飞禽、亚麻和衣服——所有天空给予的、大地创造的、泛滥带来的、神赖以生存的好的洁净的东西——祭品、食物和芬芳的生命气息，给国王熟悉的、女主人伊乌伊所生的、公正的小赛涅比的卡。”这种句式在埃及历史上经历了许多变化，有许多不同的版本，但是大多数例子都有四个共同的要素。

（一）奉献词

句式经常以 （有时候是 ）这样的表达开始。这是一个关系从句，*ḥtp-dj-nswt*，直译为，“国王给予的祭品”，（*n*）*swt*“国王”要放在前面。理论上来说，它把列出来的丧葬物品指定为国王本人所有，也就是说，这是王室的祭品。有些铭文特别指明这一点，比如，

jr ḳrst tn jn (*n*)*swt* [*dj*] *n.j st m* [...] *m*

“对于这次下葬，国王是把它授予我作为（……），作为‘国王给予的祭品’的那个人。”① *ḥtp-dj-*(*n*)*swt*经常翻译为“王室的祭品”，而不是直译为一个关系式。

（二）给予者

国王的“礼物”通常不是由国王本人给的，而是来自地方丧葬机构。这些丧葬机构的神，通常是奥赛里斯或者阿努比斯，被理解为给予礼物的人。在句式中，通过在*ḥtp-dj-*(*n*)*sw*之后列出他的名字和作为

① 阴影部分用来表示铭文中缺失的部分，它的长度与缺失部分的文献相对应。

直接属格的修饰语表示他的参与。这里给出的例子来自阿拜多斯，提及两位神：奥赛里斯，死者之父（“西方世界民众之首”）和阿拜多斯之主；外普瓦外特，阿拜多斯墓地（“圣地”）的守护者。

有时候，神的名字通过间接属格或者介词 *jn* “由” 来引出，比如，*ḥtp-dj-(n)swt jn jnpw* “阿努比斯的王室祭品”，*ḥtp-dj-(n)swt jn wsjr* “奥赛里斯的王室祭品”。偶尔，神的名字在(*n*)*swt* 这个词的位置直接同奉献词结合，比如*ḥtp-dj-jnpw* “阿努比斯给的祭品”。另外一种表达还可以与常用的奉献词结合，比如*ḥtp-dj-(n)swt ḥtp-dj-jnpw* “国王给的祭品和阿努比斯给的祭品”。

（三）祭品

*ḥtp-dj-(n)swt*之中列出的祭品清单可以是句式中最长的部分。这个清单不是直接跟在给予者后面，就是由 *dj. f*（复数 *dj. sn*）“给” 引导，它是一个非完整的 *sDm. f* 结构。

有两种基本的礼物：墓葬和祭品。第一种一般与 “阿努比斯的王室祭品” 相联系，通常描述为*ḳrst nfrt m z(mj)t jmntt* “西方墓地的厚葬”。第二种一般是 “奥赛里斯的王室祭品”，是祭祀者召唤死者的灵魂来享用的一种 “仪式祭品”，这在埃及语中描述为*prt ḫrw* “发出声音”。基本上，祭品包括*prt-ḫrw t ḥnḳt kꜣw ꜣpdw* “仪式祭品：面包和啤酒、家畜和飞禽”。也可以有其他祭品，比如上面的例子中提到的 *šsr mnḫt* “亚麻和衣服”。祭品通常用短语*ḫt nbt nfrt wꜥbt* “所有好的洁净的东西” 来概括；还可以进一步用带有关系式的从句来修饰，比如上面的例子中的*kmꜣ(t) tꜣ jnnt ḥꜥp(j) ꜥnḫ nṯr jm* “天空给予的、大地创造的、泛滥带来的、神赖以生存的”。

（四）受益人

*ḥtp-dj-(n)swt*句式的结尾是接受 “王室祭品” 的死者的名字。通过与格 *n* “为” 或者更为完整的表达 *n jmꜣḫy* “为受人尊敬的”，

n k3 n jm3ḫy“为受人尊敬的人的卡”，或者（像这个句子中一样）*n k3 n*“为……的卡”。死者的名字通常伴随短语*m3ʿ/m3ʿt ḫrw*“公正的”，有时候还有*nb/nbt jm3ḫ*“荣誉的所有者”这样的表达。

二　“敬拜铭文”（Adoration Text）

（一）基本结构

sn tȝ …m33. nfrw…“亲吻某某神脚下的土地，见证某某神的美丽”。

这种铭文最早出现于古王国时期，11 王朝开始频繁出现于底比斯的墓室壁画和墓碑上，12 王朝开始大量出现于阿拜多斯的贵族供奉石碑上，崇拜的对象是墓地神肯塔门提乌或者奥赛里斯，他们都被称作西方之主，阿拜多斯之主。

敬拜铭文的内容是对神表达崇敬和爱戴，一般包含两部分，第一部分是通过“亲吻”“看见”等崇拜的行为来表达对神祇的敬爱，“*sn tȝ …m33. nfrw*”（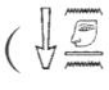…………），第二部分则更为直接地表达对神的崇拜，使用“敬拜”“赞美”等动词（ *dw3/ìm3*）。通常有简版和复杂版两种。简版的只是表达对神的敬意，没有提及具体的仪式环境，而复杂版的铭文中会出现复数的“节日”一词，包括瓦格节、图特节（festival of Thoth）、拉姆节（Rame-feast）和新年宴会（New Year Feast）。石碑的主人希望“崇拜文本”的内容在所有这些与奥赛里斯相关的节日上都能应验，即使他不在现场，也能目睹神的风采，献上自己的祈祷和供奉，并得到神的祝福。

（二）敬拜文本样例 1

12 王朝时因特夫，赛奈特之子（Intef，son of Sent）的碑铭：

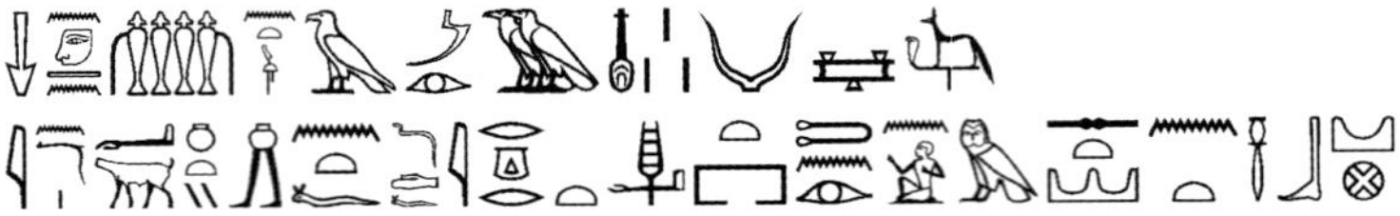

sn tꜣ n ḫntỉ ỉmntỉw
mꜣꜣ nfrw Wpỉ-wꜣwt
ỉn ỉmỉ-rꜣ ꜥḫnwtỉ Ỉn-ỉt.f ḏd.f
ỉr grt ꜥḥꜥt tn ỉr.n.ỉ m smt nt ꜣbḏw

亲吻肯塔门提乌（脚下）的土地，

见证维普瓦维特的美丽；

宫廷大臣因特夫说道：

“我将我的纪念碑竖立在阿拜多斯的沙漠中……”①

（三）敬拜文本样例 2

11 王朝最后一位国王到 12 王朝阿蒙涅姆赫特一世在位时期的宰相安特佛科的碑铭：

wḏꜣ m ḫdỉ r ꜣbḏw
dwꜣ n Wsỉr
sn tꜣ n ꜥꜣ nṯr nb ỉmnt m prt[…]
ỉnn ỉmꜣḫ(w) *ḫr nṯrwt ꜥꜣt*
snt mꜣꜥt-ḫrw

坐船到西方的阿拜多斯去，

赞美奥赛里斯，

亲吻神脚下的土地，

在尊敬的伟大的神的游行中，

正义的赛奈特。②

① “Kissing the ground of Khentamentiu, seeing the beauty of Wep-waut, by the Chamberlain Intef; he says: As to this shrine, I made it in the desert of Abydos……”, M. Lichtheim, *Ancient Egyptian Literature*, Los Angles: University of California Press, 1980, p. 121.

② Davies, Norman de Garis, Alan H. Gardiner, and Nina de Garis Davies, *The tomb of Antefoker: vizier of Sesostris I, and of this wife, Senet* (*no.* 60), London: G. Allen & Unwin, 1929, pl. 18.

三　“阿拜多斯公式”(Abydos Formula)

(一)基本结构：与奥赛里斯有关的来世愿望

最早出现于11王朝时期底比斯的墓葬中，12王朝集中出现在阿拜多斯，成为标准化的阿拜多斯公式，有20个按固定顺序排列的祈愿，这种形式一直延续到新王国时期。

11王朝最完整的阿拜多斯公式共有17个愿望，前4个以及13到17个愿望是古王国时期王室专用的墓葬文献《金字塔铭文》部分内容的延续。这些愿望描绘了死者希望加入神在天空中的旅行，有诸如登上神的日船和夜船、跨过天空、上升等意向，表明经历了第一中间期，来世信仰及实践逐渐向民间扩散的趋势。

12王朝是阿拜多斯公式出现的高峰时期，呈现出高度标准化的特征，20个愿望呈固定顺序进行排列，更加具体地设定在阿拜多斯奥赛里斯仪式的环境中，每个愿望都与仪式的内容关联着，比如参加游行和守夜（愿望9、11），登上神船，被转化为奥赛里斯的追随者（愿望2—8、10、13），获得奥赛里斯的供奉（愿望1、12、14、16、17、20），在众神面前坐在奥赛里斯身边（愿望18—19），等等。最重要的则是节日当晚举行的哈克节，此时要举办宴会庆祝奥赛里斯击败敌人，同时在仪式中死者在冥世接受审判，没有通过审判的死者会经历二次死亡即彻底死亡，而通过审判的亡灵则加入众神的行列，一起参加庆祝宴会，判断是否通过审判的方法使亡灵可否听到宴会上人们的欢笑声，因此这成为石碑上的愿望之一（愿望11）。[①] 此外，第16个愿望还希望可以参加一年各个季节所有奥赛里斯相关的节日，这一点

① John M. Iskander, “The Haker Feast and the Transformation”, *Studien Zur Altägyptischen Kultur* 40 (2011), pp. 137 - 142.

与敬拜文本、呼唤生者公式中的是一致的。

（二）“阿拜多斯公式”样例1

英太夫的祈愿，底比斯，图特摩斯三世时期（卢浮宫C 26）。

i ʿnḫw tpw tꜣ rmṯ nb
wʿb nb sš nb ḫry-ḥb nb
mrw ʿnḫ sḫm.tn mt
ḥsw ṯn nṯrw.ṯn niwtiw
nn dp.ṯn snḏt nt ky tꜣ
ḳrstw.tn m isw.tn
swḏ.ṯn iꜣwt.ṯn n ḫrdw.ṯn
m šdtt(y).fy mdwt.ṯn ḥr wḏ pn m sš
m sḏmt(y).fy st
mi ḏd.ṯn ḥtp di nswt...

世上的人们，所有的人，
所有的洁净祭司，所有的书吏，所有的诵经祭司，
所有将进入这个墓的人，
你们这些热爱生命憎恨死亡的人，
你们的地方神将给你恩宠，
你将不会在另一个国土品尝恐惧的滋味，
你将被安葬于自己的墓中，
你将把自己的职位传给自己的孩子，
那些出声朗读这个碑文的人将成为书吏，
他将听到这个：如你所说：国王所赐予的供品……①

（三）“阿拜多斯公式”样例2

11王朝时期赫涅奴石碑（Henenu/Khenenu，Moscow 4071）。

---

① M. Lichtheim, *Maat in Egyptian Autobiographies and Related Studies*, Freiburg: Universitätsverlag; Göttingen: Vandenhoeck & Ruprecht, 1992, pp. 173 – 174.

wḏꜣ.f biꜣ nmi.f ḥrt iꜥr.f n nṯr ꜥꜣ smꜣ.f tꜣ m ḥtp r imnt nfrt m imꜣḫw ḫr Wsir

sḏꜣ.f r ꜣḫt pt imntt n wt ꜣbḏw im wnn.f wp n.f ḏwt rmn.s di imnt ꜥ.wy.s r.f wp wꜣt mrrt.f m ḥtp

dndn.f wꜣt nṯr-ḥwt ḥnꜥ iswt n Wsir wnn wp.f imnt sbꜣ.s int n.f ḥp ḥtp.f wnm.f m rꜣ.f

mꜣꜣ.f m ir.ty.f rḫ.f sw m ꜣḫw ditw n.f ꜥ.wy m nšm ḥr wꜣwt imnt

ḏd.tw n.f ijw m ḥtp in wrw ꜣbḏw ḏsr.f m ḥpwt m msktt smꜣ.f tꜣ

m mꜥnḏt ḏd n.f wrw sḏꜣ m ḥtp ḫr Rꜥ imy n pt imꜣ

愿他跨过苍穹，穿过天空，

上升到伟神（身边），

平静地降落到西方，就如被奥赛里斯保佑的那样，

愿他到达西方光明之地，奥赛里斯所在之地，

愿沙漠向他张开怀抱，

愿西方向他伸出双手，

愿他在平静中开路，

愿他与奥赛里斯的追随者相伴，走在大墓场的路上，

愿西方向他敞开大门，

愿哈皮给他带来供奉，

愿他张嘴可以吃食，睁眼可以看见，

在英灵之间可以知晓自己，

愿在去往西方的路上，有人从奈沙麦特船上伸手拉他登船，

愿阿拜多斯的伟神们对他说“欢迎”，

愿他划着夜船之桨，

愿他乘着日船登陆，

愿伟神们对他说“平静地在天空中前往太阳神拉的身边”。①

① M. Lichtheim, *Ancient Egyptian Autobiographies, Chiefly of the Middle Kingdom: A Study and an Anthology*, Freiburg, Switzerland / Göttingen, Germany: Universitätsverlag / Vandenhoeck Ruprecht, 1988, pp. 55 – 64.

（四）“阿拜多斯公式”样例 3

12 王朝塞索斯特里斯一世时期的美瑞石碑（Mery），现藏于卢浮宫。

1. *Mst(w) n.f ꜥwy ḫr ḥtpt m ḥbw nw ḫrt-nṯr ḥnꜥ šmsw n Wsỉr*
2. *sꜣḫ sw wrw nw ḏdw šnyt ỉmỉt ꜣbḏw*
3. *wp.f wꜣwt mrrt.f m ḥtp m ḥtp*
4. *sḳꜣ sw ỉmỉw tꜣwr wꜥbw nw nṯr ꜥꜣ*
5. *dỉt(w) n.f ꜥwy m nšmt ḥr wꜣwt ỉmnt*
6. *ḏsr.f ḥpwt m msktt*
7. *sḳd.f m mꜥ nḏyt*
8. *ḏd.t(w) n.f ỉw m ḥtp ỉn wrw nw ꜣbḏw*
9. *sḏꜣ.f ḥnꜥ nṯr ꜥꜣ r r-pḳr nšmt wrt r nmtwt.s m ḥbw nw ḫrt-nṯr*
10. *sꜣḫ sw kꜣ-ỉmnt ḥkn.n.f m ḥpwt.f*
11. *sḏm.f hnw m r n ṯꜣwr hꜣkr n grḥ n sḏrt s ḏryt nt ḥr šn*
12. *dndn.f wꜣwt nfrwt pgꜣw ꜣḫt ỉmntt r wꜥrt rdỉt ḥtpt ꜥryt ꜥꜣt hmhmt*
13. *sꜣḫ sw ẖnmw ḥḳt tp-ꜥ(wy) ḫprw ḫr ḥꜣt <ḥr>msḫnt tpt ꜣbḏw prw m r n rꜥ ḏs.f m ḏsr ꜣbḏw ḥr.s*
14. *dỉ.sn n.f ḥtpt wꜥbt m-ꜥ šmsw n wsỉr*
15. *sḥꜥ sw ỉmỉw tꜣwr sḫnt wsỉr st.f r wrw ỉmỉw tꜣ-ḏsr*
16. *bꜥḥ.f ḥtpt ḏfꜣw ḫꜣmt ḫt n Wsỉr m wꜣḳ ḏḥwtt rkḥ tp-tr ḥbw wr(w) prt tpt ꜥꜣt m ḥbw nbw ỉrr n nṯr ꜥꜣ*
17. *ms n.f mḥwn ꜥ.f m ḥtpt nt nṯr ꜥꜣ*
18. *ḥms.f ḥr ỉmnt nt wsỉr m-ḥꜣt sꜥḥw špsw*
19. *spr.f ḏꜣḏꜣt nṯr šms.f sw r wꜣwt.f nbt wꜥbt ỉmỉt tꜣ-ḏsr*
20. *šsp.f ḫt ḥr ḥtp ꜥꜣ m ḫrt hrw nt rꜥ nb*

1. 愿人们给他供奉，在墓场的宴席上与奥赛里斯的追随者一起，
2. 愿伟大的布里西斯和他在阿拜多斯的随从转化他，
3. 愿他在平静中开路，
4. 愿那些身在塔维尔（Tawer）的人们提升他，那些伟神的

祭司们，

5. 愿在西方之路上，奈沙麦特船欢迎他登船，

6. 愿他划着夜船的桨，

7. 愿他在日船中航行，

8. 愿阿拜多斯的伟神对他说“欢迎来到平静之地”，

9. 愿他与伟神一同行至帕克，奈沙麦特船一路航行，直到大墓场的宴会上，

10. 愿西方之牛美化他，当他加入划船的人时，

11. 愿他从塔维尔的口中，在哈克节的夜晚时，在战士荷鲁斯的守夜时，听到欢呼声，

12. 愿他行走在西方光明之地的路上，去到获取敬献供奉之地，名望之门之前，

13. 愿赫努（Khnum）和赫克特（Heket）美化他，那在阿拜多斯将生前就出现的祖先们，那当阿拜多斯因此而神圣之前，就出生在拉神口中的神们，

14. 愿他们给你纯净的供奉，如同奥赛里斯的追随者（接收的）一样，

15. 愿那些在塔维尔的人们称赞他，愿奥赛里斯在神圣之地提升祂的神座，

16. 愿他富于供奉和食物，在瓦格节、图特节、火焰节、新年宴会、伟大的第一宴会、伟大的游行以及其他所有为伟神所举办的宴会上，都为奥赛里斯献上供奉，

17. 愿美努（Hehun）向他伸出手，给予他神的供奉，

18. 愿他在众神面前，坐在奥赛里斯身旁，

19. 愿他抵达神的议会，愿他在神圣之地洁净的路上追随着他，

20. 愿他每天在神圣的祭坛上获得供奉

——尊敬的持印人助手，美瑞，门赫努特之子。[①]

---

① M. Lichtheim, *Ancient Egyptian Literature*, Los Angles: University of California Press, 1980, pp. 86–87.

四 “向生者恳请”（Appeal to the Living）

（一）基本结构

首先，呼唤：ỉ ˤnḫw tpỉw tˤ作为固定开头，呼唤路过墓地的生者。

其次，动机：描述生者听从呼唤为墓主人奉献供品后将会获得的好处，如将会获得国王的恩宠，获得神的赞美，等等，论证这是得到国王和神认可的善行。

最后，供品清单：列举希望收到的供品，基本上与供奉列表中列举的物品一致。①

“向生者恳请”文本最早出现于5王朝和6王朝，并形成了较为固定的结构，此后一直沿用到新王国时期，是最为常见的墓葬文本格式之一。6王朝的卡尔墓（Qar）就是最早使用这个格式的例子之一，第一段刻于假门的顶柱过梁上，接在两段供奉列表和一段自传之后。另一段刻在假门左侧外侧柱上，跟在卡尔的头衔后面。

在第一中间期和中王国时期，“向生者恳请”大量出现在阿拜多斯和底比斯的私人供奉石碑中，但使用的目的是服务于阿拜多斯的奥赛里斯仪式，因此内容有明显的变化，总体趋势是从原来的空泛转变为具体：这个墓（ỉz pn）一词被mˤḥˤt代替，mˤḥˤt本身有“墓葬”的含义，但可以用于非墓葬的仪式性建筑如礼拜堂，在此特指阿拜多斯的礼拜堂。② 动机也由空泛变得明确，原来是获得国王和神的认可，此时是获得奥赛里斯的荣光。呼唤对象也由随机的、所有可能

---

① M. Lichtheim, *Maat in Egyptian Autobiographies and Related Studies*, Freiburg: Universitätsverlag; Göttingen: Vandenhoeck & Ruprecht, 1992, p. 156.

② M. Lichtheim, *Ancient Egyptian Literature*, Los Angles: University of California Press, Vol. 1, 1980, p. 123.

路过墓葬的生者，转变为具体的对象——为奥赛里斯的祭司，时间明确为奥赛里斯节日期间，场景具体为“维普瓦维特的旅行”、游行大道的两侧，最终目的是为了加入奥赛里斯的游行，并最终获得奥赛里斯的青睐。石碑和石碑所属的私人礼拜堂都成为一种“还愿物”和纪念碑。

（二）“向生者恳请”格式样例1

首先，6王朝卡尔墓。

ỉ ꜥnḫw tpỉw tꜣ
swꜣ.t(ỉ).sn ḥr ỉs pn
mrrw nswt ḏd.t(ỉ).sn
ẖꜣ t ẖꜣ ḥnḳt ẖꜣ kꜣ n smr wꜥtỉ Ppỉỉ-nfr

哦还在世的人们啊，
经过我坟墓的人啊，
那希望受到国王爱戴的人，说道：
一千个面包、一千瓶啤酒和一千份牛肉，
献给国王唯一的同伴，丕平奈菲尔。[1]

---

[1] El-Khadragy, Mahmoud, “The Edfu Offering Niche of Qar in the Cairo Museum”, *Studien Zur Altägyptischen Kultur* 30, 2002, pp. 203–228.

ỉ ʿnḫw tpỉw tꜣ

ꜣḳ.t(ỉ).sn r ỉs pʿn n ẖrt-nṯr

mrrw ḥst sn nṯr.sn

ḏdw t pꜣt ḥnḳt kꜣ ꜣpd n ỉmꜣḫw ḫr Ptḥ-rsỉ-ỉnb.f smr wʿtỉ ẖrỉ-ḥbt Mrỉỉrʿ-nfr

哦还在世的人们啊，

经过我在大墓场的坟墓的人啊，

那些希望获得神的赞美的人，说道：

面包、蛋糕、啤酒、牛肉和鸭子，

在普塔神庙南墙前，献给唯一的同伴，诵读祭司，美瑞拉奈菲尔。①

其次，11 王朝底比斯美茹石碑（Meru）。

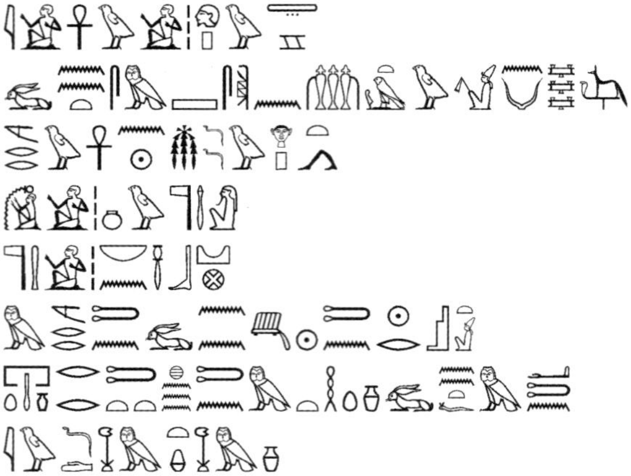

① El-Khadragy, Mahmoud, "The Edfu Offering Niche of Qar in the Cairo Museum", *Studien Zur Altägyptischen Kultur* 30, 2002, pp. 203 – 228.

i ḥmw nṯr ḥmwt nṯr
ḥsw ḥswt ḫnw ḫnwt
ẖrd nb nw tꜣ-wr ꜣbḏw
i ꜥnḫ tpw tꜣ
wnnty.sn m šms n ḫntimntiw n Wpwꜣwt
mrrw ꜥnḫ msḏḏw ḫpt
wꜥbw nw nṯr ꜥꜣ
ḥmw nṯr nb n ꜣbḏw
m mrr.ṯn wnn imꜣḫ.ṯn ḫr Wsir
prr.ṯn ḫrw stt.ṯn m t ḥnḳt wnnty.fy m-ꜥ.ṯn
iw ḏd.ṯn ḫꜣ m t ḫꜣ m ḥnḳt…

啊，祭司们，女祭司们！
歌者，女歌者，男女乐人们！
底比斯、阿拜多斯所有的仆从们！
这是你们每个月的节日中应该记住的一个好名字。
啊，世上活着的人们，
那些将会追随亨特阿蒙西斯、维普瓦维特的人们，
那些热爱生命、憎恨死亡的人们，
伟神的祭司们，
阿拜多斯所有的祭司们，
如果你希望在奥赛里斯面前得到荣耀，
你应该奉上声音供品，应该以你手里的面包和啤酒献祭，
你应该说，一千条面包，一千罐啤酒……①

① M. Lichtheim, *Maat in Egyptian Autobiographies and Related Studies*, Freiburg: Universitätsverlag; Göttingen: Vandenhoeck & Ruprecht, 1992, p. 162.

再次，12 王朝时期雕刻师申瑟提（Shensetji）的石碑。

ỉ ʿnḫw tpw tꜣ
mrrw ʿnḫ msḏḏw ḫpt
šms.ṯn Wpwꜣwt r nmtt.f nbt
ḥtp ỉbw.ṯn m ʿnḫ tp tꜣ
ỉw.ṯn r rdỉt n.ỉ prt ḫrw m ꜣbd

哦还在世的人们啊，
那些爱生恨死的人们啊，
当你们追随维普瓦维特的旅行时，
并对生活感到满足的时候，
你应该在节日的时候给我供奉……①

最后，12 王朝时期得都－索贝克（Dedu-Sobek）的石碑。

ỉ ʿnḫw tpw tꜣ
m ḥmw nṯr ḥmwt nṯr wʿbw
ḥnw ḥnwt nw rꜣ-pr pn n Wsỉr ḫntỉmntỉw
ỉrrw ẖt ỉm.f n sʿḥw.sn
ḏd.ṯn ḫꜣt ḥnḳt

① Faulkner, R. O., "The Stela of the Master-Sculptor Shen", *The Journal of Egyptian Archaeology*, 38: 1952, pp. 3－5.

哦还在世的人们啊，

也就是奥赛里斯-肯塔提乌斯神庙的祭司们、女祭司们、诵读祭司们、乐手们，

你们在神庙中为被保佑之人举行仪式，

愿你们说道：一千个面包、啤酒……①

五 "使你英名永存"（Make Your Name Alive Forever）

（一）基本结构

in + 人名 + *sʿnḫ rn.f*，意为"通过……使其名字复活"。

通常出现在祠堂或者圣殿中的石碑上，如阿拜多斯的假墓祠堂，但其他地方如雕像、乌沙伯提、供桌、墓室墙上甚至小方尖碑上等也有使用的例子。一般出现在供奉程式*ḥtp-di͗-nsw* 的后面。中王国时期出现*ḥtp-di͗-nsw*的石碑上百分之八十都有这个句式。

这种句式强调的是句首的施动者，他的名字或者与墓主人的关系在句首出现。如果这个句式出现在一个赞美神的男子形象前面，表明施动者所做的是赞美这个动作；如果这个句式出现在石碑的底端，与主要画面分开，那么表明这个施动者所做的是将这个碑呈奉给墓主人。也有很多情况下，石碑上出现了施动者的形象，但没有任何动作；或者石碑上没有出现施动者的形象，只是在铭文中出现他的名字。大部分情况下，这个句式紧跟*ḥtp-di͗-nsw*，与之是个整体。少数情况下，在*ḥtp-di͗-nsw*下面出现施动者的形象，在其上方或者旁边写着这个句式。

"愿将来路过的贵族都诵读，愿他们给予我精神能量，这样我就

① M. Lichtheim, *Maat in Egyptian Autobiographies and Related Studies*, Freiburg: Universitätsverlag; Göttingen: Vandenhoeck & Ruprecht, 1992, p. 164.

可以靠人们给予的呼吸而活着，他们复活我的名字，他们将成为强大而有威力的神祇。巴是满意的。”（BM 562）

（二）英太夫自传（大英博物馆，BM 562）

1 ḥr.j ḫt.n.j ... ḥr bꜣw(?).j
jḫ ḏd srw swꜣt.sn
2 jḫ dj.sn n.j ꜣḫ
ꜥnḫ.j m tꜣw n dd rmṯw
3 sꜥnḫ.sn rn.j nṯr pw nḫt wꜣs
ḥtp bꜣ dj.n.sn sḫꜣ.f
smnḫ(.j) wj 4 n m-ḫt rnpwt
bꜣkt.n.j m ꜣḫt.s n.j
snj qn r jr.n.j n.j
5 jn ḏrw rḫ m jḫt
dj.n.j nfr.j ḫr pr.j
mrt.j ḫt tꜣ r-ḏr.f
6 n qr(?).j s n tp-ḥr(y).f n ḏꜥr(?) n sḫm-jr-f
rdj.n.j t n ḥqr ḥnqt n jb(j)
7 ḏꜣ(j).n.j gm(?).n.j jwj(w)
jṯj.n.j nḏmtt(?) ẖr wḏ-nswt smꜣ.n.j 8 m ḥs(w)
s n mtr m rmṯw ꜥqꜣ m sbj n sbꜣ(w) ḏdw 9 r.f rmṯw
jr.f ḥꜣ tꜣ mḥ m mjtw.f
ḏd.n.j 10 nw n snw.j n pr-ḏt.j
jw qrs.n.j jꜣw 11 ḥbs.n.j ḥꜣy
n jr.j jwjt r rmṯw msḏḏt 12 nṯr pw
jr.n.j mꜣꜥt mrt n nswt
jj.n.j r njwt.j 13 hꜣ.n.j m spꜣt.j
jr.n.j mrt rmṯw ḥst 14 nṯr
jn ḥm n nswt-bjty ḫpr-kꜣ-rꜥ sꜣ-rꜥ sn-wsrt ꜥnḫ ḏt
15 rdj wj m smrw.f ... Intf jr n Snt

……在我的石碑上。

愿将来路过的贵族都诵读，

愿他们给予我精神能量，

这样我就可以靠人们给予的呼吸而活着；

他们复活我的名字，他们将成为强大有威力的神祇。巴是满意的，

当他们使我的名字被记住时。我为自己的身后捐赠。

我为对自己有利的事情工作。

那些强大的人应该仿效我为自己做的事情，

接近对世界的认知的界限。

我把我的善意给予我的家庭；

我的爱遍及全国。

我从没对任何人的主人诽谤他，以换取陛下的宠信。

我把面包给饥饿的人，啤酒给饥渴的人，

我渡无舟者过河，

我在陛下的命令之下得到很快的提拔，获得了这样的赞扬：

对人民公正，准确指导初学者，人们这样说他：

"希望全国到处是他这样的人！"

我对我的土地上的兄弟们这样说：

我为年老者送终，给赤裸的人衣服，

我从未对人民犯罪，那是神所憎恨的。

我按照国王希望的那些行正义之事。

我来自我的城市，我来自我的诺姆，

我做人民所爱、神祇所喜欢之事，

上下埃及之王塞索斯特里斯

使我位列他的大臣之中。

塞内特之子英太夫。[1]

---

① M. Lichtheim, *Ancient Egyptian Autobiographies, Chiefly of the Middle Kingdom: A Study and an Anthology*, Freiburg, Switzerland / Göttingen, Germany: Universitätsverlag / Vandenhoeck Ruprecht, 1988, pp. 108 – 109.

六 “拉神的显灵”（The Excellent Spirit of Re）

（一）基本结构

3ḫ ỉḳr n rʿ NN。

祷文中将祭拜对象称为*3ḫ ỉḳr n rʿ*的一类石碑多数是拉美西斯时期制作，上下埃及各地也有发现，但多数出土于麦迪纳工匠村。[①] 由石灰石制成，形制更像是还愿碑，而不是墓碑。大部分的高度在25厘米以下。石碑多呈尖顶或者弓形顶，顶部饰有太阳船、神龛、申环、水纹、荷鲁斯之眼等符号。石碑主体部分的图案是死者接受供奉：受祭者或跪，或坐，或立，手中常握有荷花、布条或象形文字中表示生命的符号，或伸向祭桌上的供品。石碑上有简单的祷文。

*3ḫ ỉḳr n rʿ*一词的基本意思是“有能力的亡灵”，通常用于祖先崇拜的语境中，最早出现于古王国的墓室铭文和官员自传中，在新王国时期的《亡灵书》以及石碑、石像、祭桌中开始大量出现，成为表现祖先崇拜活动的一个固定名词。拉神作为这个格式的固定组成部分，以及这类石碑上常常描绘早晨的太阳神拉-赫拉克提，是新王国时期太阳神崇拜盛行的表现。

大多数石碑只是简单地交代了死者的名字和生前的职位等。受祭者与献祭者的关系包括父子/父女、兄弟或者朋友、兄妹或者夫妻、母子等，仅限于两代以内的亲属。献祭者的身份也比较多样，不仅有当地的祭司，也有书吏、工匠、守门人、家庭主妇等。

（二）拉神的显灵样例1

麦迪纳工匠村墓碑A39。

① R. J. Demarée, *The akh iqr n Re-Stelae on Ancestor Worship in Ancient Egypt*, Nederlands Instituut Voor Het Nabije Oosten, Leiden, 1983, p. 175.

ꜣḫ iḳr ꜣsr n rꜥ ḫꜣmy ꜣḫ iḳr ꜣsr n rꜥ pn nbw mꜣꜥ ḫrw ꜣḫ iḳr ꜣsr n rꜥ wbḫt

拉神的显灵奥赛里斯哈米，拉神的显灵、公正的奥赛里斯潘奈布，拉神的显灵奥赛里斯维布赫特。①

（三）拉神的显灵样例 2

麦迪纳工匠村墓碑 A40。

ḥtp di nsw rꜥ-ḥr-ꜣḫty tm nb tꜣwy iwnw di.f ḫt nb nfr wꜥb n kꜣn
ꜣḫ iḳr ꜣsr ḫsw mꜣꜥ ḫrw in snt.f ꜥnḫ wḏꜣ snb rn.f
nḏm bḥd mwt.s nbt-pr wiꜣ mꜣꜥ ḫrw

国王赐予拉－荷尔－阿赫提、阿图姆的供品，他是两地之主，赫利奥波利斯之主，愿他赐予所有美好纯洁的供品给显灵、公正的洪苏的卡，这是他的姐姐涅杰姆赫贝特，和他的母亲家庭女主人、公正的维亚所呈奉的，她们将使他的名字复活。②

七　"威胁格式"（Threatening Formula）

（一）基本结构

ir s sḏm.tj.fj……sḏm.f 如果某人……他就会……

最早的例子是 4 王朝的，一直到后期埃及都在使用。古王国时期通常出现在贵族墓碑或者墓室墙上，第一中间期后也开始出现在随葬品如雕像、木棺、供桌等以及祠堂上，内容是保护陵墓和随葬品不被破坏和偷盗，以及墓主人的名字不被抹除。威胁格式并非独立出现，而是与其他铭文在一起，如跟随在"对活着的

① R. J. Demarée, *The akh iqr n Re-Stelae on Ancestor Worship in Ancient Egypt*, Nederlands Instituut Voor Het Nabije Oosten, Leiden, 1983, pp. 104 – 105.

② R. J. Demarée, *The akh iqr n Re-Stelae on Ancestor Worship in Ancient Egypt*, Nederlands Instituut Voor Het Nabije Oosten, Leiden, 1983, pp. 106 – 109.

人的请求”的后面。从6王朝开始有如果句。除了培比二世的《金字塔铭文》之外，没有出现在任何国王的墓中。所谓法老的诅咒是没有根据的。

威胁格式的主语多数是墓主人，出现之处也多是墓碑或者墓室入口或者祠堂等公共空间，这些人生前多为高官，如“唯一的随从”（*smr wʿty*）“房屋总管”（*ỉmy-r pr*）“省长”（*ḥꜣty-ʿ*）“工程总管”（*ỉmy-r kꜣt nbt*）。从墓葬规格来说，可以立墓碑、建祠堂或者造雕像的，通常都是上层贵族，因此出现这些头衔是正常的。

威胁的对象通常是泛指未来所有可能破坏或打扰死者的人，重点强调的是破坏行为将受到的惩罚，而不是这些人的身份。

（二）威胁格式样例1

派太提（Petety）之墓A20，吉萨，4或5王朝。

rmṯ nb ḥm-nṯr ḥwt-ḥr ḫnw ḥw.f ḏbʿ.wy tr

ʿK.ty.sn m nw

ỉr.ty.sn ḫt ỉm ḏw

ỉn nṯr nḏ.f wi m-ʿ.sn

ỉnk ỉmꜣḫw n nb.f

n sp ỉry.i ḫt ḏw r rmṯ nb

ỉr.f ḫt r<.i> ḥr.s

ỉn msḥ db mꜣi wnm.f sn

rmṯ nb ỉr.ty.sn ḫt nb(t) ḏw rnw

ʿk.ty.sn ỉm ngw

msḥ r.sn m mw

ḥfꜣw r.sn ḥr tꜣ

ḏb r.sn m mw

ḏꜣrwt r.sn ḥr tꜣ

哈托尔的祭司或者乐者，

如果他们进入这个陵墓，

在这里做罪恶的事情，
神将会保护我不受他们侵扰，
我是主人的值得尊敬的人，
我没有对任何人做过罪恶之事，
如果他对我行罪恶之事，
鳄鱼、河马和狮子将会吃掉他们，
对于那些侵扰这个墓的人，
他进来就会遭遇毁灭。
水里的鳄鱼将攻击他，
地上的蛇将攻击他，
水里的河马将攻击他，
地上的蝎子将攻击他。①

（三）威胁格式样例2

萨恩普特（Sarenput）石碑B08（阿斯旺博物馆No. 1373，石碑编号No. 9），象岛，12王朝。

ỉr ḥꜣty-ʿ nb wʿb ḥm-kꜣ nb sš nb sr nb
nḥm.ty.fy s<y> r twt.ỉ
sẖ.tw ḫpš.f mỉ ỉwꜣ pn
mn.tw ṯs.f mỉ ꜣpd
nn st.f nn st nt sꜣ.f
nn pr.f m tꜣ-sty nn ỉs.f m smyt
nn šsp nṯr.f t-ḥḏ.f
ỉwf.[f] n sḏt
msw.f n ḫt ḥꜣt.f n sn-tꜣ
ỉw.ỉ r.f m msh ḥr mw m ḥfꜣw ḥr tꜣ
m ḫfty m ḫrt-nṯr

① Sarah Louise Colledge, The Process of Cursing in Ancient Egypt, PhD Thesis of University of Liverpool, 2015, pp. 230 – 231.

任何官员，洁净祭司，卡祭司，书吏，官吏，
如果他们将此从我的雕像旁拿走，
他的胳膊就会像这头牛的一样被砍掉，
他的脖子就像一只鸟的一样被扭断，
他将没有职位，他的儿子也将没有职位，
他将在努比亚没有房屋，墓地将没有他的墓穴，
他的神将不接受他的白面包，
他的身体将被用来烧火，
他的孩子也被火烧，他的尸体将被扔到地上，
我将像水中的鳄鱼和地上的蛇一样攻击他，
像墓地的敌人一样攻击他。①

（四）威胁格式样例3

索贝克哈（Sobekhau）铭文，阿尼巴（Aniba），19王朝。

ꜣsir ḥm-nṯr tpy n ḥr nb Miꜥt sbꜣw-ḫꜥ mꜣꜥ-ḫrw
ir pꜣ nty iw.f r th r tꜣ ꜥḥꜥ
<ḥr>-sꜣ dwꜣw
ḥr nb Miꜥt m[-sꜣ.f]

荷鲁斯大祭司，米阿姆之主，正直的奥赛里斯索贝克哈，
对于那些侵扰这个陵墓的人，
明天之后，
米阿姆之主荷鲁斯将会惩罚他。②

（五）威胁格式样例4

芝加哥石碑OIM13943（C10），26王朝。

---

① Sarah Louise Colledge, The Process of Cursing in Ancient Egypt, PhD Thesis of University of Liverpool, 2015, pp. 248–249.

② Sarah Louise Colledge, The Process of Cursing in Ancient Egypt, PhD Thesis of University of Liverpool, 2015, p. 233.

<i͗r> sš nb sr s nb hꜣ<.ty>.s<n> r ꜣḥt

<r> i͗ṯt m i͗rt ḫt i͗m.f ḥry-tp tꜣ

<nn>nḏm rn.f ḥry-tp tꜣ

n<n> ḫpr sꜣ.f sꜣt.f ḥry-tp tꜣ

nn ḳrs.f m ẖrt-nṯr

任何书吏，官员，或者任何人，如果走下来到这里，

为了掠取这里的东西拿去世间，

他将不会在人间有好名声，

他的儿子和女儿将不存于世，

他将在墓地没有葬身之处。[①]

① Sarah Louise Colledge, The Process of Cursing in Ancient Egypt, PhD Thesis of University of Liverpool, 2015, p. 262.

第五章

希腊罗马时期石碑

一　7号石碑　供桌

国家博物馆编号28，31。

材质：原石：砂岩。

尺寸：不详。

出土地：阿赫米姆。

年代：托勒密时期。

（一）描述

从墓主的头衔看，该供桌出自托勒密或者罗马时期的阿赫米姆。缪伦纳尔（H. De Meulenaere）认为，“狒狒的舞者”这一头衔最早出现在公元前4世纪，[①] 而阿赫米姆出土了很多类似的供桌。

① H. De Meulenaere, Prophètes et danseurs panopolitains à la basse époque, *Bulletin de l'Institut Français d'archéologie Orientale* 88 (1988), p. 47.

画面的中间是两个站立的水瓶，各有一股Z字形的水柱从瓶中朝供桌中间洒出，两股水柱在供桌中上方汇合，并行朝上流去。供桌的中间是四个小陶瓶，陶瓶上方有两排面包，底下一排是五个圆形面包，上面一排是三个横放的长条形面包。面包的上方，是一束莲花，正中间的一枝是绽开的，紧靠着它的是两枝含苞待放的，最外面的两枝是半开的。

（二）铭文转写

顶部右侧，自左向右：

...smꜣty wr Snw ḥm Ḥr iḥb ḳnḏ ḥry sštꜣ n mw.t-nṯr ḥm wḥm n Wsir Min-Ḥr-ꜣs.t ʾIr.t-Ḥr mꜣʿ-ḫrw　iy Wsir ꜣs.t Ḥr Min (*sꜣ?*) *n Wsir ḥm-wḥm n sꜣ n...*

顶部左侧，自右向左：

smꜣty wr Snw ḥm Ḥr iḥb ḳnḏ ḥry sštꜣ ḥm wḥm n Wsir...Min-Ḥr-ꜣs.t ʾIr.t-Ḥr

（三）译文

顶部右侧，自左向右：

赛玛提，塞努的尊者，荷鲁斯的仆从，狒狒的舞者，守护圣母秘密者，奥赛里斯以及敏－荷鲁斯－伊西斯的预言者，正直的伊瑞特－荷鲁斯，啊，奥赛里斯，伊西斯，奥赛里斯之子荷鲁斯－敏，预言者，……之子。

顶部左侧，自右向左：

赛玛提，塞努的尊者，荷鲁斯的仆从，狒狒的舞者，守护秘密者，奥赛里斯以及敏－荷鲁斯－伊西斯的预言者……

（四）评注

1. *ḥm Ḥr*，关于这个头衔，详见 H. Goedicke，Cult-temple and

'State' during the Old Kingdom in Egypt, in *State and Temple Economy in the Ancient Near East* 1, OLA 5, 1976, Leuven。

2. *ỉhb ḳnḏ*，关于这个头衔，详见 H. De Meulenaere, *Prophètes et danseurs panopolitains à la basse é poque*, *BIFAO* 88 (1988), pp. 47 –49。

3. *ḥm wḥm n Wsỉr*，详见 H. Goedicke, Cult-temple and 'State' during the Old Kingdom in Egypt, in *State and Temple Economy in the Ancient Near East* 1, OLA 5, 1976, Leuven。

4. *Mỉn-Ḥr-ꜣs.t*，关于这个组合，学者们有不同的解读，缪伦纳尔认为是两个男神——敏、荷鲁斯与一个女神伊西斯的组合，[①] 丽兹（Christian Leitz）认为是两个男神的组合，即敏与伊西斯之子荷鲁斯。[②] 后一种观点更为可信，但是他没有提到阿赫米姆的例子，而在阿赫米姆发现的该头衔中，"儿子"这个符号从未出现过。在本书这个供桌铭文上，该组神名的前面是奥赛里斯，迄今没有发现类似的排列。在希腊文献中，这个组合读作 Menares。

5. *ꞽIr.t-Ḥr*，见 Hermann Ranke, *Die ägyptischen Personennamen*。

r. rw 前面的符号在国博其他石碑上出现过，故推测也读作 *ꞽIr.t-Ḥr*。左侧的符号似乎是"荷鲁斯之眼"，如果确定，这就是后期字谜写法的一个例子。右侧对应的位置上因残缺而无法辨认是何符号。

---

① H. De Meulenaere, Prophètes et danseurs panopolitains à la basse é poque, *Bulletin de l'Institut Français d'archéologie Orientale* 88 (1988), p. 47.

② Christian Leitz, *Lexikon der ägyptischen Götter und Götterbezeichnungen Band* III, p. 294.

图1-5-1　7号石碑

二　10号石碑

北京大学赛克勒博物馆收藏号95.0881。

国家博物馆编号4，33。

国家图书馆拓片1429，1445，1446。

材质：原石：砂岩，损毁严重。左下角缺失。

尺寸：长，32.5 厘米（右侧）、24 厘米（左侧）；宽，26.7 厘米（上端）、27 厘米（下端）；厚，5 厘米。

出土地：不详。

年代：托勒密时期。

（一）描述

长方形石碑，顶部呈拱形，上部的浮雕有两个格层，浮雕的下面是三行文字。

第一格层：

有圆弧形刻槽，弧形的下面是双翼日轮，日轮下方伸出两条蛇。日轮双翼下是两个豺狼头的阿努比斯神，面对面伏在地上，前爪举着 shm 权杖，背上插着象征宗教权力的连枷。

第二格层：

身穿长袍的祭司举起双手，向站在面前的四位神祈祷，他们分别是：奥赛里斯、伊西斯、尼弗西斯、阿努比斯。

（二）铭文转写

ḥtp-dỉ-nsw n Wsỉr ḫntt ỉmntt nṯr ꜥꜣ

nb.t ꜣbḏw ꜣs.t nṯr.t mw.t-nṯr Nb.t-ḥw.t dỉ.s

pr.t-ḫrw ʾIr.t-n-Ḥr-r.w sꜣ pꜣ-dỉ-nfr-ḥtp ms

（三）译文

国王与西方之首，伟大的神奥赛里斯赐予的供品，

阿拜多斯女主人，伟大的女神伊西斯，神之母，以及尼弗西斯，愿她们赐予供品，

给伊瑞特－恩－荷鲁斯，帕迪－尼弗尔荷太普之子……

图1－5－2　10号石碑

三　14号石碑

北京大学赛克勒博物馆编号95.0883。

国家博物馆11，42。

国家图书馆拓片1428，1447。

材质：原石：石灰石。

尺寸：长，37厘米；宽，29.7厘米（上）、28厘米（下）；厚，6.8厘米（上）、8.8厘米（下）。

出土地：不详。

年代：托勒密时期。

（一）描述

长方形圆顶石碑。阴雕。一个男子跪倒在三个神面前，他们分别是图特、敏及荷鲁斯。男子双手触地，这是很少见的一种姿势，通常祈祷者是双手向上举起。图特和荷鲁斯左手都拿着象征统一的权杖，右手拿着象征生命的符号。敏神右手拿着连枷高高举起。荷鲁斯站在最后，他前面的两个神的形象都比他高大。荷鲁斯头顶着日轮，额前有眼镜蛇盘绕，图特是朱鹭鸟头，戴着昂太夫王冠。

浮雕下面有六行文字，每行之间以双线分隔。

石碑表面有浮雕和文字的部分被一条细细的凹线圈起。

图特前面的文字：

赫摩波利斯之主；

敏前面的文字：

敏－塞克瑞；

荷鲁斯前面的文字：

荷鲁斯，以及一个象征诺姆的符号。

（二）铭文转写

1. *ḥtp-dỉ nsw ʾInpw tpy ḏw.f nb ḏsr.t ḫnty-sḫ-nṯr*
2. *dỉ.f pr bꜣ Wsỉr Pꜣ-dỉ-nꜣ-hb.w*
3. *šrỉ bꜣk ḥtp.f ỉmy nṯr ꜥꜣ nb ḥꜥw.f sꜥḥꜥ sꜥḳ*
4. *pr r sbḫ.t mꜣꜥ-ḫrw nn ỉw ỉsw ḫr.t-nṯr Wsỉr*
5. *Pꜣ-dỉ-nꜣ-hb.w sꜣ Pꜣ-ꜥꜣ-nṯr mꜣꜥ-ḫrw*
6. *m ḫr.t-nṯr*

（三）译文

1. 国王与阿努比斯赐予的供品（阿努比斯的头衔：在山丘之上，沙漠之主，西方神祠之首）。

2. 愿他使奥赛里斯－帕迪纳赫布[①]的灵魂走出来。

3. 他是年轻人、仆人，他的供奉在所有伟神之间，使他的身体可以站起。

4. 在正义之门进出，不会错过在奥赛里斯墓区的陵墓。

5. 帕迪纳赫布，帕阿耐特尔之子。

6. 在墓地。

（四）评注

1. 帕迪纳赫布这个名字在托勒密时期是很少见的名字，因为这个时期很少用冠词 PA.，在兰克的人名辞典里收了一个这样的例子，[②]是斯宾格伯（W. Spiegelberg）提供的，他是 1905 年在一个后期埃及的铭文中读到的。很可能斯宾格伯读到的正是后来被端方买去而现在收藏在北京大学赛克勒博物馆的这个石碑。

---

① 在人名前面加上奥赛里斯表示这是死去的人。

② Hermann Ranke, *Die ägyptischen Personennamen*, Glückstadt, J. J. Augustin, 1935 - 1952, p. 124.

2. 跪着的形象，见 Otto Koefoed-Petersen，*Les Stèles Égyptiennes*，*Copenhague*，1948，Plate 65. “Stèle cintrée aux noms de Onekh-Hapi et Nekhet-Osiris”。

图1－5－3　14号石碑

四 34号石碑

国家图书馆拓片1430号。

材质：原石：砂岩。

尺寸：长，62厘米；宽，38厘米。

年代：托勒密时期。

（一）描述

长方形石碑，顶部呈拱形，上部的浮雕有两个格层，浮雕的下面是五行文字。

第一格层：

有圆弧形刻槽，弧形的下面是双翼日轮，日轮下方伸出两条长长的眼镜蛇，一直垂到双层分隔线上。

第二格层：

一个身穿长袍的男祭司举起双手，向站在面前的四位神祈祷，他们分别是：伊西斯、奥赛里斯、尼弗西斯、荷鲁斯。特别的是伊西斯背对祈祷者，面对奥赛里斯等三位神祇，她头顶日轮和母牛神哈托尔的象征，左手前伸，扶着奥赛里斯的手臂，右手举起，似乎在祈祷。奥赛里斯站在伊西斯和尼弗西斯中间，头戴昂太夫王冠，双手分别举着权杖和连枷，交叉放在胸前。尼弗西斯站在奥赛里斯的身后，右手前伸，扶着奥赛里斯的手臂，左手举起祈祷。荷鲁斯站在最后，头戴红色王冠，右手举着“万斯”权杖，左手持生命符号。

祈祷者的名字写在他的前方：

荷努姆神的预言者，伊－荷太普，帕迪荷尔乌尔，伊蒙荷太普之子。

（二）铭文转写

第一格层人物前：

ḥm-nṯr ẖnm.t

ꜣIj-m-ḥtp

P-dy-Ḥr-Wr

sꜣ ꜣIy-m-ḥtp

石碑下方文字：

1. hy *Wsỉr nb-ty-ḏsr.t ꜣs.t wr.t ḥꜣt* (*nṯr.w*) *dy.sn nfr mỉ Rꜥ dt ḥḥ n ḥm-nṯr ẖnm.t ꜣIj-m-ḥtp*

2. *ḥpt? …ꜥ.wy nṯr n pꜣ hb* (of the Ibis)*P-dy-Ḥr-Wr sꜣ n ꜣIj -m-ḥtp*

3. *ỉr nb.t –pr Tꜣ…mnty ḏt…ḥtp Wsỉr ḥnty ỉmntt nṯr ꜥꜣ*

4. *r ꜥnḫ sꜣ n ꜣIy-m-ḥtp mỉ ḥs*

5. *ꜥnḫ …rnp rn.k ḏt*

（三）译文

第一格层人物前：

荷努姆神的预言者，

伊－荷太普，帕迪荷尔乌尔，

伊蒙荷太普之子。

石碑下方文字：

1. 啊，奥赛里斯，沙漠之主，伟大的伊西斯，众神之主，愿他们赐予荷努姆预言者伊蒙荷太普美好之物，像永恒的拉神一样。

2. 愿（举着）供品的双手向他伸出，伊比斯神，伊蒙荷太普之子，帕迪荷尔乌尔。

3. 愿奥赛里斯，西方之首，伟大之神，使“家中女主人”①塔－蒙耐蒂永存。

① 古埃及人以此称呼家庭主妇。

4. 使伊蒙荷太普之子永存。

5. 愿你的名字永存。

（四）评注

关于 Hnmty 这个头衔，见 Henri Wild, Statue de Hor-Néfer au Musée des Beaux-Arts de Lausanne [avec 3 planches], *BIFAO* 54, 1954, p. 196, note 26；以及 Hermann Kees, Zur Familie des 3. Amonspropheten Amenophis, *ZÄS* 84, 1959, p. 67。

图 1-5-4　34 号石碑

五　同类石碑：Hor石碑①

菲尔德自然历史博物馆31667。

材质：原石：石灰石。

尺寸：高，36.5厘米；宽，31厘米。

出土地：阿赫米姆。

年代：托勒密时期。

（一）铭文转写

1. *ḥtp-dỉ-nsw n Wỉsr tpt ỉmnt nṯr ꜥꜣ nb ꜣbḏw skr-Wỉsr nṯr ꜥꜣ ḥr-ỉb sḥ-nṯr Ꜣst nṯr.t*

2. *Nbt-ḥwt sn nṯr ꞽInpw nb tꜣ ḏsr ꞽImst Ḥꜥpy Dwꜣwt Kbḥ-sn.f*

3. *dỉ.sn prt-ḫrw t ḥnḳt kꜣw ꜣpd snṯr mnḫt ḫt nb nfr wꜥb ỉr sꜣ Wỉsr ḥm-nṯr…ḥm-kꜣ Ḥr mꜣꜥ-ḫrw*

4. *sꜣ ḥm-kꜣ Nḏm-ỉb-r mꜣꜥ-ḫrw ỉr nb-pr ỉḥy Mỉn Tš-mḥt mꜣꜥ-ḫrw nḥḥ ḏt*

（二）译文

1. 国王赐予下列诸神的供品：西方之首奥赛里斯，阿拜多斯的伟大之主；索克尔－奥赛里斯，伟大的神，居于神祠；伊西斯；

2. 神的妹妹尼弗西斯；沙漠之主阿努比斯；伊姆赛特；哈皮；杜瓦乌特；凯博赫申夫。

3. 愿他们赐予“灵魂祭司”赫尔如下供品：面包，啤酒，牛肉，禽类，香料，衣物，以及一切美好纯洁的东西，愿他们给他提供奥赛里斯灵魂祭司的保护，

① Thomas George Allen, *Egyptian Stelae in Field Museum of Natural History*, Chicago, 1936, pp.57－59.

4. 赫尔是灵魂祭司耐杰姆-伊布尔之子，他的母亲是敏神女祭司（舞蹈者）泰什迈赫特。

图 1-5-5　Hor 石碑

六　同类石碑：Inaros 石碑[①]

菲尔德自然历史博物馆 31673。

材质：原石：石灰石。

尺寸：高，41 厘米；宽，31 厘米。

出土地：阿赫米姆。

年代：托勒密时期。

（一）铭文转写

1. *ḥtp-di-nsw n Wisr tpt imnt nṯr ꜥꜣ ḥr-ib ʾIpw skr nṯr ꜥꜣ ḥr-ib sḥ-nṯr ꜣst mwt nṯr ḥr-ib ʾIpw nṯrw*

2. *nbw ꜥꜣw ʾInpw snty imst ḥꜥpy dwꜣmwt ḳbḥ-snw.f ʾInpw tyt sḥ-nṯr.t*

3. *mꜣꜥ.i …ꜥk bꜣ r pt ẖt dwꜣwt mꜣꜥ Wisr nṯr tp imnt ḥr psḏt r nḥḥ r ḏt*

（二）译文

1. 国王赐予下列诸神的供品：奥赛里斯，西方之首，伟大的神，居于阿赫米姆；索克尔，伟大的神，居于神祠之中；伊西斯，神之母，居于阿赫米姆；

2. 所有伟大的神祇，阿努比斯，两姐妹，伊姆赛特，哈皮，杜瓦姆特，凯博斯努特夫，神祠前的阿努比斯，

3. 愿我看见（你），愿我的灵魂能够进入天堂，我的身体进入冥界。啊，奥赛里斯在西方之首，与八神一起，直到永远。

---

① Thomas George Allen, *Egyptian Stelae in Field Museum of Natural History*, Chicago, 1936, pp. 57 – 59.

图 1－5－6　Inaros 石碑

七　同类石碑：Dhr 石碑[①]

菲尔德自然历史博物馆 31273。

材质：原石：石灰石。

① Thomas George Allen, *Egyptian Stelae in Field Museum of Natural History*, Chicago, 1936, pp. 51－53.

尺寸：高，35.5 厘米；宽，30.5 厘米。

出土地：阿赫米姆。

年代：托勒密时期。

（一）铭文转写

1. *ḥtp-di̓-nsw Wi̓sr tpt i̓mnt nṯr ʿꜣ nb Ꜣbḏw Skr-wi̓sr ḥr-i̓b sḥ-nṯr(šṯyt) Ꜣst*
2. *nṯrt Ḥwt-nbt sn nṯr ʾInpw nb tꜣ ḏsrt tp sḥ-nṯr tp ḏw.f i̓m.s ʾImst Ḥ̮ʿpy*
3. *Dwꜣwt.f Kbḥ-sn.f di̓.sn prt-ḫrw t ḥnḳt kꜣw ꜣpd snṯr*
4. *……Wʿb di̓ pt pꜣ tꜣ i̓nk Ḥʿpy*
5. *m tpr…mḥt nḏm n kꜣWi̓sr Ḏ-ḥr mꜣʿ-ḫrw sꜣ n Ḏḥwty-i̓r-rḫ-sw*
6. *mꜣʿ-ḫrw i̓r nb-pr Tꜣ-rpt mꜣʿ-ḫrw m-bꜣḥ Wi̓sr nṯr ʿꜣ ḥḳꜣ ḏt sp sn*

（二）译文

1. 国王赐予下列诸神的供品：西方之首奥赛里斯，伟大的神，阿拜多斯之主，索克尔－奥赛里斯，居于神祠；伊西斯女神；

2. 尼弗西斯，神的妹妹；阿努比斯，沙漠之主，神祠之首；居于山巅者；伊姆赛特；哈皮；

3. 杜瓦乌特夫；凯博赫申夫。愿他们赐予杰赫尔如下供品：面包，啤酒，牛肉，禽类，香料，

4. ……以及一切纯净之物。愿他们赐予他天空所有的，大地所产的，尼罗河从其深处所带来的，

5. 愿他们赐给死去的杰赫尔的灵魂以甜蜜的呼吸，他是杰胡提－伊尔－苏之子，

6. 他的母亲是塔－瑞佩特，在伟大的神，永恒之主奥赛里斯面前。

此祷文要念两遍。

图 1－5－7　Dhr 石碑

八　同类石碑：Pds 石碑[1]

菲尔德自然历史博物馆 31678。

材质：原石：石灰石。

尺寸：高，44.5 厘米；宽，31.5 厘米。

出土地：阿赫米姆。

年代：托勒密时期。

（一）铭文转写

1.*ḥtp-di͗-nsw n Wi͗sr tpt i͗mnt nṯr ꜥꜣ nb*

2. *Ꜣbḏw Ptḥ-skr-wi͗sr nṯr ꜥꜣ ḥr-i͗b sḥ-nṯr(šṯyt) Ꜣst*

3. *wrt mwt nṯr ḥr-i͗b ʾInpw ʾInpw nb tꜣ ḏsrt i͗m...*

4. *tpt sḥ-nṯr di͗.sn prt-ḫrw t ḥnḳt kꜣw ꜣpd i͗r sꜣ Wi͗sr ḥm-nṯr*

5.…*Pts sꜣ Npr-nḫt i͗r nb-pr Brnt*

（二）译文

1. 国王赐予下列诸神的供品：西方之首奥赛里斯，伟大的神，

2. 阿拜多斯之主；普塔－索克尔－奥赛里斯，伟大的神，居于神祠；

3. 伟大的女神伊西斯，神之母，居于阿赫米姆；沙漠之主阿努比斯，

4. 居于神祠之首，愿他们赐予派太斯如下供品：面包，啤酒，牛肉，禽类，愿他们给他提供奥赛里斯灵魂祭司的保护，

---

① Thomas George Allen, *Egyptian Stelae in Field Museum of Natural History*, Chicago, 1936, pp. 47 – 48.

5. 派太斯是耐普尔–奈赫特之子，他的母亲是女祭司贝尔耐特。

图 1–5–8 Pds 石碑

第六章

人形彩绘木棺

在这批古埃及文物中，三具彩绘镀金的人形木乃伊木棺无疑是最引人注目的，它们上面的文字和图案都是一样的，其主人是名叫“塔荷努特”（*Tḥnwt*）的女子，他的父亲叫“帕迪荷尔帕荷瑞德”（*Pз-dỉ-ḥr-pз-ẖrd*），母亲名叫“杰德－赫尔”（*Ḏd-ḥr*）。塔荷努特生前是帕诺波里斯城（Panopolis，今天的阿赫米姆）敏神（古埃及主生殖的神）的女祭司。木棺的装饰是典型的托勒密时期的风格（约公元前300—前30年）。

古埃及的棺椁最初是长方形的，从中王国时期（约公元前2040—前1640年）开始，人形棺椁出现，但数量很少，直到新王国时期（约公元前1550—前1070年）才普遍使用。最初，木乃伊是放在木棺的下半部分里的，第三中间期（公元前1070—前712年）之后，木棺下半部分空间越来越小，木乃伊放在上半部分即棺盖里。现在展出的这个木棺就是在棺盖里安放木乃伊的。

棺木上绘有死者生前的容貌。头戴长假发，胸前佩戴着宽大的胸饰，垂到胸部以下，好像镶嵌在木棺上而不是戴在脖子上，这是当时流行的做法。

棺盖上有内容丰富的绘画。胸饰下面，是真理女神玛奥特张开双翼保护死者的形象。她的两旁各绘着一个站在架子上的神牛，是冥世圣牛，起着保护死者的作用。

下面是加工木乃伊用的桌子，用狮子头和尾来装饰，死者的木乃伊躺在床上，她的灵魂以人头鸟身的形象出现在木乃伊的上方，张开双翼面对着她。桌子的下面是四个瓮罐，里面分别放着死者的四种内脏：胃、肠、肝、肺，加工木乃伊时，把这四种内脏取出来单独处理，然后放在罐里，瓮罐的盖子分别是人头、狒狒头、豺头和鹰头的样子，传说它们是国王的保护神荷鲁斯的四个儿子，专门负责保护死者的这四种内脏。

木乃伊桌的左侧，依次站着四位神祇：母牛神哈托尔、狮女神塞赫迈特、死者的守护神阿努比斯、鹰神荷鲁斯；右侧依次是：女神伊西斯、伊西斯的丈夫冥神奥赛里斯、狮女神塞赫迈特和阿努比斯。

棺盖上还绘有其他诸神，其中有一些呈坐姿、手中持刀的神灵，他们是死者在来世的保护者。

木棺内的木乃伊已经不在了。棺盖内侧的底部，是举着羽毛的真理女神玛奥特的形象。

三件木棺中，有两件（木棺 B 和 C）保存完好，这两件木棺是用木板加工制作的，而另一件木棺（木棺 A）损坏严重，是把一根棕榈树干掏空制作的。古埃及人习惯用多层棺椁，但这些棺椁应该是一个比一个小，一个套在另一个里面。但是这三个木棺却很特别，它们的大小几乎是一样的。作者初步判断只有那个损坏严重的木棺（木棺 A）是真品，而其他两个都是现代复制品。一个证明就是：木棺 A 的损坏部分，木棺 B 和 C 相对应的部位的文字突然变得难以辨认。此外，木棺 C 内部的彩绘是贴上去的，其中一部分明显剥落了，而木棺 A 和 B 内部的彩绘则是直接画上去的。显然复制木棺的人（端方）是在尝试不同的复制方法。碳十四测定的结果无疑会证明我们这种推测是正确的。

木棺上的象形文字铭文共有八行，下面是铭文的拉丁转写和翻译：

1. *ḥtp-dỉ nsw n Wsỉr ḫnty ỉmnty nṯr ʿɜ nb ʾIbdw Skr-Wsỉr ḥry-ỉb ʾIpw Ptḥ-Skr-Wsỉr*

国王为下列诸神奉献的供品：奥赛里斯，死者之王，伟大的神，伊贝都之主；索凯瑞－奥赛里斯，他位于阿赫米姆的中心；普塔－索凯瑞－奥赛里斯，

2. *nṯr ʿɜ ḥry-ỉb qrs.t ʾInpw nb tɜ.wy ḏsr.t ɜs.t-wr.t mw.t-nṯr nb.t p.t ḥnw.t nṯr.w nbw Ḥw.t-ḥr ḥnw.t ỉmnt.t*

伟大的神，在墓地的中心；阿努比斯，红土地之主；伊西斯，神的伟大母亲，天空之主，众神之首；哈托尔，西方女神。

3. *ỉqr.t dỉ.t-sn pr.t-ḫrw tɜ kɜ ɜpd sntr mnḫ.t ḫ.t nb nfr wʿb bnr dỉ.n p.t qmɜ-tɜ.wỉ* xxx

愿这些神赐予下列好东西作为祭品：面包，牛肉和禽类，所有好的、纯洁的和甜美的食物，天堂的赐予，两片土地的物产。

4. *ỉnn Ḫʿpy m ḥtp hf n mḥt (n) kɜ n Ḥw.t-ḥr ỉḥy.t n Mỉn Tɜ-ḥnwt mɜʿ-ḫrw sɜ.t n*

愿哈皮在宁静中把泛滥之水带给敏神的乐师－哈托尔塔荷努特的灵魂，她是正直之人，

5. *n smɜty Pɜ-dỉ-ḥr-(pɜ)-ḫrd mɜʿ-ḫrw ms n nb.t pr [n] ỉḥy.t n Mỉn Ḏd-ḥr mɜʿ-ḫrw ɜḫ m p.t ḫr rʿ ws*

是塞玛提祭司帕迪荷尔帕荷瑞德与敏神女祭司杰德－赫尔的女儿，其灵魂在天堂与拉神结合，

6. *r dỉ.t m tɜ ḫr Gb ỉt-nṯr…šm ỉỉ m tɜ dsr.t s sḫɜ m tɜ pn pšs mw.t.s Nw.t…*

……在地上与众神之父盖伯结合，在墓地来去，在世人的记忆中，她的母亲穆特……

7. *n…Wsỉr ḫnty ỉmnty ỉy n.k sn.ty.k r gs.k ꜣs.t pw ḥnꜥ Nb.t-Ḥw.t sn.ty* xx-*sn r.k m*

致……奥赛里斯，死者之王，在你的身边站着双胞胎姐妹伊西斯和尼弗西斯，她们的……给你在……

8. *ḥtp-dỉ-nsw.t n Wsỉr ḫnty ỉmnt.t nṯr ꜥꜣ nb tꜣ dsr.t Skr Wsỉr…ꞽIpw…*

她们的名字

木棺底部的铭文：

A 面：

Skr Wsỉr nṯr ꜥꜣ…

dỉ.s r ꞽIs.t wr.t…ꞽIpw Ḥw.t-Ḥr Ḥnw?…dỉ.s pr.t ḫrw tꜣ…kꜣ.w

国王为下列诸神奉献的供品：

奥赛里斯，死者之王，伟大的神，沙漠之主；索凯瑞－奥赛里斯，……阿赫米姆……；……索凯瑞－奥赛里斯，伟大的神

B 面：

ꜣpd.w ỉrtt ỉrp…

愿她赐予伊西斯，伟大的……阿赫米姆，哈托尔塔荷努特……愿她把供品赐给……

面包，牛肉和禽类，牛奶，葡萄酒……

C 面：

（无法辨认）

D 面：

…n kꜣ n Wsỉr Ḥnw sꜣ.t smꜣty Pꜣ-dỉ-Ḥr-pꜣ-ḫrd…ms n nb.t pr

……给奥赛里斯塔荷努特的灵魂，她是塞玛提祭司“帕迪荷尔帕荷瑞德”与……的女儿

图1-6-1 人形彩绘木棺

第七章

教令石碑

一　卡诺普斯石碑拓片和原石

国家图书馆拓片1427。

尺寸：高，218厘米；宽，79厘米。

北京大学图书馆古籍部。

尺寸：高，125厘米；宽，77厘米。

图1－7－1　国家图书馆卡诺普斯石碑拓片

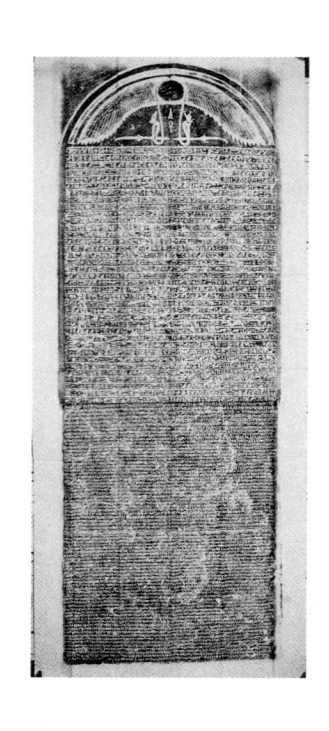

图1－7－2　北京大学图书馆古籍部卡诺普斯石碑拓片

图 1－7－3　卡诺普斯石碑原石

二 卡诺普斯石碑铭文转写①

(1) ḥsb.t 9(.t) ꜣplys sw 7← →

n Pr-ʿꜣ(Ptwlmys)| ʿnḫ ḏt sꜣ (Ptwlmys)| (2) jrm (ꜣrsnꜣ)| nꜣ nṯr.w sn.w

wʿb (n) (ꜣrgsꜣntrs)| jrm nꜣ nṯr.w sn.w nꜣ nṯr.w mnḫ.w (3) ꜣpwlnyts sꜣ Mwskyꜣn

r Mnwqrtn sꜣ.t Pyrmn (n)fy-(4) tn m-bꜣḥ (ꜣrsnꜣ)| tꜣ mr-sn (rest of line blank)

← → (5) wt jw(?) nꜣ mr- šn.w jrm nꜣ ḥm-nṯr.w

jrm nꜣ wʿb.w nt šm r pꜣ nt wʿb r jr mnḫ n nꜣ nṯr.w

jrm n nꜣ sẖ.w (n) Pr-ʿnḫ (6) n nꜣ sẖ.w (n) mḏy-nṯr

jrm nꜣ ky.w wʿb.w j-jr jy n nꜣ jrpy.w n Kmy

n Tys sw 5 nt-jw.w jr pꜣ hrw-ms n (7) Pr-ʿꜣ n-jm.f

jrm sw 25 n pꜣ ꜣbt n rn.f r-šp.f tꜣ jꜣw(.t) (n) ḥry (n-)ḏr pꜣy.f jt n-jm.f

jw.w twtw.w (8) r ḥ-nṯr n nꜣ nṯr.w mnḫ.w nt (n) Pa-gwṯ j-jr ḏ

(n-)ḏr ḫpr.f r Pr-ʿꜣ (Ptwlmys)| (9) ʿnḫ ḏt sꜣ (Ptwlmys)| jrm (ꜣrsnꜣ)| nꜣ nṯr.w sn.w

jrm tꜣ Pr-ʿꜣ.t (Brnygꜣ)| (10) tꜣy.f sn.t tꜣy.fḥm.t nꜣ nṯr.w mnḫ.w

(r) ḫr jr.w mnḫ ʿy ʿšꜣy.w n nꜣ jrpy.w n Kmy n tꜣ nb

mtw.w šʿšʿ nꜣ mt (.w) (11) nt pḥ r nꜣ nṯr.w m-šs

mtw.w rwš ʿn n sw nb n nꜣ nt (n-)ḥr Ḥp Wr-mr

jrm pꜣ sp nt ḫwy (n) Kmy

mtw.w jr hy mtw.w jr spte (12) ʿšꜣy

r-wbꜣ nꜣ sḫm n nṯr r-ṯ nꜣ rmṯ.w (n) Prs r bl (n) Kmy

---

① 本书的转写和翻译依据辛普森（R. S. Simpson）的世俗体铭文版本。R. S. Simpson, *Demotic Grammar in the Ptolemaic Sacerdotal Decrees*, The Alden Press, Oxford, 1996, pp. 258 – 271。

(r) šm Pr-ꜥꜣ r nꜣ tš.w nt n bl r nḥm.f st r jn.f st r Kmy

(13) jw.f tj-st r nꜣy.w [jrpy.w] r-t.w st r bl n-jm.w {tꜣ} tꜣ ḥꜣ.t

[r] tj.f wḏꜣ pꜣ tš r mlẖ jw.f <jr> mlẖ r bl n nꜣ mꜣꜥ.w nt wwy.w

r-(14) wb3 ḫ3s.wt ꜥšꜣy jrm nꜣ rmṯ.w nt jr-sḥy ẖn.w

mtw.w <tj> jr.w pꜣ hp n rmṯ nb nt (m) Kmy

jrm nꜣ ky.w rmṯ(.w) nt ẖr tꜣy.w jꜣw(.t) (n) ḥry

(n-)ḏr ḫpr wꜥ (T15) mw ḫm j-jr-ḥr.w n wꜥ wš

jw.f ḫpr r rmṯ nb nt (n) Kmy ḥpḥp r-ḏbꜣ nꜣ j-jr sḫny n ḫpr

jw.w jp r nꜣ ḫrꜥry.w j-jr ḫpr j-jr-ḥr hen (16) (n) nꜣ pr-ꜥꜣ.w j-jr ḫpr tꜣ ḥꜣ.t

r-sḫn.s r nꜣ rmṯ.w nt (n) Kmy ḫpr ẖn wꜥ ꜣyṯ Ḥꜥp j-jr- ḥr.w

j-jr.w (n) pꜣ rwš jrm pꜣ ẖmm n ḥꜣt (n) nꜣ nt ẖn (17) nꜣ jrpy.w

jrm nꜣ ky.w rmṯ(.w) nt ḫpr (n) Kmy

jw.w jr mwy ꜥšꜣy jw.w ḥwy tw.w r-ḥꜣ.w (r) škr ꜥšꜣy

r-ḏbꜣ jp r tj ꜥnḫ nꜣ rmṯ.w (18)

jw.w tj jn.w pr.t r Kmy n šꜥr jw.f ṯs n ḥḏ

n pꜣ tš (n) pꜣ ḏšr pꜣ tš (n) nꜣ H̱r(.w) tꜣ mꜣy(.t) (n) Sꜣlmynꜣ (19)jrm kṯ .t-ẖ mꜣꜥ

ꜥšꜣy

jw.w tj wḏꜣ nꜣ rmṯ.w nt ḫpr (n) Kmy jw.w ḫꜣꜥ wꜥ mnḫ ḏt

jrm pꜣ sp ꜥꜣ (n) pꜣy.f ṯsy j-jr-ḥr nꜣ nt ḫpr jrm (20) nꜣ nt-jw.w (r) ḫpr

r-tj n.w nꜣ nṯr.w r smne tꜣy.w jꜣw(.t) (n) ḥry (n) tꜣy.w šb.t

mtw.w tj n.w nꜣ ky.w mt-nfr.wt ḏr.w šꜥ ḏt

jrm pꜣ wḏꜣ jrm pꜣ s[nb] (21) pḥ.s n ḥꜣt nꜣ wꜥb.w nt (n) Kmy

r tj ḫpr.f n <n> mt(.w)-pḥt.w nt mtw Pr-ꜥꜣ (Ptwrmys)

jrm tꜣ Pr-ꜥꜣ.t (Brnygꜣ)| (22) nꜣ nṯr.w mnḫ.w ẖn nꜣ jrpy(.w)

jrm nꜣ nt mtw nꜣ nṯr.w sn.w j-jr tj ḫpr.w

jrm nꜣ nṯr.w nt nḥm j-jr tj ḫpr nꜣ j-jr tj ḫpr.w

mtw.w tj (23) ꜥy<.w>

nꜣ wꜥb.w nt (n) nꜣ jrpy.w n Kmy jrpy sp-sn

mtw.w ḏ n.w nꜣ wꜥb.w n nꜣ nṯr.w mnḫ.w (n) rn n wꜣḥ (r) pꜣy.w ky rn n wꜥb

mtw.w sẖ .f n (24) pꜣ gy{w} (n) ḏrꜥ mt nb

mtw.w tj tꜣ jꜣw(.t) (n) wꜥb n nꜣ nṯr.w mnḫ.w r nꜣ grṯ.w nt-jw.w fy.w

mtw.w šf.f ḥr-ꜣ.ṯ.w

mtw.w tj ḫpr n.w (25) ky sꜣ ẖn nꜣ wꜥb.w nt ẖn nꜣ jrpy.w n Kmy

n wꜣḥ r pꜣ 4 (n) sꜣ.w nt ḫpr.w r hrw mtw.w ḏ n.w sꜣ 5 n nꜣ nṯr.w mnḫ .w (26)

(n-)ḏr ḫpr.f j-jr.s sḫne nfr jrm pꜣ wḏꜣ jrm pꜣ nfr

j-jr.w ms Pr-ꜥꜣ {Ptwrmys] sꜣ nꜣ nṯr.w sn.w n Tys sw 5

nt-jw (27) pꜣ hrw n rn.f pꜣ j-jr jr ḥꜣ .t [n] mt-nfr.t ꜥšꜣy n rmṯ nb

mtw.w tj nꜣ wꜥb.w j-jr.w n wꜥb (n) ṯ n ḥsb.t I .t r pꜣy sꜣ

jrm nꜣ nt-jw.w (r) jr.w r hn r ḥsb.t 9(.t) ꜣbt 4 šmw sw I (28) jrm nꜣy.w ẖrṯ.w šꜥ ḏt

nꜣ wꜥb.w r-wn-nꜣw ḫpr r hn r ḥsb.t I .t

mtw.w ḫpr ẖn nꜣ sꜣ.w r-wn-nꜣw-jw.w ẖn.w tꜣ ḥꜣ.t

Pꜣy.s smt ꜥn (29) (n) nꜣy.w ẖrṯ.w (n) ṯ (n) pꜣ hrw r ḥry

j-jr.w sẖ.w (n) nꜣy.w sꜣ.w nt-jw{.w} nꜣy.w jt.w ẖn.w

(n) tꜣ šb.t (n) pꜣ 20 n wꜥb nt mnq mt nt-jw.w stp.w ẖr rnp.t

ẖn pꜣ 4 (30) (n) sꜣ.w(sic) r-wn-nꜣw ḫpr r-wn-nꜣw{-jw.w} ṯ sj 5 ẖn.w r wꜥ sꜣ

mtw{.w} 25 n wꜥb jw.f mnq mt ḫpr

(r) j-jr.w ṯ pꜣ 5 nt-jw.w (r) wꜣḥ r-r.w ẖn sꜣ 5 n (31) nꜣ nṯr.w mnḫ.w

mtw tnj(.t) ḫpr n nꜣ nt ẖn sꜣ 5 n nꜣ nṯr.w mnḫ.w n nꜣ gy n tḫb

jrm pꜣ sp mt ḏr.w nt ẖn nꜣ jrpy.w

mtw (32) ꜥ-n-sꜣ ḫpr n.f r-ẖ pꜣ nt ḫpr n pꜣ 4 (n) sꜣ.w

(n-)ḏr ḫpr.f ꜥn j-jr.w ḥb (n) nꜣ nṯr.w mnḫ.w ẖn nꜣ jrpy.w ẖr ꜣbt ←→

(n) sw 5 sw 9 sw 25 r-ẖ (33) pꜣ wt r-sẖ.w tꜣ ḥꜣ.t

nꜣ ky.w nṯr.w ꜥy j-jr.w n.w ḥb [n] nꜣy.w ḥb.w ꜥy jw.w šbn r Kmy ẖr rnp.t

mtw.w jr wꜥ ḫꜥ ꜥꜣ ẖr rnp.t n (34) Pr-ꜥꜣ (Ptwrmys)|

jrm tꜣ Pr-ꜥꜣ.t (Brnygꜣ)| nꜣ nṯr.w mnḫ.w

jw.f šbn ẖn nꜣ jrpy.w jrm (35) Kmy ḏr.f n pꜣ hrw nt-jw Spt.t ḫꜥ n-jm.f

nt-jw.w ḏ n.f ḥꜣ (.t) rnp.t n rn ḥr nꜣ sẖ.w (n) Pr-ꜥnḫ

nt-jw(.w) jr<.w> n-jm.f n ḥsb.t 9(.t) (n) ꜣbt 2 šmw sw I (36)

nt-jw.w jr pꜣ ḥb n tꜣ jpe.t (n) Bꜣst.t jrm pꜣ ḫꜥ ꜥꜣ n Bꜣst.t ẖn.f

nt-jw pꜣ nt-jw.w twtw nꜣ nt rt mtw pꜣ mw mḥ n-jm.f ꜥn <pꜣy>

hw-wn-nꜣw-j.s sẖny ꜥn (37) wtb m-ḏe nꜣ ḫꜥ.w n pꜣ syw (n) ꜣs.t

r ky hrw tn rnp.t 4.t r-bne.w šb pꜣ hrw n jr pꜣ ḥb n rn.f r-ḏbꜣ.s

j-jr.w j-jr.f n (38) pꜣ smt n ꜣbt 2 šmw sw I

j-jr.w s n-jm.f tꜣ ḥꜣ.t n ḥsb.t 9(.t) mtw.w jr pꜣ ḥb n rn.f šꜥ hrw 5

jw.w ṯ krm jw.w jr grr wtn jrm pꜣ sp mt (39) nt pḥ n jr.w

r tj ḫpr.f ꜥn n jr pꜣ nt pḥ n wš nb r-ẖ tꜣ ẖ.t nt-jw tꜣ p.t smne ḥr-ꜣ.ṯ.<s> n pꜣ hrw

r-bne.s sẖny (n) ḫpr r wn hyn (n) nꜣ ḥb.w (40) nt šbn r Kmy

nt j-jr ẖr jr.w st n pr.t j-jr.w jr.w n šmw (n) wꜥ ṯꜣ

ḥr wtb nꜣy.f ḫꜥ.w m-ḏe pꜣ syw (n) ꜣs.t (r) wꜥ ḥrw tn (41) rnp.t 4.t r wn kṯ.t-ẖ ꜥn (n) nꜣ ḥb.w

nt-jw ḫr jr.w st n šmw tꜣ wnw.t　　j-jr.w jr.w n pr.t n nꜣ sw (. w) nt jn-e-jw

pꜣ nt-jw{.f} wꜣḥ.f (42) sḫny (n) ḫpr n nꜣ sw (. w) ḥꜣṯ.w

hw-wn-nꜣw-jw.f (r) ḫpr ꜥn n tꜣ rnp.t

nt jr hrw 360 {n hrw} jrm <pꜣ> hrw 5 j-jr nꜣ hp.w n wꜣḥ r jr pḥw

mtw.w wꜣḥ wꜥ (43) hrw n hb (n) nꜣ nṯr.w mnḫ.w (n) ṯ (n) pꜣ hrw tn rnp.t 4.t

n wꜣḥ r pꜣ 5 (n) hrw.w (sic) nt-jw.w {nt-jw} < wꜣḥ >.w n ḥꜣ n ḥꜣ.t rnp.t

ḫpr.f mtw rmṯ nb rḫ.s

ḏ pꜣ ḥm r-wn-nꜣw (44) n wš ḫn pꜣ smne n nꜣ ṯꜣ(.w) jrm nꜣ rnp.wt

jrm nꜣ mt.w nt (n) ḥp n rḫ.w ḥr nꜣ mšꜥ.w n tꜣ p.t

jrm nꜣ sḫny.w (r) tj mte.w (45) jw.w mḥ r nꜣ nṯr.w mnḫ.w

(n-) ḏr ḫpr.f ꜥn tꜣ šr.t j-jr ḫpr n Pr-ꜥꜣ (Ptwrmys) |

jrm tꜣ Pr-ꜥꜣ (.t) (Brnygꜣ) | (46) nꜣ nṯr.w mnḫ.w

jw.w ḏ n.s (Brnygꜣ) n rn　　jw.w <tj> ḫꜥ.s n Pr- ꜥꜣ (.t)

r sḫn.s tꜣy j.s (n) rn.t šm r (47) tꜣ p.t (n) ḫp

(r) nꜣ wꜥb.w nt jy n Kmy j-jr Pr- ꜥꜣ ḫr rnp.t r pꜣ mꜣꜥ nt-jw.f n-jm.f

jw.w jr ḥby(.t) ꜥꜣ.t n tꜣy ḥyṯ(.t) (48) ḥr tꜣy j-jr sḫny n ḫp

jw.w tbḥ.s m-bꜣḥ Pr- ꜥꜣ <jrm> t Pr-ꜥꜣ.t

jw.w tj pḥ.s n ḥꜣt.w r tj ḥtp n.s tꜣ nṯry.t jrm (49) Wsjr n ḥ-nṯr n Pꜥ-gwṯ

nt-jw bn jw<-f> ḫn nꜣ jrpy.w mḥ-Ḥ r-wꜥ.ṯ.f jn　　pꜣ nt-jw.f n-jm.f

jw-f ḫn nꜣ nt-jw Pr-ꜥꜣ (50) jrm nꜣ rmṯ.w (n) Kmy ḏr.w šꜥšꜥ<.w>

j-jr.f ḫpr jw.w ꜥḳ n Wsjr ḫn skty(.t) n pꜣ jrpy n rn.f ḫr rnp.t (51)

r ḥry n ḥ-nṯr n pr Jmn-Grb n ꜣbt S ꜣḫ.t sw 29

r ḫr ḫpr nꜣ nt...nꜣ jrpy.w mḥ-1 ḏr.w jw.w jr grr n nꜣ uwe(.w)

r jr.w st (52) (n) nꜣ jrpy.w mḥ-1 <j>rpy sp-sn   ḥr pꜣ ʿt 2 n ḫfṯḥ

m-sꜣ nꜣy   [] nt (n) hp n jr.w ḫr pꜣy.s jr nṯr jrm pꜣ swʿb snm jr.w s<t>

(53) jw.w šʿšʿ r ḥꜣt.w ⌜n pꜣy.w⌝ ẖmm r-ẖ nꜣ <nt> (n) snṯ n jr.w n Ḥp Wr-mr

pḥ.s (r) tj ḫpr mt(.w)-pḥ.wt (n) ḏt n tꜣ Pr- ʿꜣ.t (Brnygꜣ) | (54)

sꜣ.t nꜣ nṯr.w mnḫ.w   ḫn nꜣ jrpy.w (n) Kmy ḏr.w

(n-)ḏr ḫpr.f j-jr.s šm ḫn nꜣ nṯr.w ꜣbt 1 pr.t (55)

nt-jw pꜣ ꜣbt r-ḫpr tꜣ ʿb.t (n) tꜣ šr.t (n) pꜣ Rʿ n-jm.f tꜣ ḥꜣ.t pꜣy

r-ḏ.f n.s tꜣy.f ʿrʿy(.t) tꜣy.f jr(.t) n rn ḥr mr.s

↔nt-jw.w jr n.s (56) ḥb n ẖny n jrpy ʿšꜣy

ḫn nꜣ jrpy.w mḥ-1 n pꜣ ꜣbt n rn.f r-ḫpr pꜣy.s jr nṯr n-jm.f tꜣ ḥꜣ.t

mtw.w jr wʿ ḥb jrm wʿ (57) ẖny (n) tꜣ Pr-ʿꜣ.t (Brnygꜣ) | sꜣ.t nꜣ nṯr.w mnḫ.w

ḫn nꜣ jrpy.w (n) Kmy ḏr.w n ꜣbt Ḥ pr.t (n) ṯ (n) sw 17

j-jr.w pꜣy.s (58) ẖny jrm pꜣy.s swʿb snm n-jm.f n pꜣ sp tp šʿ hrw S

mtw.w tj ḫʿ n.s wʿ sḫm (n) nṯr (n) nb jw.f mḥ n jne

n nꜣ jrpy.w mḥ-1 (59) nꜣ jrpy.w mḥ-2 <j>rpy sp-sn   mtw.f ḥtp r pꜣ nt wʿb

r pꜣ ḥm-nṯr gꜣ wʿ n nꜣ wʿb.w nt stp r pꜣ nt wʿb   r-wbꜣ pꜣ gy n jr mnḫ n nꜣ nṯr.w

(60) pꜣ nt-jw.f (r) tj ḫʿ.f ḥr ḳnṯ.f jw.w jy j-jr nꜣ ḥʿ.w ỉrm nꜣ ḥb.w n nꜣ ky.w nṯr.w

↔mtw rmṯ nb nwy r-r.f mtw.w wšt↔

jw.w tj pḥw n-jm.f   (61) jw.w ḏ n.f (Brnygꜣ) | ḥn.t rn.wt

pꜣ sḥn (n) nb nt-jw.w tj ḫʿ pꜣ sḫm (n) nṯr n-jm.f

mtw.f ḫpr jw.f šb.t r pꜣ nt-jw.w (62) <tj> ḫʿ tꜣ rpy(.t)

n tꜣ Pr-ʿꜣ.t (Brnygꜣ) | tꜣy.s mw.t <n-jm.f>

j-jr.w j-jr.f n ẖms 2 r wn wꜥ.t ꜥrꜥy(.t) n tꜣy.w mty.t

r ↔ *wꜥ wt n (63) ḏwf jw.f snḥ (n-)ḥꜣ.s*　*r-ẖ pꜣ nt ḫpr (n-)ḏr nꜣ nṯry.w(t)*

mtw pꜣ st n ꜣy ꜥrꜥy(.t) ḫpr jw.f grmry r-r.f

mtw.f [　　] *(64) pꜣ smt n pꜣ sḥn (n) nb (n) rn.f ꜥš pꜣ rn (n) (Brnygꜣ)* |

r-ẖ nꜣ ṯyꜣ (.w) (n) nꜣ sẖ.w (n) Pr-ꜥnḫ

j-jr.w jy j-jr nꜣ hrw[] *(65) n nꜣ gy.w n ꜣs.t n ꜣbt 4 ꜣḫ*[] *(n) ḥꜣ (n) pꜣ ḫny (n) Wsjr*

mtw nꜣ rn.(w)t s-ḥm.wt n nꜣ wꜥb.w tj jr.w n.w kṯ.t rpy(.t)

←　　　　　　→ *n nꜣ hrw.w n (66) pꜣ ḥb n rn.f*

mtw.s ḫpr ꜥn … j.s ꜥw- ḏr nꜣ ky(.w) rn.(w)t nꜣ nt-jw.w (r) mr

(r) jr nꜣ nt{-jw} (n) hp n jr.w n tꜣ nṯry.t (67) r-ẖ nꜣy nt ḥry

jw.w tw.s ꜥn m-ḏe nꜣ šmꜥy.w(t) nt{-jw} stp mtw.w šms nꜣ nṯr.w

jw.w sḥn n nꜣ sḥn.w n (68) nꜣ nṯr.w nt-jw.w mtw.w n wꜥb

j-jr pꜣ ḫrp n pꜣ rt pḥ

mtw nꜣ šmꜥy.w(t) fy ẖms r ḥry　*mtw.w ḥnk n (69) pꜣ sḫm (n) nṯr (n) tꜣ nṯry.t*

mtw nꜣ ḥs.w ḥwṯ(.w) jrm nꜣ ḥs.w s-ḥm.wt ḏ r-r.s ḫr hrw

jrm nꜣ ḫꜥ.w nꜣ ḥb.w n nꜣ ky.w nṯr.w (70)

(r-)ẖ nꜣ tw(.w) nt j-jr nꜣ sẖ.w (n) Pr-ꜥnḫ r sẖ.w　*mtw.w tj-st n nꜣ ḥs.w (n) sbꜣ*

mtw.w sẖ ẖ(.t) (n) nꜣ ḏmꜥ.w (n) Pr-ꜥnḫ

(n-)ḏr ḫpr.f (r) ḫr (71) tj<*.w*> *nꜣ ḥtp.w (n) nꜣ wꜥb.w ḫn nꜣ jrpy.w j-jr.w r jr.w*

(n) wꜥb

me tj.w tꜣ ḫr(.t) (n) nꜣ ḫrṯ.w s-ḥm.wt n nꜣ wꜥb.w

(n) ṯ (n) pꜣ hrw n (72) ms.ṯ.w　*nt-jw.w (r) jr.f ḫn pꜣ ḥtp-nṯr n nꜣ nṯr.w*

r-ẖ tꜣ ḫr(.t) nt j-jr nꜣ wꜥb.w nt mnḳ mt n nꜣ jrpy.w (73) <*j*>*rpy sp-sn wpy.s r-ḫ ↔ rȝ n pȝ ḥtp-nṯr*

{n} pȝ ʿḳ nt-jw.w tj-st n nȝ s-ḥm.wt n nȝ wʿb(.w)   mtw.w tj ḫpr n.f wʿ ḳnf jw.f šb.t

(74) *mtw.w ḏ n.f pȝ ʿḳ (n) (Brnygȝ) | n rn*

三　卡诺普斯石碑译文

在两位兄妹神托勒密和阿尔西诺之子、永生的托勒密在位的第九年，阿皮拉奥斯月的第七天，即埃及人的生长季第一个月的第 17 天，莫施昂之子阿波罗尼德斯任亚历山大、两位兄妹神以及两位仁慈之神的祭司时；当费拉蒙之女门奈拉特拉是费拉德尔弗斯阿尔西诺的提篮者时，这一天的教令。

神庙的主管、众神的仆人、圣服祭司、圣书书吏、“生命之屋”的祭司，以及其他从各地神庙聚集来的祭司，他们在帕肯月的第五天赶来庆祝陛下的生日，在同一个月的第 25 天，陛下从他父亲那里接受了他的王位。他们在仁慈的神明的神庙即卡诺普斯集结，他们这样说：

由于永生的托勒密、两位兄妹神托勒密和阿尔西诺之子，以及女王贝莱尼科、他的妹妹和妻子，这两位仁慈的神明，一直以来为埃及的神庙做了大量的善举，并极力提升众神的声名；他们在所有的季节都关心阿皮斯和迈维斯，以及其他住在神殿中并在埃及受到崇拜的动物，

为了被波斯人掳出埃及的神圣雕像，他们花费了大量的金钱，做了很多准备，陛下前往国外，重新夺得雕像并将它们带回埃及，安置在它们原来所在的神庙中的宝座上，为了保护埃及免

受骚扰，他们在遥远的异域与他国及其统治者交战，他们（指国王和王后）为所有的埃及人们及臣服于陛下的外国人主持正义；

他们统治的时候，有一年尼罗河水位很低，埃及所有人都很担忧，因为他们回忆起了之前的国王在位时期，由于尼罗河的低水位而给埃及人带来的灾难和饥荒，陛下和他的姐妹（即王后）极为关心那些在神庙中的人（即祭司），以及在埃及的其他人，陛下和王后为他们考虑，大量削减他们本应缴纳的赋税，以使人们活下去，他们从叙利亚、腓尼基、萨摩斯岛及其他很多地方高价购买谷物运到埃及，使得在埃及的人们可以生存下去；他们留下永久的恩典，为当时的和以后的人们树立了典范，作为对这些的回报，众神永久地给予他们稳定的统治以及其他的恩惠。

强壮和健康！埃及的祭司们应该在神庙中增加两位仁慈之神——托勒密和王后贝莱尼科的荣耀，同时增加与兄妹神相关的，生养他们的救世之神，以及生养救世之神的国王的荣誉。埃及所有神庙的祭司，在他们现有的荣誉和祭司头衔之外，他们还应被称作“两位仁慈神明的祭司”；他们的两位仁慈神明祭司的头衔应当在所有的文献中记载，应刻在他们戴在手上的戒指上；应当在现居于每个神庙中的祭司中增加一个新的组，在原有的四组祭司的基础上，它应被称作“两位仁慈神明的第五组”，这是因为一件最为吉祥的事发生了：强壮、健康的国王托勒密、两位兄妹神之子，诞生在帕肯月的第五日，这一天因此成为所有人的美好生活的开始；在国王统治的第一年中被任命的进入神庙的祭司、直到第九年干旱季的第四个月（即梅索拉月）被任命的祭司，以及他们的孩子，应当永远在这个新组中；在国王统治的第一年之前已成为祭司的人应当留在原有的祭司组内，他们的孩子同样如此，从这天开始直到永远，他们应当登记在其父亲曾在的组中；

之前，每年从四组中的每一组选出5名，共选出20名祭司顾问，【现在】变为25名，多出来的5名祭司，从新设立的两位仁慈神明的第五组祭司中挑选，两位仁慈神明的第五组祭司可以参加神庙中的洁净仪式以及其他事务，第五组祭司中应该有一名预言者，就像其他四组一样。

此外，由于根据过去教令的规定，每月的第五、第九、第二十五日，在神庙中为仁慈的神明举行庆典，每年也在神庙中为其他的神祇举行庆典，与此类似，每年也要为托勒密国王以及女王贝莱尼科两位仁慈的神明在神庙和全国举行庆典，时间是当神圣的天狼星出现时，这在“生命之屋”的典籍中被称作“一年的开始”（即新年），对应于第九年干旱季的第二个月的第一天，这一天应当庆祝“巴斯特的开始”以及巴斯特大游行，这是收获各类果实的季节，也是尼罗河涨水的季节。当神圣的天狼星的节日每四年后变成另一天的时候，这一天的托勒密的节日不应当随着天狼星节日的改变而变更，仍应在干旱季的第二个月（帕乌尼月）的第一天庆祝，就像在第九年中的那一天庆祝一样；这一节日应当持续五天，【人们】要头戴鲜花花环，将供品放在祭坛上，备好奉献的饮品，举行一切适当的仪式。此外，为了所有节日都根据现在规定的历法在合适的时间举办，使得埃及不再因为天狼星每四年晚一天出现，而再出现冬天的节日在夏天庆祝这种事情，而其他的节日，未来也不会出现夏天的节日在冬天庆祝的情况。以前曾经发生的，今年也会发生，如果一年［仅］有360天和按照惯例加上的5天组成。

从今以后，每四年要有一天是仁慈神明的节日，加在【那一年中的最后】5天之后，在新年的开始，这样可以让所有人知道，一年和四季的安排以及天空运行的瑕疵，是由仁慈之神所纠正和完成的。

此外，仁慈之神国王托勒密和王后贝莱尼科的女儿，她的名字是贝莱尼科，被加冕为女王，【这是】由于当她还是年轻女孩时，她突然升天，当时，每年来自埃及各地的祭司们还与陛下在一起，他们因此事发生而立即举行了隆重的哀悼。他们在国王和王后面前提出请求。

劝说他们将这位女神安置在卡诺普斯的神庙中与奥赛里斯神同在，该神庙不仅是第一等级的神庙，它也是国王和全国人民尊崇的神庙。每年泛滥季第四个月（即荷阿克月）的第29天，奥赛里斯神的圣船可以进入这个神庙，远至Gereb的阿蒙庄园的神庙（都可以参加），所有第一等级神庙的人在前庭中安置两排祭坛，在各自的祭坛上焚烧祭品，在此之后，他们为她举行了将她奉为神以及净化和哀悼她所应当举行的仪式，他们带着敬意和虔诚做这些，像传统上对阿皮斯和迈维斯。

另外，他们通过了一个决议，在埃及所有的神庙中为仁慈之神的女儿、女王贝莱尼科设立永久的荣誉；因为她是在泛滥季第一个月加入众神的，这个月是初始时拉神的女儿死去的时间，出于对她的爱，她的父亲称她为他的蛇和他的眼，在这个月，很多一等神庙中为她设立了圣船巡行节，因为她是在这个月初封神的。因此所有的神庙也应为女王贝莱尼科、两位仁慈之神的女儿举办同样的节日和圣船巡行，在泛滥季的第一个月，从第17天开始，在这一天举办她的首次圣船巡行和哀悼她的净化仪式，持续四天。

另外，应为她制作一尊黄金的且嵌有各种宝石的神像，应当立于所有第一和第二等级的神庙，雕像应当置于圣殿中。一个预言祭司，或者一个被选出负责圣殿和诸神更衣仪式的祭司，在举办圣船巡行仪式和参加其他神的节日时，负责将神像抱在胸前，这样所有民众可以看到它、祭拜它、尊崇它，这尊雕像应被称作

"贝莱尼科，处女之主"。戴在神像上的王冠要与戴在她母亲、女神贝莱尼科头上的王冠不同；它应当有谷物的两只耳，二者之间有一条圣蛇，圣蛇之后、与它平行，应有一根纸草状权杖，就像女神手中的一样，圣蛇的尾巴应当缠绕着权杖，这王冠的构图应该按照"生命之屋"的文字特征表达贝莱尼科的名字。另外，在泛滥季的第四个月，在伊西斯的gyw节中，在奥赛里斯的圣船巡行队伍之前，祭司们的女儿应当准备另一个"处女之主"贝莱尼科的雕像，应当为它焚烧祭品，举办一切节日中应有的仪式。

此外，应该有可能让有意愿的女孩为该女神举行惯常应当举行的仪式，如上面所述，祭拜它，由被挑选出来侍奉众神的女祭司唱诵，女祭司们应该戴上象征她们所服侍的神的王冠。当第一批收获物到来时，女祭司们应当戴着谷物之耳，为女神的雕像呈献供品。

女歌者和男歌者应该每天为它唱诵，在节日及其他神的巡行节日中也唱诵，按照"生命之屋"的祭司所创作并给歌者教导者的赞美诗来唱诵，这些赞美诗的副本应当写在"生命之屋"的书里。

那些给神庙祭司的供品，他的女儿们自出生之日起也能得到，从神庙捐赠中拨出，其数量由神庙的顾问祭司根据捐赠比例决定。给众人的面包应该做成长形的以示区别，应该命名为"内莱尼科面包"。

每个神庙的监察官应该与神庙的mr-Sn祭司、神庙书吏一起，将此教令刻写在石碑或者青铜碑上，以生命之屋的字体（即圣书体）、文书的字体（即世俗体）和希腊文书写，应将它们放置在第一、第二和第三等级神庙的公共场所，让所有人都知道，祭司们以应有的方式尊敬仁慈之神及他们的后代。

四 同类石碑：罗塞达石碑

（一）罗塞达石碑铭文转写①

（1）[*ḥsb.t Ḳsntḳs sw* 4] *nt ỉr ȝbt n rmṯ* (*n*)*Kmy ȝbt* 2 *pr.t sw* 18

(*n*) *Pr-ʿȝ pȝ ẖl ỉ-ỉr ḫʿ* (*n*) *Pr-ʿȝ* (*n*) *tȝ s.t* (*n*) *pȝy.f ỉṯ*

nb nȝ ʿr<*ʿ*>*y.w*(*t*) *nt nȝ-ʿ tȝy.f pḥ.t*

ỉ-ỉr smn Kmy ỉw.f ty nȝ-nfr.f nt nȝ-mnḫ ḥȝt.f ỉ-ỉr nȝ nṯr.w

nt ḥr pȝy.f ḏḏy *ỉ-ỉr ty nȝ-nfr pȝ ʿnḫ n nȝ rmṯ.w*

pȝ nb n nȝ rnp.wt n ḥbs m-ḳty Ptḥ.tny *Pr-ʿȝ m-ḳty pȝ Rʿ*

（2）[*Pr-ʿȝ n nȝ tš.w nt ḥry*] *nȝ tš.w nt ẖry*

pȝ šr n nȝ nṯr.w mr-ỉṯ.w r-stp Ptḥ r-ty n.f pȝ Rʿ pȝ ḏrȝ pȝ twtw ʿnḫ (*n*) *ʾImn*

pȝ šr (*n*) *pȝ Rʿ* (*Ptlymys*) *ʿnḫ ḏt mr-Ptḥ* *pȝ nṯr pr nt nȝ-ʿn tȝy.f mt-nfr.t*

(*sȝ*) (*Ptlwmys*) *ỉrm* (*ȝrsynȝ*) *nȝ nṯr.w mr-ỉt.w*

wʿb (*n*) (*ȝlgsttrs*) *ỉrm nȝ nṯr.w nt nḥm ỉrm* (3) [*nȝ nṯr.w sn.w ỉrm nȝ nṯr.w*] *mnḫ.w*

ỉrm nȝ nṯr.w mr-ỉt.w ỉrm Pr-ʿȝ (*Ptlwmyȝs*) *pȝ nṯr pr nt nȝ-ʿn tȝy.f mt-nfr.t*

ȝyȝtws (*sȝ*) *ȝyȝtws*

r Prȝ sȝ.t Pylyns (*n*) *fy-šp* [*n pȝ*] *ḳny m-bȝḥ* (*Brnygȝ*) *tȝ mnḫ.t*

(*r*) *ȝryȝ sȝ.t ṯyȝgns* (*n*) *fy* (4) [*tn m-bȝḥ* (*ȝrsy*] *nȝ*) *tȝ mr-sn*

r ḥrȝnȝ sȝ.t Ptlwmyȝs n wʿb (*n*) (*ȝrsynȝ*) *tȝ mr-ỉt.s*

n hrw ỉpn wt (*n*) *nȝ mr-šn*(*.w*) *ỉrm nȝ ḥm-nṯr.w*

ỉrm nȝ wʿb.w nt šm (*r*) *pȝ nt wʿb r ỉr mnḫ n nȝ nṯr.w*

---

① 本书的转写和翻译依据辛普森（R. S. Simpson）的世俗体铭文版本。R. S. Simpson, *Demotic Grammar in the Ptolemaic Sacerdotal Decrees*, The Alden Press, Oxford, 1996, pp. 224 – 241。

ỉrm nꜣ sẖ.w (n) mḏy-ntr ỉrm nꜣ sẖ.w (n) Pr-ʿnḫ

ỉrm nꜣ ky.w wʿb.w i-ỉr ỉy n nꜣ ỉrpy.w (n) Kmy (5) [*r Mn-nfr*]

[*n*] *pꜣ ḥb n pꜣ šp tꜣ ỉꜣw(.t) (n) ḥry r-ỉr Pr-ʿꜣ (Ptlwmyꜣs) ʿnḫ ḏt mr-Ptḥ*

pꜣ ntr pr nt nꜣ-ʿn tꜣy.f mt-nfr.t (n-)ḏr pꜣy.f iṯ

i-ỉr twtw n ḥ-ntr (n) Mn-nfr i-ỉr ḏ

(n-)ḏr ḫpr.f r ḫr ỉr Pr-ʿꜣ (Ptlwmyꜣs) ʿnḫ ḏt pꜣ ntr pr nt nꜣ-ʿn tꜣy.f mt-nfr.t

(sꜣ) Pr-ʿꜣ (Ptlwmyꜣs) (6) [*ỉrm tꜣ Pr-ʿꜣ.t*] *(ꜣrsynꜣ) nꜣ ntr.w nr-ỉt.w*

mt-nfr.t ʿšꜣy n nꜣ ỉrpy.w (n) Kmy ỉrm nꜣ nt ẖn tꜣy.f ỉꜣw(.t) (n) pr-ʿꜣ ḏr.w

ỉw.f n ntr šr ntr ntr.t ỉw.f mḫy.w r ḥr sꜣ ꜣs.t sꜣ Wsỉr i-ỉr nḫṯ pꜣy.f ỉt Wsỉr

r ḥꜣt.f mnḫ.w ḥr nꜣ ntr.w r wꜣḥ.f ty ḥḏ ʿšꜣy pr.t ʿšꜣy n nꜣ ỉrpy.w (n) Km[*y*]

(7) [*r wꜣḥ.f ỉr hy* ʿ]*šʿy r ty ḫpr sgrḥ ẖn Kmy r smn nꜣ ỉrpy.w*

r wꜣḥ.f ty šp n tꜣ mtgṯ(.t) nt ẖn tꜣy.f ỉꜣw(.t) (n) ḥry ḏr.s

pꜣ ḥty pꜣ škr r-wn-nꜣw ʿḥʿ (n) Kmy wn-nꜣw ḳš.f ḫn.w wn-nꜣw wy.f r-r.w n ḏꜣḏꜣ

r ty ḫpr pꜣ mšʿ ỉrm nꜣ ky.w rmṯ(.w) ḏr.w ỉw.w nfr (n) pꜣy.f hꜣ (n) ỉr (8) [*pr-ʿꜣ*]

[*nꜣ sp*]*.w n Pr-ʿꜣ r-wn-nꜣw (r-)ʿwy nꜣ rmṯ.w nt n Kmy*

ỉrm nꜣ nt n tꜣy.f ỉꜣw(.t) (n) pr-ʿꜣ ḏr.w ỉw.w ỉr ỉp.t ʿšꜣy wy.f r-r.w

nꜣ rmṯ.w r-wn-nꜣw ḏtḥ ỉrm nꜣw-wn-nꜣw wn lwḥ (r-)ʿwy.w n sw ʿšꜣy wy.f r-r.w

ḥn.f s r-ḏbꜣ nꜣ ḥtp.ntr.w n nꜣ ntr.w

ỉrm nꜣ ḥḏ(.w) nꜣ pr.wt nt-ỉw.w ty-st n sntgsy (n) nꜣy.w (9) [*ỉrpy.w*] *ḫr rnp.t*

ỉrm nꜣ tny.w(t) nt ḫpr n nꜣ ntr.w n nꜣ ꜣḥ.w (n) ꜣrly nꜣ ꜣḥ.w (n) tgy pꜣ sp nkt ḏr.w

r-wn-nꜣw-ỉw.w mḥt n-ỉm.w i-ỉr-ḥr pꜣy.f iṯ r ty mn.w ḫr-r.w

ḥn.f s ʿn r-ḏbꜣ nꜣ wʿb.w r tm ty ty.w pꜣy.w tn n ỉr wʿb

(n) ḥwꜣ(r) pꜣ-wn-nꜣw-ỉw.w ty-s r hn (r) ḥsb.t I.*t i-ỉr-ḥr pꜣy.f iṯ*

wy.f r nꜣ rmṯ.w (10) [*nt ẖn*] *nꜣ ỉꜣw.w(t) n nꜣ ỉrpy.w*

n pȝ ỉwn r-wn-nȝw-ỉw ỉr.f r pȝ ʿw (n) <(>ȝlgsȝntrs) ẖr rnp.t

ḥn.f s r tm kp rmṯ ẖn

wy.f r tȝ tny(.t) ⅔ n nȝ šs-nsw.w r-wn-nȝw-ỉw.w ỉr.w r pr Pr-ʿȝ n nȝ ỉrpy.w

mt nb ỉ-ỉr ẖȝʿ pȝy.w gy n sw ʿšȝy ỉw.f ỉn n-ỉm.w (r) pȝy.w ḏnf n (11) [mte]

jw.f jr nbw nb r tj jr.w nȝ nt n snṯ n jr.w n nȝ nṯr.w n gy jw.f mte.w

pȝy.s smt n tj jr.w pȝ hp n nȝ rmṯ.w r-ẖ pȝ-jr Ḏḥwt pȝ ʿȝ pȝ ʿȝ

ḥn.f s ʿn r-ḏbȝ nȝ nt-jw.w r jy ẖn nȝ rmṯ.w (n) qnqn

jrm pȝ sp rmṯ j-jr ḫpr ḥr kt-ẖ.t mj.t n pȝ tẖtẖ j-jr ḫpr (n) Kmy

r tj (12) [sṯȝ.w] st r nȝy.w mȝʿ.w mtw nȝy.w nkt.w ḫpr ẖr-r.w

jr.f nbw nb r tj šm mšʿ ḥtr byry wbȝ nȝ j-jr jy n pȝ ʿt pȝ ym r jr ȝḥ wbȝ Kmy

jr 〈.f〉 hy ʿšȝy n ḥḏ pr.t wbȝ nȝy r tj ḫpr nȝ jrpy.w jrm nȝ rmṯ.w nt (n) Kmy jw.w sgrḥ

šm.f r tȝ rsȝ.t Škȝn (13) [r-wn-nȝ]w jnb (n-) ḏr nȝ sbȝ.w ẖr kȝ.t nb

r wn stbḥ ʿšȝy sbty nb (n) pȝy.s ẖn

ȝrb.f tȝ rsȝ.t (n) rn.s n sbt wn (n) pȝy.s bl

r-ḏbȝ nȝ sbȝ.w r-wn-nȝw (n) pȝy.s ẖn r-wn-nȝw wȝḥ.w jr gmʿ ʿšȝy r Kmy

jw.w hȝʿ pȝ myt n pȝ ʿš-sḥn n Pr-ʿȝ jrm pȝ ʿš-sḥn (14) [n nȝ nṯr].w

tj.f tn.w nȝ yʿr.w r-wn-nȝw tj šm mw r tȝ rsȝ.t n rn.s

r bn rḫ nȝ pr-ʿȝ.w ḥȝt.w jr.s m-qt.s jr.w ḥḏ ʿšȝy n hy wbȝ.w

jp.f mšʿ (n) rmṯ (n) rṯ.f ḥtr r-rȝ nȝ yʿr.w n rn.w r ḥrḥ r-r.w r tj wḏȝ.w

r-ḏbȝ nȝ [mḥ.w] n pȝ mw r-wn-nȝw ʿy.w n ḥsb.t 8.t

r (15) nȝ yʿr.w n rn.w nȝ nt tj šm mw r jtn ʿšȝy jw.w mty.w m-šs

ṯ Pr-ʿȝ tȝ rsȝ.t (n) rn.s (n) ḏrȝ (n) ḏr.t n sw sbq

jr.f jr sẖy (n) nȝ sbȝ.w r-wn-nȝw (n) pȝy.s ẖn

jr.f st n šȝy(.t) r-ẖ pȝ-jr pȝ Rꜥ jrm Ḥr sȝ ȝs.t

r nȝ j-jr jr sbȝ r-r.w n nȝ mȝꜥ.w (n) rn.w (16) tȝ ḥȝ.t

nȝ sbȝ.w j-jr twtw mšꜥ jw.w ẖpr ḥȝ.w r tẖtẖ nȝ tš.w

jw.w gmꜥ r nȝ jrpy.w jw.w ẖȝꜥ pȝ myt n Pr-ꜥȝ jrm pȝy.f jṯ

tj nȝ nṯr.w jr.f jr-sẖy n-jm.w (n) Mn-nfr ẖn pȝ ḥb n pȝ šp tȝ jȝw(.t) (n) ḥry

r-jr.f (n-)ḏr pȝy.f jṯ   tj.f smȝ.w st (n) pȝ ẖt

wy.f r nȝ sp.w (17) (n) Pr-ꜥȝ nt (r-)ꜥwy nȝ jrpy.w r hn (r) ḥsb.t 9.t

jw.w jr jp.t (n) nb ḥḏ pr.t ꜥšȝy

pȝy.s smt n swn nȝ šs-nsw.w nt (r-) ꜥwy nȝ jrpy.w ẖn nȝ nt-jw.w jr.w (r) pr Pr-ꜥȝ

jrm pȝ stȝ nt mn (n) nȝw-jr.w r hn (r) pȝ ṯȝ (n) rn.f

ḥn.f s ꜥn r-ḏbȝ pȝ rtb-sw r (stȝ) 1 ȝḥ r-wn-nȝw-jw.w šty.f n nȝ ȝḥ.w (n) pȝ ḥtp-nṯr

pȝy.s (18) smt n pȝ jrp r (stȝ) 1 ȝḥ (n) nȝ ȝḥ.w (n) ȝrly n nȝ ḥtp-nṯr.w n nȝ nṯr.w

wy.f r-r.w

jr.f mt-nfr.t ꜥšȝy n Ḥp Wr-mr jrm nȝ ky.w ꜥꜥe.w nt ẖwy (n) Kmy

(n) ḥwȝ (r) nȝw-wn-nȝw nȝw-wn-nȝw ḥȝ.f jr.w

(r) ḥȝt.f ḥr pȝy.w ꜥš-sḥn (n) ṯȝ nb

jw.f tj nȝ nt-jw.w wẖȝ.w wbȝ tȝy.w qsj.t   jw.w ꜥy jw.w šꜥš

jw.f ṯ nȝ nt-jw.w (19) sẖny.w (n) nȝy.w jrpy.w

jw.w jr ḥb   jw.w jr grl ḥȝ.w jrm pȝ sp mt nt pḥ (n) jr.w

nȝ mt.w-pḥ.w nt pḥ r nȝ jrpy.w jrm nȝ ky.w mt(.w)-pḥ.w (n) Kmy

jr.f smne.w ḥr pȝy.w gy r-ẖ pȝ hp

tj.f nb ḥḏ pr.t ꜥšȝy jrm kt-ẖ.t nkt wbȝ tȝ s(.t) (n) Ḥp

tj.f mnq.w s (n) jpe(.t) mȝy(.t) (n) n jpe(.t) (20) (r) nȝ-ꜥn.s m-šs

tj.f mnq.w ḥ-nṯr knḥy ẖw (n) mȝy (n) nȝ nṯr.w   tj.f jr kt-ẖ.t pȝy.w gy jw.f n ḥꜣt (n) nṯr mnḫ ḥr nꜣ nṯr.w jw.f šn (r) nꜣ mt(.w)-pḥ.w (n) nꜣ jrpy.w

r-tj jr.w mꜣy (n) pꜣy.f hꜣ (n) jr pr-ꜥꜣ (n) pꜣ gy nt pḥ

tj n.f nꜣ nṯr.w (n) tꜣ šb.t (n) nꜣy

pꜣ ḏrꜣ pꜣ qny pꜣ nꜥš pꜣ wḏꜣ (21) pꜣ snby jrm nꜣ ky.w mt-nfr.w(t) ḏr.w

(r) tꜣy.f jꜣw(.t) (n) pr-ꜥꜣ smne ḫr-r.f jrm nꜣy.f ḫrṯ.w še ḏt

jrm pꜣ sḫny nfr pḥ.s n ḥꜣt nꜣ wꜥb.w (n) nꜣ jrpy.w (n) Kmy ḏr-w

(n) nꜣ mt.w-pḥ.w nt mtw Pr-ꜥꜣ (Ptlwmyꜣs) ꜥnḫ ḏt

pꜣ nṯr pr nt nꜣ-ꜥn tꜣy.f mt-nfr.t ḫn nꜣ jrpy.w

(22)jrm nꜣ nt mtw nꜣ nṯr.w mr-jṯ(.w) j-jr tj ḫpr.f

jrm nꜣ nt mtw nꜣ nṯr.w mnḫ.w j-jr tj ḫpr nꜣ j-jr tj ḫpr.f

jrm nꜣ nt mtw nꜣ nṯr.w sn.w j-jr tj ḫpr nꜣ j-jr tj ḫpr.w

jrm nꜣ nt mtw nꜣ nṯr.w nt nhm(sic) [*nꜣ*] *jṯ.w (n) nꜣy.f jṯ.w*

r tj ꜥy.w

mtw.w tj-e-ꜥḥꜥ wꜥ twtw (n) Pr-ꜥꜣ (Ptlwmyꜣs) ꜥnḫ ḏt

pꜣ nṯr pr nt nꜣ-ꜥn tꜣy.f mt-nfr.t (23) mtw.w ḏ n.f (Ptlwmyꜣs) nḏ Bqy

nt-jw pꜣy.f wḥm (Ptlwmyꜣs) j-jr nḫṯ Kmy

jrm wꜥ twtw (n) pꜣ nṯr (n) tꜣ nỉw.t jw.f tj n.f špš (n) qny

n pꜣ jrpy jrpy sp-sn (n) pꜣ mꜣꜥ nt wnḥ n pꜣ jrpy

jw.w r r-ḫ jp.t (n) rmṯ (n) Kmy

mtw nꜣ wꜥb.w šms nꜣ twtw.w n pꜣ jrpy jrpy sp-sn sp 3 ḫr hrw

(24) mtw.w ḫꜣꜥ tbḥ j-jr-ḥr.w mtw.w jr n.w pꜣ sp mt nt (n) hp (n) jr.w

(r-)ḫ pꜣ nt-jw.w jr.f (n) nꜣ ky.w nṯr.w (n) nꜣ ḥb.w nꜣ ḫꜥ.w nꜣ hrw.w (n) rn

mtw.w tj ḫꜥ ↔ sḫm (n) nṯr (n) Pr-ꜥꜣ (Ptlwmys) pꜣ nṯr pr nt nꜣ-ꜥn tꜣy.f mt-nfr.t

(sꜣ) (Ptlwmyꜣs) jrm tꜣ Pr-ꜥꜣ.t (ꜣrsynꜣ) nꜣ nṯr.w mr-{Pr-ꜥꜣ} ⟨jṯ.w⟩

jrm tꜣ gꜣ(.t) (n) pꜣ jrpy (25) jrpy sp-sn

mtw.w tj ḥtp.s (n) pꜣ nt wꜥb jrm nꜣ ky.w gꜣ.w(t)

j-jr nꜣ ḥb.w ꜥy.w(sic) *nt-jw.w tj ẖꜥ nꜣ nṯr.w n-jm.w ẖpr*

mtw.w tj ẖꜥ tꜣ gꜣ(.t) (n) pꜣ nṯr pr nt nꜣ-ꜥn tꜣy.f mt-nfr.t jrm.w

r-tj ẖpr.f jw.w swn tꜣ gꜣ(.t) pꜣ hrw jrm pꜣ sp ṯꜣ nt jn-jw

mtw.w tj sḥn (n) nb 10 n pr-ꜥꜣ r wꜥ.t ꜥrꜥy(.t) n-jm.w r wꜥ

r-ẖ pꜣ nt (26) (n) hp n jr.f r nꜣ sḥn.w (n) nb

r-ḏꜣḏꜣ tꜣ gꜣ(.t) n tꜣ šb.t (n) nꜣ ꜥrꜥy.w(t) nt ẖpr ḥr-ḏꜣḏꜣ pꜣ sp gꜣ(.t)

mtw pꜣ sẖnt ẖpr (n) tꜣ mte.t (n) nꜣ sḥn.w

ẖpr mtw.f r-ẖꜥ Pr-ꜥꜣ n-jm.f (n) ḥ-nṯr (n) Mn-nfr

jw.w jr n.f n nꜣ nt n hp n jr.w (n) pꜣ šp tꜣ jꜣw(.t) (n) ḥry

mtw.w ẖꜥ (n) tꜣ ry(.t) ḥry.t n ↔ jft nt (n) pꜣ bl (n) nꜣ sḥn.w

(n) pꜣ mte (27) (n) pꜣ sḥn (n) nb nt sẖ ḥry wꜥ.t wꜣḏ.t jrm wꜥ šmꜥ

mtw.w ẖꜣꜥ wꜥ.t ꜥrꜥy(.t) ḥr wꜥ.t nbw(.t) r wꜥ šmꜥ ẖr-r.s

ḥr pr-jmnt (n) pꜣ qḥ (r-)ḏꜣḏꜣ tꜣ gꜣ(.t)

mtw.w ẖꜣꜥ wꜥ.t ꜥrꜥy(.t) r wꜥ.t nbw(.t) ẖr-r.s ḥr wꜥ wt (r) jꜣbt

nt-jw pꜣy.f wḥm Pr-ꜥꜣ j-jr sḥḏ Šmꜥ Mhe

(n-)ḏr ẖpr.f jw(sic) *ꜣbt 4 šmw ꜥrqy nt-jw.w jr pꜣ (28) hrw-ms (n) Pr-ꜥꜣ n-jm.f*

ẖpr jw.f smne (n) ḥb ẖꜥ (n) nꜣ jrpy.w tꜣ ḥꜣ.t

pꜣy.s smt (n) ꜣbt 2 pr.t sw 17 nt-jw.w jr n.f nꜣ jr.w (n) pꜣ šp tꜣ jꜣw(.t) (n) ḥry n-jm.f

tꜣ ḥꜣ.t (n) nꜣ mt-nfr.w(t) j-jr ẖpr (n) rmṯ nb

pꜣ ms Pr-ꜥꜣ ꜥnḫ ḏt jrm pꜣ šp tꜣ jꜣw(.t) (n) ḥry (r-)jr.f

jr nꜣy hrw.w sw 17 ꜥrqy ḥb ḥr ꜣbt nb ẖn nꜣ jrpy.w (n) Kmy ḏr.w

（二）罗塞达石碑译文

第九年，罕第克斯 Xandikos 月，第四天，相当于埃及的生长季的第二个月，第 18 天，“像国王一样出现、坐在他父亲王座上的年轻人”，圣蛇之主“他的力量是伟大的，他创建了埃及，使它繁荣，他的心在众神之前是仁慈的”，征服敌人者，“使得人民生活富裕者，像普塔－太恩一样的年岁之主”，上下埃及之王，“热爱父亲之神的儿子，普塔所选择，拉神赐予他胜利，阿蒙活着的形象”，拉神之子，“永生的托勒密，普塔所爱，优秀的显化之神”；

祭司艾托斯之子艾托斯，他是热爱父亲之神托勒密和阿尔西诺之子、亚历山大、救世之神、兄妹之神、仁慈之神、热爱父亲之神以及优秀显神国王托勒密的祭司；

此时，费里诺斯之女佩尔拉是仁慈者内莱尼科面前的“持奖品者”，狄奥格尼斯之女阿瑞亚是热爱兄弟者阿尔西诺面前的“提篮者”，而托勒密之女艾瑞娜是热爱父亲者阿尔西诺的女祭司。

在这一天，颁布教令，大祭司、神的仆人、进入圣殿为神举行洁净仪式的瓦布祭司、守护圣典的书吏、生命之屋的书吏，以及来自埃及各地神庙前往孟菲斯参加永生的国王托勒密，即普塔所爱，以及优秀显神的登基仪式的祭司，聚集在孟菲斯神庙，他们说：

永生的国王托勒密，优秀显神，热爱父亲之神托勒密四世和王后阿尔西诺之子，他爱戴埃及的神庙和所有在他统治之下的人民，作为神，作为男神与女神之子，他像荷鲁斯一样，是伊西斯和奥赛里斯之子，他为其父奥赛里斯辩护，他的心对众神是仁慈的，他曾经为埃及神庙捐赠大量金钱和谷物，为了在埃及创建和平环境、建造神庙，【他投入了】巨资。

他奖励在他统治下的所有军队。

为了让军队和所有其他人在其统治下生活富裕，他减少了一部分或完全取消他们在埃及必须缴纳的赋税。

他宣布取消居住在埃及的人们和所有法老统治下的人们所欠

国王的巨额款项。

他宣布释放那些关在监狱中的人们，以及那些长期被指控的人。

关于神庙捐赠，他宣布：神庙每年所得的作为补助的金钱和谷物，以及神庙在他父亲在位时所拥有的葡萄园和果园及其他地产的产出，神庙应该继续持有。

他宣布祭司们所交赋税不应高于他父亲在位第一年（的数目）。

他免除神庙祭司每年按照惯例前往亚历山大里亚的义务。

他宣布划桨手不应被强征服劳役。

他减免了以往神庙所需上交国库的优质亚麻数量的2/3。

他使长期失序的一切恢复正常，让传统上为神所做的一切都得到正确处理，同样也按照伟大的图特神所做的那样为人民行使正义。

他宣布那些从战场上归来的人，那些因为埃及发生骚乱而逃离的人，他们应该被遣返故乡，他们的财产应该被归还给他们。

他大力派出步兵、骑兵和船只，抵御从海上前来攻打埃及的人。他花费了大量的金钱和谷物来抵御这些（敌人），目的是保障神庙和在埃及生活的人的安全。

他前往叛乱者精心打造的塞卡姆要塞，那里有很多设备，他用围墙和壕沟圈住了要塞，那些违抗法老命令和神的旨意的反叛者就在里面，他们已经对埃及造成了极大的危害。他将为要塞提供水源的运河筑坝拦住，以前的法老不会这样做，因为要为此花费很多钱。他派遣了一支由步兵和骑兵组成的军队前往这些运河的入口，在此监看和保护它们，因为河水水位在第八年上涨了很多，这些本来是为土地提供水源的运河水变得很深。国王像风暴一样在很短的时间便攻下了这座要塞，战胜了这里的叛乱者，杀死了他们，就像拉神和伊西斯之子荷鲁斯神对那些最初反叛他们的人所做的一样。

反叛者们聚集并带领军队骚扰各个诺姆，他们破坏神庙，背弃国王及其父亲。神祇们让他在举办王位继承仪式时在孟菲斯战胜他们，将他们钉死在木桩上。

他免除了直到第九年之前神庙应向王室缴纳的欠款，是数目庞大的金钱和谷物，他免除了神庙应该交给国库的优质亚麻，那些已经交给国库的，他免除了清点的费用。此外，①

他宣布免除过去从神庙土地上征收的每阿鲁拉土地的小麦税，以及从神庙葡萄园征收的每阿鲁拉的葡萄酒税。

他善待阿皮斯和门奈维斯以及其他在埃及受到崇敬的神灵动物，他所做的超过了他之前的任何人。他总是考虑到它们的需求，为它们的葬礼提供所需物品，尽管是奢华昂贵的。在庆祝节日和为它们焚烧祭品时，他为神庙提供所需，以及其他应做之事。

他根据法律协调神庙的特权和埃及的特权。他将大量的金、银、谷物和其他物品赠给阿皮斯神庙，他用精美的饰品将它装饰一新。

他为众神建造了新的神庙、圣殿和祭坛，修复了其他的神庙。他有一颗敬神的仁慈之心；他发现神庙的特权，目的是在他统治期间以合适的方式恢复它们；神祇也为此回报给他力量、胜利、成功、繁荣、健康和所有其他的恩惠，并永久确立他和他的后代的统治，直至永远，

好运！所有埃及神庙的祭司认为，应当增加永生国王托勒密，优秀显神，在神庙中的荣誉。同时增加以下诸位的荣誉：将他带到人间的热爱父亲之神；仁慈之神，他将把他带到人间的人带到人间；兄妹之神，他将把他们带到人间的人带到人间；救世之神，他祖先们的祖先。

应为永生的国王、优秀显神托勒密竖立一座雕像，雕像的名字是“保护了光明之地的托勒密”。同时竖立一座手持胜利之剑

① 原文在此换行。

的当地神祇的雕像，（雕像竖立）在每一座神庙，在神庙的公共场合，它们是用埃及的工艺制成。

祭司们应当每日三次供奉每座神庙中的雕像，他们应当将圣物置于他们面前，在庆典、游行及每年最后五天的节日中，要为它们举办和其他神一样的相应的仪式。

应在每个神庙中为优秀显神、国王托勒密，爱父之神托勒密和阿尔西诺王后之子，制作一个仪式雕像，同时制作一个神龛，它应与其他神龛一起放置在圣殿中。

举办重大庆典、神祇雕像参加巡行的时候，优秀显神的神龛也应与它们一起参加巡行，为了使神龛容易识别，在现在和将来的时间里，应将 10 个金冠放到国王神龛的顶部，每个上面有一条圣蛇，就像平时的金冠一样。而其他的神龛顶部只有圣蛇。在这些金冠的中间放一个双冠，因为国王是用它在孟菲斯神庙加冕的，这是登基仪式通常需要的。在王冠的旁边、金冠的对面，应该加上一棵纸草和一棵芦苇 。神龛顶部的右边，应当放篮子上的圣蛇，下面是芦苇；神龛顶部的左边，则放篮子上的圣蛇，下面是纸草。这象征着“法老照亮了上下埃及”。

夏季第四月最后一天，法老举行了生日庆典，即神庙中的游行庆典，就像冬季第二月第 17 天，庆祝他的加冕仪式那样，这些是发生在他身上的善事的开始，即永生之国王的出生和他的王位继承。让每个月第 17 天和最后一天成为所有埃及神庙中的节日。在每个月的这两个节日里，应当举行焚烧供品仪式、奠酒仪式以及其他节庆中所举行的仪式，所用的供品应随后分发给神庙中服役的人。

游行庆典将在神庙中和整个埃及举行，为了永生的、优秀显神国王托勒密，每一年从泛滥季第一个月第一天开始，为期五天，人们戴着花环，举行焚烧供品和奠酒以及其他相应的仪式。

除了其他头衔之外，所有埃及神庙中的祭司都应被称作“优秀显神之祭司”。他们应当将其写在每个文件中，他们应当将

“优秀显神之祭司”写在他们的戒指上，并雕刻在上面。

普通人如果愿意的话，也可以制作优秀显神之神龛，供奉在他们的家里，并每年进行如前所述的庆典和游行，这样人们就会知道，埃及人以传统的方式敬拜优秀显神。

教令将用圣书体、世俗体和希腊语刻写在硬石上，它将被竖立在第一等级神庙、第二等级神庙和第三等级神庙中，靠近永生国王的雕像。

图1-7-4　罗塞达石碑

第八章

解读托勒密教令

自托勒密三世起，古埃及的祭司集团以法老即托勒密国王的名义定期在孟菲斯或是亚历山大里亚的宗教会议上制定教令，用来纪念托勒密国王们。这些教令被雕刻在石板或铜板上，其抄本在全国各地的一、二、三级神庙内向公众展示。这些教令的铭文大多是用三语颁发。罗塞达石碑是这些教令抄本中最著名的。这些铭文是研究托勒密国王们和埃及祭司阶层之间关系的最重要的材料。

一　教令的目的与撰写者

根据年代的顺序，依次有如下著名的教令：卡诺普斯教令、拉斐亚教令、孟菲斯教令、菲莱教令。其中一些教令有好几个抄本。卡诺普斯教令至少有六个抄本，其中两个近乎完整，其余的则是残片。拉斐亚教令有三个抄本。罗塞达石碑是保存得最好的孟菲斯教令。菲莱教令也有两个抄本。这些教令有很多抄本并不奇怪，因为大多数教令中都提到：它们将会被刻写在石头上，并保存在埃及所有第一等级、第二等级和第三等级的神庙中。不过，这些抄本的数量仍然非常有限，而且大多数仅仅是残片，或是不可辨读，比如，有些石碑后来就被当地的清真寺用来作台阶。

表 1-8-1 **著名教会一览**

祭司大会的时间和地点	在位国王	教令名称	大会事由	教令中规定神化的王室成员
公元前 238 年，卡诺普斯	托勒密三世	卡诺普斯教令	王室周年庆典及公主神化	公主贝莱尼科
公元前 217 年，孟菲斯	托勒密四世	拉斐亚教令	埃及军队取得拉斐亚大捷	国王夫妇
公元前 196 年，孟菲斯	托勒密五世	孟菲斯教令	国王加冕	国王
公元前 186 年，亚历山大	托勒密五世	菲莱第二教令	平定起义	国王夫妇
公元前 185 年，孟菲斯	托勒密五世	菲莱第一教令	阿皮斯圣牛就任	国王夫妇

按照教令中的规定，这些文献都要刻写在“硬石”，即石头和铜上。[①] 迄今为止，并未发现刻写在铜版上的此类文献。据统计，现有文献的书写材质主要包括：1. 玄武岩，如罗塞塔石碑。在埃及传统中，这种石材象征着神与神庙所特有的力量；2. 花岗岩。这也是古埃及常见的石材之一，是王室雕像的常用材料之一；3. 石灰石。相较于前两者，这种石材无论是质地还是颜色都逊色许多，但胜在储量丰富，易于加工，因此是雕像和神庙建筑的常用材料。菲莱教令便雕刻在菲莱岛伊西斯神庙的墙壁高处。

教令中还规定：所有教令都必须用“圣书体、世俗体象形文字及希腊文”书写。[②] 罗塞塔石碑显然是标准的范本。但证据显示，并不

① M. M. Austin, *The Hellenistic World from Alexander to the Roman Conquest: A Selection of Ancient Sources in Translation*, Cambridge University Press, 2006, p. 474.

② M. M. Austin, *The Hellenistic World from Alexander to the Roman Conquest: A Selection of Ancient Sources in Translation*, Cambridge University Press, 2006, p. 474.

是所有的抄本都如此规范，菲莱教令便只有圣书体和世俗体两种文字。这很可能与教令抄本所针对的人群有关。从材质和文字来看，罗塞塔石碑必然是放置在地位显赫的一级神庙，供全体国民参观阅读的；而菲莱教令是刻写在神庙墙壁上，又只使用了圣书体和世俗体两种文字，很可能是为埃及神庙祭司特制的版本。

这些教令的时间跨度为：从公元前 243 年到公元前 162 年。除了一个托勒密六世时期的教令之外，其余所有教令都集中在三个托勒密国王的统治时期：托勒密三世奥厄葛提斯（Euergetes）、四世菲洛帕托尔（Philopator）、五世埃庇法尼斯（Epiphanes），也就是公元前 243 年到前 182 年之间。学术界通常认为这些教令与其时发生的埃及本土居民的叛乱有关。

卡诺普斯教令是公元前 237 年亚历山大里亚宗教会议的成果。它有至少六个抄本，其中只有前两个是完整的文本。它为我们提供了了解古埃及祭司第五组的重要线索。同时，它也提到了当时要采取一种新的历法，将一年的长度由 365 天增加到 365. 25 天。但直到奥古斯都时期之前，古埃及人一直不接受这种新历法。其中的原因，可能是埃及祭司阶层有意识地暗暗抵制希腊人所倡导的变革。

拉斐亚教令的主要内容是庆祝托勒密四世于公元前 217 年对塞琉古国王安提珂三世的战争的胜利。它存有三个抄本，一个仅仅只是残片。该石碑的顶部特别值得注意，画面上托勒密四世正手持长矛刺杀敌人，整个画面都是埃及式的，但国王却骑在马上（传统的法老形象是站在战车上），而且穿的是希腊式的军装。

罗塞达石碑是制定于公元前 196 年的孟菲斯教令的一份抄本。还有另外三个抄本保存了下来，其中一个篇幅还相当长。它的内容是庆祝埃及成功击退塞琉古国王的再次进攻，以及镇压三角洲叛乱者的胜利，但教令却没有提及这些史实：科艾略－叙利亚地区在战争中沦陷，而南部地区的叛乱又持续了十年。

菲莱第二教令的内容是庆祝公元前 186 年对南部叛乱的最终胜利。

祭司们聚集在亚历山大里亚召开宗教会议颁布该教令。第二个抄本是温特10年前在开罗博物馆发现的，至今尚未出版。最后一个埃及本土法老的名字就出现在这个教令上。菲莱第一教令则是一年后在孟菲斯制定的，是为了纪念新的阿皮斯圣牛的出现。

这些教令的抄本共有25个，它们出现在埃及各主要地区，只有法雍地区没有发现。至少有六个出自三角洲，包括罗塞达石碑。这一现象值得关注，因为通常三角洲地区遗址发现的神庙及相关信息远远少于上埃及地区遗址。不过，南部较远的地区也有很多残片，分别出土于卡纳克、埃克巴、托德、象岛和菲莱等地。

二　教令的体裁：希腊还是埃及

这些祭司教令有同样的目的：祭司们聚集在亚历山大或是孟菲斯，对当时在位的国王进行赞誉，包括宗教性的赞誉。这些赞誉将用圣书体象形文字、世俗体象形文字和希腊文雕刻在石板上。而后，这些石板将竖立在埃及各地的神庙里。

从19世纪到现在，这些教令的大多数已经为人们所知。针对这些教令，学术界出现了一些争论：它们最早是用什么语言写的，是埃及语还是希腊语？这是否表明埃及祭司势力的壮大以及托勒密国王力量的衰减？目前学术界普遍接受的是如下观点：这些文本的写作是一个非常复杂的过程，最终的版本是祭司和王室官员之间相互妥协的结果。尽管文本本身显然是祭司的教令，但有许多学者认为它们是由王室官员议定的。

教令的基本结构如下：

1. 开头是一串很长的日期，包括在位国王的统治年代以及同时代的祭司，接着是马其顿和埃及的月份。卡诺普斯教令的纪年是在希腊文本中出现的（在世俗体象形文字的文本中没有发现马其顿的月份）。

从拉斐亚教令开始，出现了五种国王头衔。

2. 接下来是“教令”一词。

3. 再下面是介绍性的套语：“聚集在卡诺普斯和孟菲斯的祭司如是说。”

4. 赞誉国王的原因。

4a. 一般性的原因：国王给予神庙、神祇、祭司和埃及人的捐赠。

4b. 更特殊的原因，根据不同的情况各有不同。

5. “好运”。

6. 由祭司决定。

6a. 一般性的：为了增加国王和他们的祖先的荣耀。

6b. 在某些情况下，专为国王设立一些特别的宗教仪式。

7. 将这个文本刻在石碑上，并立在所有的神庙里。

这是典型的希腊文本格式。常见的希腊铭文的结构亦是如此，通常会在一个长句中，按照同样的顺序，即：1. 日期，以及齐名的官员；2. 文件制定人；3. 程式性的语句：“好运”；4. 动词，对某个特定的人的赞誉；5. 在公共场合立碑为记，来记载某一事件。

在埃及文献中，虽然部分内容可能与此重合，但并没有与之完全类似的格式。埃及的官方文献中，同样记述法老军事胜利的麦吉多战役和卡叠什战役的铭文都被归为“编年史类文献”（annals）。一般来说，这类文献都是直接记述，相对写实。① 以麦吉多战役铭文为例，这一铭文刻在卡纳克神庙的6号柱后的石屋墙壁上。共三个部分：1. 法老的五个名字：“荷鲁斯，在底比斯现身的公牛；两女神：如同天上的拉神一样永掌王权；金荷鲁斯：上下埃及之王，两片土地之主；赫派瑞－拉神之子；图特摩斯，永生”；2. 记载原因。“王下令在父神阿蒙的神庙中记录下父神所赐予的胜利……”；3. 战役时间、过

① M. Lichtheim, *Ancient Egyptian Literature*, Los Angles: University of California Press, 1980, p. 29, pp. 30 – 32.

程及结果。可以看出，这类文献涉及了教令中的第1、3部分，至于教令中的第4和第6部分，相似的内容在埃及文献中通常在颂诗或是纪念铭文中出现。例如卡纳克神庙中的图特摩斯三世颂诗（Poetic Stela of Thutmose III）和底比斯阿蒙荷太普三世祭庙中的铭文（Stela of Amenhotep III）。值得注意的是，在这两篇文献中，对国王的赞誉都是以神的口吻来表达：图特摩斯三世颂诗通篇都是阿蒙-拉神的垂训，强调国王的胜利是神的赐予以及国王对神的敬奉；阿蒙荷太普三世铭文也是如此，借阿蒙-拉神之口赞誉国王大规模修建神庙的行为。[1]

三　教令背后的观念：希腊还是埃及

虽然教令的体裁是希腊式的，但它们的制度背景很大程度上是埃及式的，正如人们在埃及本土祭司的作品中期待看到的一样。国王被赋予荣誉的原因，不仅有人们在希腊铭文中反复看到的那些，如萧条时期的财政援助、减免赋税以及在战争中保卫国土等，还有典型的埃及式的捐赠，归还被敌人夺去的雕像，对神圣动物所做的捐赠，建造和修葺神庙。大多数给予国王的荣誉都在法老时期的神庙铭文中出现过。而埃及人通常将一些希腊词汇赋予新的含义来表述教令内容。例如，改变祭司组织的名称（用phyle代替tribe）、神的象征物、神在尼罗河上的巡行，等等。教令还向读者解释埃及的宗教观念，如太夫努特（Tefnut）象征“女儿”的角色、拉神的王冠和眼睛的含义，等等。在罗塞达石碑中，地方宗教色彩甚至更加明显，将国王的事迹与埃及各个神祇的事迹进行了比较：他像荷鲁斯一样统治，是他父亲奥赛里斯的保护者，他就像赫尔墨斯-图特一样主持正义，他接受了被称为

---

① M. Lichtheim, *Ancient Egyptian literature*, Los Angles: University of California Press, 1980, p. 35, p. 43.

pshen 的王冠。

即使如此，教令背后的世界观在相当大的程度上还是希腊式的，而非埃及式的。首先，我们从没有发现法老时期的埃及祭司给国王荣誉的例子，并且是通过投票来这样做。正如奎克和安德鲁所言：“在法老统治下，让神性统治者之外的人来对国家大事进行决断，并把它公布在石制纪念物上，是一件不可思议的事情。尽管它们的内容包括一些对国王的赞歌，并且涉及为国王设立的仪式，但这些文本还是由祭司创作的。从这个意义而言，这些祭司教令揭示了托勒密国王在多大程度上被排斥在埃及宗教之外。最基本的一点，宗教文件由神庙来制定，这完全不是法老埃及的传统。在法老时期，这些文件是由王室而非祭司来制定。”实际上，教令体现的是希腊城市授予君主荣誉的惯常做法，希腊化的君主通常是让臣下赞誉自己，而不是自己给自己写颂歌。在这里，祭司集团扮演了塞琉古或安条克帝国城市的角色。

其次，在国王的事迹中，通常要强调他怎样在经济上为埃及提供援助，有时候赐予困境中的人以金钱，或者减免神庙赋税。而这些并不是传统的埃及法老拯救国家的办法：法老认为只要他一出现，玛奥特，也就是宇宙秩序和社会正义就会建立起来，所有麻烦都不复存在。教令明显的有这种观念的痕迹，不过它们已经融合了另一种不同的世界观。在这种世界观中，一些自然灾害，如尼罗河水灾或饥馑，已经不再是国王所能控制的事情了。而这时，国王就像一个希腊捐赠者一样，通过财政手段帮助他受灾的臣民。托勒密王朝的经济和财政观念最明显地体现在王室政治宣传和类似财政法的文献中，也表现在其他类型的文献中。通过提及开支、税收和金钱，国王从他高高在上的神王地位，降到一个管理者的位置，而这并不是传统法老的形象。

就教令的最初创作文字而言，圣书体象形文字版本实际上是由世俗体象形文字版本翻译过来的。象形文字的版本并不仅仅是将草体的书写转化成圣书体，同时也是一种更为古典的形式。而且，为了让文本更加有气势，书吏们避免使用世俗体文本中同样的词汇，而用一些旧式的同义词取代，即使该词在中埃及语和世俗体中用法一样。

铭文的正文最初要么是世俗体象形文字，即祭司的语言，要么是希腊语，即官方语言。现在，大多数学者比较同意最后的文本是世俗体象形文字和希腊文融合的结果：祭司先用世俗体写一个草稿，然后这个草稿被翻译成希腊语，由王室官员进行核查，然后再被送回给祭司。还有学者认为教令是王室官员创作的，他们拟定了一个大纲，然后由祭司来撰写其中的内容，先是用世俗体，然后翻译成希腊文。这个观点是建立在两个假设之上的：

1. 祭司是埃及人，因此要先用世俗体打一个草稿。

2. 初稿来自于宫廷和管理机构，由他们来告诉祭司如何做，并且最终审核确认祭司所写的文献。

但是，上述两个假设都很难成立，原因如下：

1. 经过和希腊人一百年的共处（最早的文献是公元前 243 年），埃及祭司阶层中的精英应该非常熟悉希腊文了。祭司是从一开始就用希腊语写作，不过他们确实需要把一些典型的埃及观念和制度翻译过来。

2. 此时的埃及社会，并没有学者们想象的那么两类人：埃及祭司和希腊官员。本土的精英人士已经完全融入希腊的管理机构中去了：一个人会在一个场合展现他的希腊化的一面，又会在另外一个场合展现埃及化的一面。这里，祭司们是展现他们埃及式的一面——这从“地方宗教仪式”中就可以看得很清楚：埃及式的荣誉，比作埃及的神祇等等。不过，同样这些人，会在另一个场合赋予国王希腊式的荣誉。这是在国王回到自己的家乡，在城市大厅或当地的竞技场出现的时候。有些埃及祭司同样也在管理机构中扮演重要的角色，他们会使用希腊语，而且非常熟悉怎样去写希腊文的信件、希腊文的请愿书和希腊文的教令。

有些学者建构了一种并不存在的、神庙和国家之间的对立关系，如 W. Huss，*Der makedonische König und die ägyptischen Priester*，1994。

此书中想象建构的这种对立是中世纪德国的现象，而非古代埃及的。埃及社会传统的法老地位是完全排斥这种分裂对立的。而托勒密国王和埃及祭司都是遵循这种传统的。孟菲斯的大祭司与罗马主教有很大的不同。在列举托勒密对立面的例子中，胡斯提到，罗塞达石碑上所提到的历法改革，从未在现实中使用过。他总结道："正如后期文献所展现的那样，历法改革从未真正实践过。因为使用新历法后，就不需要在每五年增加一天来置闰了，结果原来的一个纪念国王的节日也就没有了，这就是'对沉默多数的反对'。这个观念背后所反映的事实是，历法改革是王室管理机构强加在不情愿的祭司身上的。他们不敢公开地反对它，不过，他们用不使用这种历法来消极抵抗。"首先，假如国王真的想推行这个历法改革，他完全可以通过行政机构来强制推行。然而，国王没有这样做：直到奥古斯都时期，一个埃及年仍然是365天。其次，行政机构有相当一部分权力是掌握在管理神庙的那部分人手中：祭司和书吏是同一群人，或是来自同一个家族，在王室管理机构和神庙之间不存在对立，只有合作。比如艾德福的将军和祭司家族，其中有一个甚至掌管谷物仓库。简单地说，胡斯没有看到双面社会，而这可能误导了他对神庙和管理机构的错误认识。

在卡诺普斯教令和罗塞达教令制定之间的这个时期，教令中的埃及因素在不断增多。卡诺普斯是一个起点，是因为在它的日期格式中，只出现了国王的希腊文名字。而从拉斐亚教令以后法老的五个传统名字都被加上了。如果只看表面现象，很容易得出两种假设，一是托勒密国王在逐渐地埃及化，这在教令中也可以看得出来。因为这些教令最终是要经过王室管理机构决定的。更重要的是第二个假设：神庙的势力在壮大，而国王的力量则相应地减弱，这些教令可以看作是国王对神庙的让步。这两种假设都是错误的，原因如下：

首先，这些教令是官方制定的。祭司们自己都可以熟练地用希腊文来表达自己的观念，而且他们也已经融入新政府中，并且懂得如何来取悦国王。我们确实在罗塞达石碑上发现一些更埃及式的表述，比如，荷鲁斯保护自己的父亲、图特制定法律等，但就总体而言，除日期格式以外，卡诺普斯和罗塞达之间的差异并不特别大。这些差异是基本文本的“装饰”，而这些文本本身在相当长的时间内都基本相同。

其次，这些教令列举了大量的王室捐赠。这些捐赠真的是意味着国王对神庙的让步？神庙真的在卡诺普斯和罗塞达教令之间的时期获得了更多的经济实力和独立性？其实不然，人们夸大了托勒密国王对神庙统治权的减弱。我们对比一下卡诺普斯和罗塞达所记录的捐赠：

卡诺普斯	罗塞达
许多大宗捐赠	对神庙和国家的捐赠
敬神，特别是阿皮斯和鲁伊斯	修葺神庙
将圣物归还给神庙	给神圣动物的捐赠
向外征战和维护法律和秩序，以保证国内和平	保卫埃及的领土和领海 重新征服利科波利斯 惩罚孟菲斯的叛乱者
在经济萧条的时候，减免赋税，并从国外购进小麦	减免神庙的赋税

罗塞达石碑写得更详细，它更清楚地列出了哪些赋税被减免，宣布了一次大赦，并庆祝了国王的建筑活动：

1. 减免了一些比较突出的债务；
   取消了每年到亚历山大的旅行；
   减免 artabieia 税和部分亚麻税；
   祭司所要缴纳的供奉税不应超过他父亲在位时的数字；
   像他父亲在位时那样向神庙捐赠谷物、金钱，神庙依然可以像以前那样使用葡萄园和花园。

注意，最后两项不是让步的结果，而只是回复到菲洛帕特时期的状况。显然，政府在此前一个时期，由于战争的缘故征收了过多的赋税。

2. 对叙利亚战争和三角洲地区内战结束后都有特赦；

不强行建设海军；

恢复以前的仪式。

3. 没有文献提到幼厄吉提进行了神庙建设。

不过，我们知道有很多神庙是在他统治期间修建或翻新的，例如，艾德福的大神庙，是在公元前237年开始修建的，这比卡诺普斯教令晚一年半。至于教令中所提到的艾皮法尼斯所建的神庙，它的建筑遗存几乎没有留下。在建造神庙方面，艾皮法尼斯显然远逊于他的前任和后继国王。当时，南部还在叛乱者的手中。朗西亚收集了所有托勒密五世时期的建筑的资料，他总结说："祭司教令让人们误以为艾皮法尼斯时期的神庙建筑有所发展。"在公元前206年到前186年之间，埃及几乎没有任何建筑活动。在整个艾皮法尼斯统治期间，也几乎没有什么建筑活动。这也再一次说明，神庙的地位并没有提高。假如有变化，那也是艾皮法尼斯比他的前任在神庙上投资更少，而祭司们却对他更为感激。

由上述事实可见，国王这一方没有做出许多让步。教令所要强调的是国王对神庙的忠诚，而这正是赋予他荣誉的主要原因。这不仅仅体现在孟菲斯教令中，在公元前186年、前185年和前182年教令中也有体现。事实是，镇压叛乱提高了托勒密国王的地位，而且埃及祭司们还赞美国王的胜利。因为这些祭司比以前更加依赖托勒密王朝。

下面分析国王头衔。从公元前217年后，教令中把法老的所有头衔都列出了。许多研究表明，这些头衔在卡诺普斯教令中还没有出现。拉斐亚教令列出了完整的法老头衔。这是一个托勒密国王埃及化的清楚的信号。其实，这证明教令的用词是由政府决定的。假如我们认为是由祭司来决定在石碑上写什么，那就不能解释为什么卡诺普斯教令没有完整的国王头衔。事实上，早期的托勒密，以及更早些的亚历山大大帝都有完整的国王头衔，在很多神庙浮雕上都可以看到这种头衔。在通常情况下，它既不是希腊语，也不是世俗体象形文字，而是用传统的圣书体象形文字写的。有三个名字将法老比作埃及的神：荷鲁斯名，将国王比作鹰神荷鲁斯，这在早王朝时期就出现了；金荷鲁斯名，把国王比作奥赛里斯的儿子，在打败他的叔叔、篡位者塞特之后，荷鲁斯成为他父亲的合法继承者；拉神之子名，表明他已不再是神，而只是太阳神拉的儿子。还有两个名字是表示上下埃及的统一的：双夫人名，由代表上下埃及的两个女神——秃鹫女神和眼镜蛇女神组成；树蜂名，由代表上下埃及的芦苇和蜜蜂组成。最重要的两个名字出现在最后两栏中，写在王名圈里面。我们称这些名字为第一名字和第二名字。拉神之子名中包括了像亚历山大和托勒密之类的希腊名字。

第一名字在托勒密后期发展成某种宗教名字：托勒密三世是“兄弟姐妹神的继承人”，托勒密四世是“幼厄吉提神的继承人”，等等。

当我们仔细研究这些名字的时候，我们可以从中发现不少值得注意的现象：

亚历山大被赋予和尼科塔利波一样的荷鲁斯名。后者是波斯入侵前最后一个法老。此外，亚历山大还被加上了“驱逐外来者”的头衔，这是指他对波斯人的胜利（而亚历山大本人也是外来者则被有意忽略了）。不过，尼科塔利波的第一个名字是与奥努里斯——他的家乡塞本尼托斯的神有关。而亚历山大则是在他的父亲阿蒙神的庇护之下。直到托勒密四世，阿蒙庇护都一直包含在第一名字中。到托勒密五世时，阿蒙神被普塔神取代。普塔神同样也出现在托勒密三世的金荷鲁斯名字中——“五十年节之主，就像普塔－塔－塔愣一样”。它也出现在后来的统治者的金荷鲁斯名字中。最后，“普塔所爱”这个称号被加在托勒密三世的第二个名字中。到托勒密四世时，普塔被伊西斯女神所取代。不过，托勒密五世后，普塔又被提及。普塔地位的提高是和孟菲斯地位的提高紧密相关的。最迟是从托勒密五世开始，托勒密国王在孟菲斯按埃及仪式进行加冕。伴随着普塔在王室头衔中逐渐流行的是，阿蒙的慢慢消失。阿蒙是底比斯的对方神，亚历山大大帝的头衔中只提到了阿蒙。在得到西瓦绿洲神谕之后，他把阿蒙看作自己的父亲。一直到托勒密三世，阿蒙都是亚历山大的继承者第二个名字中唯一提及的神。而普塔正是在那时第一次出现在金荷鲁斯名字和第二个名字中。

这和叛乱者的国王的姓名形成了对比。在公元前206年到前186年之间，他们是南部埃及的统治者。在将近20年的时间里，底比斯及其附近的公证文献不是用托勒密国王的名字纪年的，而是用本土的法老年号。他们的疆域南至艾德福，北至阿苏耶特（他们可能没有攻克象岛上的要塞）。祭司们在罗塞达石碑上表彰托勒密五世击败三角洲叛乱的时候，几乎整个埃及南部都在这些人手中。当然，罗塞达石碑并没有提及这一点。他们的名字可以被分别读做 Har-onnophris 和 Anch-onnophris。后面还有一个称号“为伊西斯所爱，为众神之王阿蒙－拉所爱”。他们的头衔是用世俗体写作。这一点，以及头衔中含有“阿蒙－拉”可能暗示他们为底比斯的阿蒙神庙所承认。

埃及人对托勒密王朝的反抗最终失败了。在菲莱第二教令中，托勒密庆祝了对他们的胜利。在文献中，Anch-onnophris 的名字被丑化成 hr-wnf，后面还加上失败的敌人的限定符号。正如我们从托勒密国王那里所见的那样，王室名字一般都包含着某种政治信息，叛乱法老 Har-onnophris 和 Anch-onnophris 的名字表明，后者想和前者保持连续性。正如佩斯曼所说，这种连续性通过将前任的统治年代也计算在内来进行强调。Har-onnophris 统治了七年，Anch-onnophris 就从第八年开始算起，而且持续了另一个十年。不过，他们的名字给人的印象更深。让我们从普通的第二个 onnophris 谈起。这是奥赛里斯神的一个名字，意思是“好的事情，完美的事情”。然而，这个神圣名字最显著的特点是，它是写在王名圈里面。这种情况最早的例子出现在新王国时期。不过，是到了后期埃及，即埃及在外来人统治期间，这种写法变得普遍起来。Osiris-onnophris 是将奥赛里斯称为“复兴的国王，由他的儿子荷鲁斯恢复权力”。王名圈指出了神的统治者的一面，正如埃及人想说的那样“我们知道现在的法老是外来人，而真正的法老只是神秘的奥赛里斯”。在神话中，奥赛里斯是埃及的第一个法老，一个真正的神——法老。他被他邪恶的弟弟塞特所杀害。后者想取代他的位置。不过，塞特却被奥赛里斯的儿子荷鲁斯所击败。荷鲁斯为他的父亲复了仇，并成为人间的王。而奥赛里斯成了冥界之王。整个故事在法老的两个名字中有所反映：荷鲁斯名字，通过它，法老被比作荷鲁斯；金荷鲁斯名字，庆祝对塞特的胜利。每个活着的法老都是荷鲁斯的化身。在埃及语中，荷鲁斯写成 hr，而在组合词中，它写成 har。因此，Har-onnophris 表明他自己既是 onnophris，埃及第一个神话的国王，又是荷鲁斯，他的儿子，他在父亲被害之后取代父亲的位置。换句话说，这个名字在述说黄金时代的故事，是回归到神统治人间的时代。或者说，这就是公元前 200 年的弥赛亚信息，那时包括犹太人在内的许多古老民族都在盼望着一位弥赛亚的到来。Anch-onnophris 的意思是“活着的 onnophris”，这个名字所包含的信息也就显而易见：黄金时代并没有随着 Har-onnophris 的去世而失去，它仍然在那里，因为“神 - 国王 onnophris 依然活着”。现在，我们可以明白为什么 Anch-onnophris在菲莱教令中的名字会被毁坏：这样一个名字不能给予神的敌人，和反对合法法老——托勒密的叛乱者。这就是最后一个本土法老的名字的秘密。

第二部分

第一章

来世观念与想象

希罗多德这样描述埃及：“没有任何一个国家有这样多的令人惊异的事物，没有任何一个国家有这样多的非笔墨所能形容的巨大业绩。因此在下面我要仔细谈一谈。不仅是那里的气候和世界其他各地不同，河流的性质和其他任何河流的性质不同，而且居民的大部分风俗习惯也和所有其他人的风俗习惯恰恰相反。……他们比任何民族都远为相信宗教。”①

一　灵魂与肉体

基督教文化继承了希腊人的信念，认为人由物质的肉体和精神的灵魂两部分组成，灵魂永恒及肉体再生是其来世观的主要原则。古埃及人则认为人是由几个元素组成的，失去任何一部分都意味着失去整体。这些要素中，某些部分是活着的时候存在的，而有些则是在死后

① 希罗多德：《历史》第二卷，商务印书馆 1983 年版。

才显现出其重要性。

18王朝书吏阿蒙涅姆赫特的墓室祠堂中的铭文，非常具象地表达了古埃及人对人的本质的认识。根据墙上的文字说明，祠堂南墙上的供品都是死者生前必需的物品，旁边的铭文是："为他的卡，为他墓地的墓中所立之碑，为他的命运（*šꜣ*），为他的生命时光（*ꜥḥꜥ*），为他的Meskhenet，为他的Renenet，为他的Khnum。愿神让他控制它们（供品），富有它们，战胜它们……"这些概念中，Meskhenet，Renenet，Khnum是与他的出生和抚养有关的，另外两个是与他的生命和性格相关的（*šꜣ,ꜥḥꜥ*），是仪式的焦点。北墙上的铭文指的是死者死后最重要的方面，"为他的卡，为他的碑，为他的巴，为他的*ꜣḫ*，为他的尸体*ḫꜣt*，为他的影子*swt*，为他所有的显现*ḫprw*。愿这些神使得他富有这些（供品），使他加入他们，可以像他的先辈一样永远吃喝享用它们。"这些概念都以具体的形象出现在死者形象的上方，代表死者死后的存在形式：卡，巴，*ḫꜣt, swt, ḫprw*。①

人物质的身体有几个表述的概念，当人活着时，它是*ḫt*，指人体作为物质的存在，但它也可以被描述为*irw*，"形式，外在"，强调身体作为一个人的物质形式以及发挥作用的形体的一面。在人死后，常用的词是*irw*，尸体，或者*ḫꜣt*木乃伊。对*swt*或者影子也是活着的人的本质组成部分，但是它更经常与死者联系在一起。它与木乃伊有密切关系，是死者在人间的影子，但它的颜色是黑的。古埃及人认为影子不仅仅是身体造成的，也是由灵魂折射出的。墓葬文献把影子和巴相提并论。影子有两个基本属性：1. 它可以承载和传递能量，2. 它有奇异的灵性和迅捷的速度。与同样是动态的巴不同的是，影子从来不去天上，它永远紧紧地附着在大地上。古埃及人甚至相信太阳也有影子，它也随太阳蜿蜒地穿过来世，这种想法体现在他们的建筑中，就

① James P. Allen, Jan Assmann, eds, *Religion and Philosophy in Ancient Egypt*, Yale University, New Haven, Conn., 1989, p. 118.

是一种叫作“太阳之影”的建筑的出现。当太阳或其他神的影子落到法老的身上时，就会给他注入力量。不管法老走到哪里，他的头上都顶着一个鸵鸟羽毛做的扇子，这个扇子既是影子的具体象征，又是该词的实际写法。①

在墓葬文献中还有两个重要的概念，一个是 rn 名字，另一个是*ib*或*ḥ3ty*心。埃及人认为名字不仅是事物的音符，而且是其本质的一部分。因此一个人的名字被毁或者被遗忘意味着此人整个被毁掉。心既是人智力的基础，也是人道德的基础，人要作为道德和思想的存在，就必须保证心的存活。心代表所有形式的能量，是意志之源。像卡一样，它是独立的存在，因此心与卡的关系是很接近的。心是理性、情感、意识、记忆等的源泉，也是自由意志的源泉，这种自由意志甚至可能反对神和神造的宇宙秩序。为此，在末日审判庭的天平上，一端是死者的心，另一端是象征正义的玛奥特。有时我们看到天平的一端是一个人而不是心，说明在古埃及人心目中，心是可以代表整个人的。作为一个独立的个体，心有能力遗弃人，将他的意识和意志带走。《孟菲斯神论》中说：“心与舌有超乎其他感官的能量——因为是它们创造了一切……是心使得知识发展，是舌重复着心所想的。”对于死者来说，心就成了最关键的器官。人们精心地把它包裹好，从不让它离开尸体。②

像卡和心一样，“名字”也是独立的存在。所有的事物都有名字。《孟菲斯神论》中，创世主普塔是“能叫所有事物名字的嘴”，是普塔结束了“没有任何东西的名字被叫出来的”混沌的初始时期。③婴儿一诞生就立即得到一个名字，因为没有名字的事物是不存在的事物。

---

① James P. Allen, Jan Assmann, eds, *Religion and Philosophy in Ancient Egypt*, Yale University, New Haven, Conn. , 1989, p. 119.

② M. Lichtheim, *Ancient Egyptian literature*, Los Angles: University of California Press, 1980, pp. 51 - 58.

③ M. Lichtheim, *Ancient Egyptian literature*, Los Angles: University of California Press, 1980, pp. 51 - 58.

为了防止在来世没有名字，古埃及人千方百计地使自己的名字永久留存下去。最早的文字也是用来书写名字的。名字能证明一个人的身份（当死者进入神的世界时，要宣称“神是我的名字”），同时也能代表一个人。在许多建筑物上法老的形象是用他的王名来代表的。官员在国王雕像前祈祷，与在王名前祈祷是一样的。神的名字与国王的名字都能产生魔法般的能量。例如，人们遇到鳄鱼时，大呼阿蒙神的名字就能得救。用神和国王的名字做护身符更是普遍。同样的道理，如果抹去一个人的名字就是彻底毁掉他的存在，伤害一个人的名字就如伤害那个人的本身一样，如埃赫那吞抹去阿蒙的名字，和后人抹去埃赫那吞的名字，都是出于这样的目的。许多时候法老们通过更改名字的方法把以前法老的神庙、陵墓、雕像据为己有，因此许多雕像与其所有者的身体外貌特征毫无关联，只能靠上面的名字来判断其身份。

在肉体与灵魂之间的是“卡”的概念。该词的象形文字符号是两支高高举向天空的胳膊，有拥抱、保护人类的含义。卡既属于人类也具有神性：有史以来它就出现在人名中，同时又经常出现在为神而设的架子上。有的学者认为古埃及人把卡当作是人类的另一存在形式，是与人类一起被神创造出来的，也代表着本原力量。在铭文中，我们发现古埃及人对卡的定义是：“力量，财富，养料，繁盛，效力，永恒，创造性，神秘力量。”也有人称之为“身体之外的灵魂肉体”“物质与精神世界之间的桥梁”。

卡是所有的生命体，它既是生命的活力也是生命的欢乐，具体来说，是一切美好的事物。从卡身上散发出来的能量只在死亡时有短暂的中断。不仅肉体有卡，雕像也可以承载卡。如果没有了卡，就意味着生命的消失。卡需要物质供给，需要吸取营养；同时所有的养分中都有卡，古埃及人互相敬酒时说：“为你的卡。”为确保来世和现世的结合，古埃及人为死者献祭的同时，也供奉死者的卡。亡者死后必须重建与他们的卡之间的联系。

巴的写法有一个变化的过程，开始时埃及人把巴写成一个凹嘴白鹳的样子，逐渐地白鹳嘴下部分的肉赘演变成乳状羽毛，到新王国时则成为一个人头鸟身的形象。这种变化显示出巴作为人体一个独立的部分的作用，有时为强调这一点又加上人的胳膊。因为巴作为一个词也有“羊”的含义，所以有时又用羊来作为代表巴的符号。值得注意的是，太阳神的巴以羊头形象出现，而降临到冥世的太阳神则是羊头鸟身的样子。

为确保复活，巴必须每天夜里在冥世深处与肉体结合。《亡灵书》第 89 节中死者宣称：“我看见我的巴向我走来……它再次看见了它的身体并栖落在它的木乃伊上！”该节的叙述中还表达了担心像鸟一样盘旋的巴不能找到“它昨天所在之处”，或者受到阻止而不能回到其身体上去的焦虑心情。这种焦虑并非没有道理，因为身体必须每夜都与灵魂结合，死者才能得到新的生命。《亡灵书》片段的插图部分表现一个人头的巴时而停在木乃伊头上，时而在它上面盘旋，旁边的文字说明提示说：巴已被放入死者之胸，完成了与肉体的结合。21 王朝的墓室壁画也有同样的主题表现，只不过通常巴直接出现在死者头部的后面。而后期埃及时，此类的画面是在棺椁上。

大多数关于巴的文字发现于墓葬作品中，而且通常很少提到活着的人的巴。在《辛努海的故事》中，当描绘他回到埃及会见国王时，由于过分激动而昏了过去，这时有一句话：辛努海的巴离他而去，他失去了知觉、看到了死亡，直到国王开始以非常友好的口吻和他说话。在这里和在更普遍的意义上，巴表示“意识”。相反，卡则经常在无意识的深处活动。一个拉美西斯时期的书吏曾写道，过量喝啤酒会导致失去巴。当面对法老的威力时，敌人的巴们仓皇逃窜。

关于活着的人的巴的最重要的文献是“一个人与他的巴的争论”，讲到第一中间期时，一个绝望的人想以死作为对苦难世界的解脱。他的巴以拟人化的形象出现，劝说他应该享受生活，保持好心情。巴最初威胁其主人离他而去，最终还是向他保证永远陪伴他直到来世。

巴依附于身体，因为它作为一种精神的个体没有其他存在方式，它有物质的、身体的需求——面包、啤酒，等等。巴也享受爱的欢乐，墓葬文献中提到巴的性行为。此外，男女的结合既是身体的也包括他们的巴。

巴最本质的特点一是可以自由行动，一是可以变成它所希望的种种形状。肉体只能在地上活动，或与巴结合后在冥世游荡，而巴则可以自己行动，如鸟般自由地上天、入地，或者在人间花园漫步。古埃及人把候鸟看作是巴的化身，因为它们能离开熟悉的世界到远方去，又能定期地回来。

巴还在所有种类的变形中起到一定的作用，在这些变形中某些神或动物被看作是其他神或动物的巴，例如荷鲁斯的四个儿子也代表他的四个巴。

巴和卡还有一种区别：卡是人的本原及保护力量的具体体现；而巴则标志着从另一事物中出现的一种事物。比如儿子可以是他父亲的巴而非他的卡；同样，父亲可以是儿子的卡，但不可能是他的巴。拉神称巫术女神荷卡是自己的巴，而自己则是更古老的原始之神努神的巴。现在我们明白为什么古典作家最初遇到这些概念时，误以为古埃及人相信灵魂的变形。在基督教时期的埃及，巴和卡的使用逐渐中断，而希腊语的“psyche”（始基）一词开始成为“灵魂”一词的代名词。

卡经常以拟人化的形象出现，作为人的复制品，在古埃及人的认识中，是人的至关重要的组成部分，与生俱来，共存共生，且在人死后继续存在。巴的最好描述为“生命力”，它在人活着的时候存在，但在人死后其重要性才更加显现出来，其时它与人体虽然是可分离的却又紧密联系在一起。它鸟身人头的形象说明了“行动自由”是它最显著的特点。

本质上，埃及人把他们对于人的各个方面的看法和经验进行了特别具体的概念化。所有的一切方面都可以叫作*ḫprw*，存在，显现。总之，卡是生命力，巴是行动和效力的能力，*ẖt*和 rn 代表物质的外观和个性，*swt* 是个神秘的物质存在，它以不同的形式和大小来来去去，心则代表人的智力、情感、道德层面的个性。这些方面都有能力独立行动，但它们最终都是组成个人的复杂心理机制的有机构成部分。

ȝḫ与上述的一切都不同，它不是人的某一个部分，而是代表人作为整体处于被祝福的状态，以及超越墓葬的力量。这与下面要论述的通过仪式而达成的转换相关。

贝因斯（John Baines）曾说："普通的古埃及人与亡灵的接触远多于与神灵的接触。"[①]亡灵崇拜是古埃及文化的最重要特点之一，围绕这种信仰，古埃及人发展出系统而复杂的墓葬仪式，形成独具特色的墓葬习俗。

与中文的"亡灵"最接近的古埃及概念是ȝḫ一词，在象形文字中是朱鹭鸟的形象，与巴不同的是，这个词从来没有人头的写法。该词的基本含义是"发光""闪亮"。它的内涵有着丰富的层次，既指一种存在状态，也指这种状态所蕴含的力量，同时也强调进入这种状态需要的转换条件和维护条件。在墓葬文献中，当死者转换成亡灵存在时，通过掌握特定的知识和魔法，可以与拉神建立联系，从而具备了高贵的神性和强大的力量，获得了永生，但这种状态需要持续的仪式来维持，因此需要生者的定期供奉。

在《棺木铭文》中，有sakhu开头或包含该词的标题，其意为"变形"，也就是把人变成akh。是准备木乃伊过程和葬仪中宣读的咒语，包括守灵的每小时举行的仪式，死者扮演被谋杀的奥赛里斯，而主持仪式者扮演为他哀悼的神，并为他的复活做准备，即对尸体进行防腐处理。这个系列的咒语体现了墓葬文本的核心目的，即寻求光明的力量并与之融合，逃离永恒的黑暗。akh这个词及其分支涵盖了从akhet horizon到akh的一系列含义，但其核心含义有"光"的概念，akh是经过变形的魂灵，与"光"合而为一。akh的反义词是mut，"死亡，死去但

① Baines, John, "Society, Morality, and Religious Practice", *Religion in Ancient Egypt*, edited by Shafer, Byron E., Ithaca and London: Cornell University Press, 1991, p. 129.

没有转化的人”。写给死者的信中会把死去的亲人称为“转化的灵魂”，并把在世界上引起纷争的恶灵称为mut，意指是死后再次死亡，无法进入幸福来世的人。现代语言中最接近的类比是“被祝福的死者”（akh）和“被诅咒的死者”（mut）。①

二 创世神话、宇宙观与来世想象

古埃及人对宇宙的认识在墓葬文献和图像中有明确的表达。早在《金字塔铭文》中，古埃及人就描绘了世界的本初状态：黑暗笼罩着混沌之水。这二者无法区分清楚，它们是结合在一起的。在创世前，只有黑暗和水。那时神与人都未出现，天与地，以及日与夜，都在没有时空的黑暗中无法区分。因为没有生命，也就没有死亡。没有名字，也就没有任何创造物。埃及人经常用否定的词来描述这种原始状态：“当……不存在时。”如《金字塔铭文》中说：“当争斗还不存在时”（指荷鲁斯及其叔叔塞特之间的争斗）；《石棺铭文》中则说：“当甚至不存在两种事物时”（指二元对立的两种事物）。

创世主在这片混沌中漂流，抓不住任何攀缘。但是渐渐的，原始之水中的淤泥凝结到一起，慢慢地凸出水面，成为一座山——这是埃及人在每年尼罗河泛滥退去时都会看到的景象。土地从水中分离出来，使得创世主有了立足之地。随后，太阳从原始之山上升起，带来了光明和时间，用它每日在天空的行程创造了空间。

除了原始之山外，古埃及人还用神牛和莲花表现世界形成之初的状态。一种象征是神牛从原始之水中升起，它的双角之间顶着太阳。在《金字塔铭文》中，这个神牛被称作“伟大的泳者”；另一种象征稍晚出现，是从淤泥深处生长出来的莲花的形象。在新王国

① Stephen Quirk, *Exploring Religion in Ancient Egypt*, Wiley Blackwell, 2015, p. 235.

后期，莲花上有了羊首神，偶尔也有站在莲花蓓蕾上的孩童的形象出现。

创世神最初只有一个，由一而生多。不管是哪位创世神，他总是“自己出生”（hpr dsf）；即无父无母，自己创造出自己。同时，创世神又兼有男女两种性别，他既是男又是女，既是父又是母。总之，创世神最初独自一人，然后“创造出千千万万个自我来”（据阿玛尔纳时期的文献描绘）。

创世神有多种形象。他的化身之一是长生鸟或凤凰，用尖叫声划破了创世前的宁静；也有的时候他是蛇的形象；以人的形象出现时，有时叫作阿图姆，有时叫作普塔－努。阿图姆的意思是“完全”，但这个词也有“无区别者”“不存在”的意思；而“普塔－努”中的“努”意思是原始之水，也是“不存在”的意思。由此可见，古埃及人认为创世神本身就是“无”的一部分，他通过创造第一对神也创造了自己。“有”是从“无”中而来。“无”也即“全”。

古埃及人思维方式的一大特点是二元对称。与世界起源相对称的，是他们对世界末日的想象，这类文献很少，但确实有。古埃及人心目中的世界末日就是完全的消亡，最深刻的恐惧是天会塌下来，如果空间以这种方式消失，将意味着回到创世前的原初状态。在《天牛之书》中，详细地描述了诸神如何以最大的努力支撑着天，不让它塌下来；这个过程中最重要的因素是时间。在时间的终端，天和地将重新合而为一，太阳将消失，原初之水和黑暗将重新把宇宙填满，只有创世主可以存活下来。他以蛇的形状重新回到混沌之中，那也是他出现的地方。

对于创世的过程，各宗教中心有不同的描述，形成各自的神学体系，而每种神学体系之间也互为融合、互为补充，并且有一个发展的过程。而且在后期埃及，尽管每个神庙有自己推崇的神学理论，也允许在同一神庙中祭拜其他的创世神。因此很难按照时间或地理的概念来定义这些创世理论。习惯上所说的赫里奥波里斯、赫摩波里斯和孟菲斯宇宙起源说，其实是独立于这些宗教中心和任何其他具体时间、地点之外的。

根据其具体内容，我们把最重要的创世理论分为九神会、八神会和普塔创世三种。

九神指的是创世神阿图姆和他的八个后代：苏与太夫努特；盖伯与努特；奥赛里斯与伊西斯；塞特与耐夫西斯。之后的第10个神就是荷鲁斯——活着的法老的化身。阿图姆的自我创造开始了一个将无区分的整体逐渐分离开的过程，我们现在所知道的世界逐渐出现：自然界、生命、社会。对埃及人来说，“九”这个数字也表示包含一切、总数的意思。

阿图姆自我创造的第一步是创造了空间，即苏神，以及他的配偶太夫努特；埃及铭文中常常把这一对神称为孪生的。阿图姆自己则是兼具阴阳两性的神，从整体中分离的第一步就是分开男性和女性。神话通过阿图姆自我受孕和生产来表现这个过程：阿图姆“制造了高潮，一滴精子落入他的口中”；然后他“打了一个喷嚏，从口中喷出了苏和他的姐妹太夫努特（有的文献说是从鼻子中）”，他为他们注入了“生命的力量”（ka）。这第一对有男女之别的夫妻是没有经过交媾而产生的。中王国时期的石棺铭文中有句话说到阿图姆神“在赫里奥波里斯生了苏和太夫努特，由一而变为三”，有人认为这是最早提及“三位一体”的文献。

第二步是创造出天穹和大地，他们的出现使得空气从包围它的原始之水中脱离出来。这就是下一代的神，即苏和太夫努特自然生殖的子女——地神盖伯和天神努特。地神是男性的，而天神是女性的，这反映了这样一个事实：在埃及，大地不是由天空的雨水而是由尼罗河水来灌溉的。用来表示这个创造阶段的神话画面是：苏神脚踩大地，双手将天空托起，以此来把盖伯和努特分开。盖伯和努特一起构成了新创造的世界和它周围的原始之水的永久的界限，而充斥其中的空气则使得阿图姆能够以新的形式出现，即他的“唯一的眼睛”，太阳神拉。

最后的阶段是盖伯和努特又生出奥赛里斯、塞特、伊西斯和耐夫西斯，之后，“他们又生下了地球上众多的后代”。二元也进入了更为复杂的社会关系中。盖伯和努特的四个孩子组成了两对：奥赛里斯和伊西斯是非常和谐的一对，他们代表了大地和人类的繁殖力，以及正常的秩序。塞特和耐夫西斯则是相反的，塞特的到来标志着“冲突的开始”，即混乱和无序，而这也是日常生活的部分。塞特并不缺乏男子气，但他却放纵性欲、胡乱通奸，而且是个有侵犯性的同性恋者。他的男子气是起反作用的，导致贫瘠。耐夫西斯常常被描述成一个没有孩子的妇女。如果奥赛里斯代表大地的繁殖力，塞特则是自然界不可预测的破坏性力量的代表，如雷、风暴和雨。塞特谋杀了奥赛里斯，给世界带来死亡。因为塞特像九神会的所有其他成员一样，也是阿图姆的后代，所以这些负面的东西包括死亡本身，是阿图姆创造的世界秩序的一部分。阿图姆的创造包含了生命、死亡和再生三方面的内容，他创造的秩序既包含永恒的同一性，也包含永恒的循环。

给阿图姆的各个方面赋予不同的名字，也是创世过程的重要部分。如阿图姆的利比多（性冲动）叫作哈托尔，他的巫术的或创造的力量叫赫卡（Heka），他的感觉力量叫示亚（Sia），他的权威话语叫胡（Hu），等等。

19 王朝谢提一世在阿拜多斯的奥赛里斯假墓，以及帝王谷拉美西斯四世的墓，都有系统表达宇宙观念的天象图——《努特之书》，图像的周围有详细的注释，而发现于罗马时期塔布图尼斯图书馆的公元 2 世纪的一份纸草文献，又对《努特之书》进行了详细的评注。画面上，天空女神努特弯曲的身体象征着苍穹，空气神分开她和大地之神盖伯，努特被称为“水域的”，太阳神驾船在她的身体中穿行，努特身躯上方的文字写道：“天空的上方是没有区别的黑暗，它的边界无人知晓……这些被放置在水域中，这水毫无生命气息。那里没有光，没有亮。在天和地之外的所有区域都是杜阿特（duat）。”①

因此，古埃及人的心目中，地球好似被空气层包围的球体，空气层之外是黑暗的虚无世界即杜阿特。太阳每个夜晚会进入杜阿特，在杜阿特的中间，太阳神与死神奥赛里斯相遇，二者合二为一，“拉神在奥赛里斯之中，奥赛里斯在拉神之中”，通过这种结合，拉神获得新的生命力，奥赛里斯也在拉神之中重生，太阳神继续前行。杜阿特和天空之间的区域叫作阿赫特（地平线），“出现之地”，在这里，太阳神逐渐成形最终再次出现：“然后他在去往世界的路上，逐渐显现并出生。然后他在上面完成了自己。然后他分开他母亲的双臂，然后他离开升向天空。”②在现实中，阿赫特可能是描述在太阳出现之前天空已经逐渐放亮的时段。在古埃及人的观念中，日落日出不仅是自然现象，也是生命战胜死亡的证明。

古埃及人对星体运行有长期细致的观察，并对比尼罗河畔的地貌进行了描述。《金字塔铭文》中就有关于天象的丰富描绘，其中银河被称为“星之路”，极星被称为“不落的星辰”，极星周围的区域被称为“芦苇之地”“供奉之地”，太阳神在芦苇之地得到净化和新生，死去的国王在那里得到田地和住所。这是最早的“天堂”的概念。在埃及，北极星大概在地平线之上30度处，看起来很像天空海洋的边际，就如尼罗河畔的芦苇地，故此得名。

三 奥赛里斯的神话：死亡与复活的故事

奥赛里斯神话的情节由三部分组成：奥赛里斯被弟弟塞特谋杀；

① O. Neugebauer, R. A. Parker, *Ancient Egyptian Astronomical Texts Vol. I*, London, 1969, pp. 36 - 38.

② O. Neugebauer, R. A. Parker, *Ancient Egyptian Astronomical Texts Vol. I*, London, 1969, pp. 36 - 38.

奥赛里斯的遗腹子荷鲁斯的出生；荷鲁斯和塞特之间的斗争。尽管这些事件之间有明显的关联，但在埃及文献中它们却常常是分别出现的。奥赛里斯被塞特谋杀一节常常被回避掉，即使提到，也是以极其谨慎的口气，用非常晦涩的说法，如“对他所犯下的罪恶”。因为这方面的资料多数是墓葬文献，其重点不是奥赛里斯之死，而是他的复活，也是情理之中。关于这个情节的后续发展，我们主要依据古典作家普鲁塔克和狄奥多罗斯的描述。

在普鲁塔克的版本中，奥赛里斯是埃及一位仁慈的国王，他教人们如何耕种，为他们立法，教他们如何敬神；他还到国外去，教化其他地区的人。他的弟弟塞特及其同伙阴谋反对他，塞特偷偷地量了奥赛里斯身体的尺寸，然后为他量身制作了一个精美的柜子。塞特在一次宴会上展示这个柜子，所有的神都对它赞美不已，想据为己有，塞特说谁躺在里面最合适这柜子就是谁的。当然奥赛里斯最合适，但他刚一躺进去，塞特及其同伙就关上了盖子、锁上它，然后把它扔进尼罗河，让它顺着河漂向大海。

奥赛里斯的妻子伊西斯听说这个消息后，哀恸不已，她四处寻找，最终在腓尼基的拜布罗斯（Byblos，今 Jubay）找到了它。但是当她带着柜子回到埃及时，塞特设法再次得到了奥赛里斯的身体，并把尸体分割成 14 块，分别扔到埃及的各地。然后伊西斯第二次出去寻找奥赛里斯，把找到的每一块都就地掩埋（因此埃及有许多奥赛里斯的墓）。她唯一没有找到的部分是阴茎，因为塞特把它扔进了尼罗河，被鱼吃掉了。因此伊西斯做了一个假的阴茎放在那个部位。她还在奥赛里斯死后与他性交，有了奥赛里斯的遗腹子，即童年的荷鲁斯。奥赛里斯成为来世之王，荷鲁斯与塞特为争夺王位继承权而斗争，除了正面冲突外，也在众神的法庭上争执，最终荷鲁斯获得了胜利。

奥赛里斯的神话和荷鲁斯与塞特之争是许多文献的主题，如一篇叫作《真理被谬误遮蔽》的故事。这个故事很像童话，有许多主题与世界各地的民间故事都相似。对立的双方分别是真理（奥赛里斯）和谬误（塞特）。谬误弄瞎了真理，命令他的随从绑架了真理，把他扔给狮子。真理设法说服随从违背塞特的命令，把自己藏了起来。真理被一位妇人（伊西斯）发现并爱上了他，他们有了一个儿子。儿子长大后知道了父亲是谁，开始为父报仇。他把谬误带到九神的法庭上；真理和他的儿子被判定是正义的，塞特受到惩罚，被弄瞎眼睛。

一份拉美西斯时期的纸草文献更为详细地描述了这个冲突的过程，该故事系列叫作“荷鲁斯与塞特的争斗”。由于这个文献也包括了其他的文学作品如情诗等，因此这个故事与它们一样，可能是出于娱乐的目的而创作的。冲突发生后，以拉-阿图姆为首的神分成了两派，一派支持荷鲁斯，另一派支持塞特。甚至连伊西斯都一直没有与本是自己兄弟的塞特保持距离。每次争辩都是荷鲁斯获胜，但塞特又继续挑战，所以他们的争斗持续了80年之久。

众神法庭第一次开庭时，伊西斯极力为自己的儿子荷鲁斯说话，塞特对付不了伊西斯，因此只要伊西斯是审判员之一，他就拒绝参加法庭辩论。于是九神退到一个与世隔绝的岛上，严令艄公神耐姆提（Nemty）不许让任何看起来像伊西斯的女子渡河过来。于是伊西斯变形为一个年迈的妇人，假装去给在岛上放牧的儿子送饭（“牧群、牲畜”一词常常用来比喻人类，在古埃及语中它的发音与“职位”很像）。起初耐姆提拒绝渡她，但最终伊西斯用一条金项链收买了他。到了岛上之后，伊西斯变回年轻美丽的样子，塞特看见了她，“对她产生了非常邪恶的欲望”，并且大献殷勤。于是伊西斯请他帮助自己对付一个陌生人，这个人打了她的儿子，而且夺走了他从父亲那里继承来的“牧群”。塞特愤然表示这种行为是无耻的，伊西斯就把他的话告诉了九神，他们就根据塞特自己的话判他有罪，奥赛里斯的位置应归荷鲁斯。正如卢浮宫石碑上的赞美诗所说的一样，是“她的话语的效力”使得伊西斯挫败了塞特的阴谋。艄公耐姆提受到了严厉的处罚，令他失职的罪魁祸首——金子，则成为他的城市里的禁忌之物。

塞特不接受九神的判决，争斗持续下去。在后来的情节中，暴力冲突占了上风；然而，二者之间的多数冲突都是斗智或者是彼此之间的恶作剧。最著名的是两个神之间的同性恋故事，《金字塔铭文》提到了这个情节，一份中王国时期巫术文献的残片中也有记述。这两个神的同性恋产生了非常负面的后果：荷鲁斯的眼睛开始溶化滴下，变得越来越小，最后失明；而塞特则丧失了男性的能力。而许多后期埃及特别是希腊罗马时期的文献则是这样描述的：两个神在争斗之中互相伤害对方，荷鲁斯失去了一只眼睛，而塞特则失去了睾丸。九神的秘书、智慧之神图特（他也是月神），在这场争斗中扮演仲裁人的角色；他为荷鲁斯和塞特调解，并且“填上了荷鲁斯的眼睛”（为此，所有奉献给神的贡品，不管是什么样的贡品，都叫作荷鲁斯之眼）。

至此，争斗还是没有结束，最后奥赛里斯本人不得不给九神写了一封信，提醒他们只有他才能“创造出大麦和小麦，使得这两个神及其牲畜（指人类）有食物”，他命令诸神把王位给他的儿子荷鲁斯。这时塞特才放弃与荷鲁斯争斗；两个神“握手言和，停止了争执”。塞特成为拉神的助手，常伴其左右，吓退那些拉神的敌人。从此蛮横的、有侵犯性的塞特开始扮演正面的角色。

下面我们分析一下奥赛里斯神话的特点。它的核心是奥赛里斯和塞特两个神的本性及彼此间的关系。在创世神话中，我们提到创世神阿图姆最后的创造结果不再是一对男女，而是两兄弟及其各自的伴侣。这两个神的二元性清楚地反映在他们的争斗中，他们的争斗其实就是生命与死亡的争斗。奥赛里斯是生命，是可以与死亡结合的生命，没有死亡就没有新的生命。塞特虽然在争斗中失败了，他自己却是不死的，但他给世界带来了死亡。从死亡中产生的新生命是荷鲁斯，他其实是奥赛里斯的再生。奥赛里斯与荷鲁斯是一个神的两种形式、两个变体而已；荷鲁斯既是活着的“儿子”，又是他死去的“父亲”的再生。他作为埃及的统治者的合法性就建立在这个基础之上。他是创世神阿图姆的最后的、活着的化身，化身为在位的法老，是神在人间的代表。

其次，奥赛里斯和荷鲁斯的神话反映了王权的神圣性；在位国王的合法性基于这样一个神学观念：他既是活着的“儿子”，也是他死去的先辈的再生。新王国时期神庙的浮雕常常表现“神圣国王的诞生”这样一个主题，画面描述创世神来到王宫，与王后结合，生下合法的继承人，因此在位法老其实就是他在人间的化身。当新的国王加冕时，“九神聚集到一起，给予他拉神的登基庆祝和作为国王的荷鲁斯的寿命”（荷伦布墓的加冕铭文），法老的敌对者无法战胜他，因为“他已经在赫里奥波里斯进行了争辩，九神发现他是有罪的”（美尼普塔的以色列石碑）。这个原则在普通人中间也同样适用：生命力从父亲传给儿子，意味着父亲的位置应传给儿子，这是其合法性的保证。如人类学家分析的那样，世袭制是通过神话来体现其神圣性的。

奥赛里斯的神话和创世神话都反映了古埃及人的来世信仰。不管死者是国王还是普通人，他们的儿子都会继承父亲成为新的荷鲁斯，而死者自己则成为奥赛里斯。正如奥赛里斯一样，死者并非真的死了，而是进入了另外一种生命状态，他的死仅仅是一种过渡，是前往崭新的生命状态的转折点。这种新的生存状态不仅是一种永恒不变的静态模式，而且也是永恒的死亡与再生的循环。在古埃及的墓葬文献中，这个循环与太阳周而复始的旅程是一致的，太阳神每天的旅程象征着一个生命周期。在早晨，太阳从他母亲——天空女神努的子宫中出生，开始了他的生命旅程；在傍晚他变成一个老人，从西方的地平线沉没下去，结束了他的生命，到达了来世，直到次日早晨才再次出生。这个创世过程会不断地重复下去，官方神庙日常仪式的主要目的就是维持这个过程的延续。

第二章

仪式、魔法与墓葬习俗

一　木乃伊制作

古埃及人非常看重身体，这一点从他们的墓葬习俗特别是制作木乃伊的习俗中能清楚地看到。制作木乃伊的技术到 21 王朝时达到顶峰，其中某些技术至今还未能令今人企及，更遑论超越。制作者将那些会迅速腐烂的器官如肝、肺、胃、肠等取出来，把它们单独加工后放入四个罐中，叫“蓬罐”。心脏要留在尸体中，因为它被看作“智慧之源”。在后期的制作中肾也要留在尸体中。

古埃及的艺匠用各种材料为人和神制作雕像，即所谓的“另一个身体”，而木乃伊制作者是要把人的尸体进行加工，使之能永久保存并栩栩如生。它能被唤醒、复活并得到一个新的灵魂。这个复活的过程通过一种叫作“开嘴”的宗教仪式来完成，这种仪式的对象是死者的木乃伊或是他的雕像，目的是使死者在来世能张开嘴吃饭和说话，同时也使其他感官都复活，这样死者就可以在来世接受各种供奉。

把身体各器官取出分别保存的做法始于 4 王朝，我们现有的最早资料是胡夫母亲的。最初只是把上述四种器官简单地用盐处理一下，然后放入一个盒子的四个格层中。后来这种盒子为四个蓬罐所取代，它们通常是用雪花石或石灰石做成的。像木乃伊一样，蓬罐中盛放的器官可以代表一种实物，也能代表人体中独立的部分。最早时罐口没有任何装饰，到第一中间期时罐口有了人头装饰，表明这四种器官的人格化。到中王国时期有些罐口甚至有了有手有脚的人形装饰，进一步强调器官的独立性。到新王国时把它们像加工木乃伊一样地处理，然后放入单独的木乃伊棺椁中。18 王朝以后，蓬罐上出现四个猴头、狗头、鹰头、人头的动物，分别代表荷鲁斯的四个儿子，是木乃伊和器官的保护神。

除上述四种器官外，身体的其他各部位，甚至与人体有关的东西都不扔弃。它们被小心地收藏好再埋掉。通常这些零碎物都放在一个叫作“tekenu”的袋子中，举行葬礼时放在由动物拖拉的滑板上，尾随在送葬队伍的后边。从画面上看，“tekenu”袋通常都是黑色的，袋口呈人头状，表明它也能代表死者，同时也是独立的存在。以前曾有学者认为这是殉葬之人或是史前墓葬习俗的遗留，现在则普遍接受是盛殓尸体零碎物的说法，证明古埃及人不想丢弃任何身上之物，要携之同葬，以求来世共同复活。

古埃及人认为要求得来世，最重要的是保全尸体。他们希望从棺椁中出来的是新的、改变了的身体，完全没有了生前的种种缺陷。即使对大多数没有能力制作木乃伊的人来说，也有以其他方式保存肉身的希望。根据新王国时期《亡灵书》的描绘，复活要经历几个阶段，直到最后身体具备了种种功能，完美无缺。《亡灵书》中就有保佑死者在来世重获眼、嘴、心、头等的咒文，还有的咒文是保佑死者能大步前行的，分类非常详细。

在《亡灵书》中，我们看到刚进入冥世的死者从女树神那儿得到供品，树神的身体从树干中长出，一手为死者递复活之水，一手递置于托席之上的面包和蔬菜。死者伸手去接，他的“巴”也伸头与他一起喝水。这位树神通常以哈托尔女神的形象出现，又被叫作“西方沙漠之女神”。有时树本身就是她的身体，只有人头、双乳表明她是自然繁殖力的拟人化象征。古埃及人认为繁殖力是人类新的体力和精神力量的源泉，即使在来世也是这样。

详尽而完整的供品单象征着死者在来世有丰富的物质财富。例如，人们普遍希望死后有上千种不同的供品，包括各种食物、衣饰、香料以及日用品，等等。化妆品也是古老的随葬品，在木乃伊制作发明之前，化妆是保存死者尸体使之一如生前的方法，其中青铜镜子是必不可缺的物件，因为古埃及人相信当死者复活时，其复活的面容会立即被镜子映照出来并留住。

古埃及人复活观念中最为重要的一个方面就是只有在时间的终端“末日审判”之时身体的复活才能开始进行，此后更新和复活每天夜里在冥世最深处发生，在那儿死去的人重获驾驭肉体的力量。人类享受着永久的生存，死亡只是它的暂时中断。这种观念使得古埃及人对身体及其需要采取轻松放任的态度。在法老时期几乎没有苦行或自我克制这类行为的记载。相反，古埃及人肯定身体的需要，并认为在来世这些需要也会一直持续。尽管教谕文学经常警示人们不要沉湎于物质享乐，埃及人也以绝食表示哀悼，以禁欲作为宗教纯洁的方式，但基本上他们从未把肉体作为灵魂的禁锢和敌人。

事实上，在某种程度上古埃及人把身体视为神圣的。制作木乃伊的灵感，来源于远古时期盛行的图腾崇拜，以及死后以神的形象进入神界的想法。此外，在《亡灵书》的世界里，每个人的神化要分为若干阶段，也就是说，身体的每一部分都要独立地进行神化，从头开始直到脚趾，每个部分都成为神之后，死者才完全成为神。

对古埃及人来说，身体的哪一个部分与哪个神相关并不重要，不同版本的《亡灵书》中也有不同的比喻，关键是通过这些祷文的念诵，确保将神性注入死者身体中。同时，也确保肉体的完整，以及身体各部位能正常运作。

对神化的理解还有一个关键的环节：物质的身体只有被完全破坏后即遭遇死亡的毁形后才能神化。根据古埃及人的看法，身体绝不会因为它的美丽和完美而神化。在炽热如火的情诗中，当情人赞美其偶像的美丽时，每每用自然环境中的景物比喻：她的唇似莲花苞，她的乳像果实，她的胳膊和前额就如诱鸟的陷阱，而她的头发就如诱饵，等等，但所有的比喻都是现世的，决不能标榜为神或比作是神。

死后神化也具有众生平等的意义。所有的人死后都有得到神性存在的权利，这种生命与来世结合的形式是普世性的。

在新王国时期情诗繁荣的同时，艺匠也开始对人体的魅力有更多的意识，但并没有改变象征、抽象的造型风格。

二　灵魂的居所：墓室雕像

我们今天称之为古埃及艺术品的，在古代都是用于各种节日和仪式的功能性物品，有的是随葬品，有的是神庙里供奉的神像，它们的制作者不留名字。古埃及墓室和神庙里的雕像，都被称为卡，卡就是灵魂这个词。它们不是“为艺术而艺术”的，而是各种节日和仪式中的核心。古埃及人用壁画、浮雕描绘理想的现世生活，以期在来世延续、完善今生的幸福。因此他们把种种理想的因素糅合到一起，提炼出系统化的艺术表达模式。对于现代人而言，这些雕像和壁画仍有一种遥远悠长的动人魅力，因为古埃及人告诉我们：美，就是灵魂。

古埃及人相信宇宙固有的特征是道德秩序，而宇宙中的神圣存在则与对这种神圣秩序的维持相关。在古埃及的观念中，宇宙的各种存在中有四种决定着其传统：神、Axw、死者、人。然而，至关重要的是古埃及人认为这四者之间没有不可跨越的鸿沟，对四者关系最好的描述是连续统一体，而不是本质上有根本区别的不同元素组成的等级体。死亡将人转换到死去的状态，埃及人期望可以从死的状态转换到

Ax，某些 Ax 可能成为神。最大的分界是死亡，死亡状态是生者与另外两种更高、更有潜力的存在之间的阈限。

然而，还有另外两点非常重要：首先，人与其他三种存在的关系是互相需要的，互惠原则起着重要的作用：人需要它们，它们也需要人类，因为神与 Ax 并非绝对意义上的永生；他们的永生取决于他们在神庙、祠堂或者其他可以进行沟通的阈限区域内得到供品、仪式和符咒。其次，埃及人相信，通过力量话语和仪式行为（Heka），他们有能力影响自己与神的关系以及在宇宙中的处境。Heka 是通过符咒知识和可以达到特殊目的的行为体系来获得的。对死后状态的认识，死后的存在不是一劳永逸的，而是要依赖生者（维持）；格外强调仪式知识和符咒的力量，以实现生者和死者互动与互惠的目的。

古埃及人认为，死者灵魂不灭，在经历一段时期的黑暗旅行后，可以复生。同时，死者也需要长期稳定的供奉；死者能够对生者的生活产生影响。在这一观念的影响下，古埃及人制作了大量墓葬用品，不但有木乃伊、棺材、乌夏布提（ushabti）等丧葬品，[①] 也有石碑、雕像、祭桌等用于对死者进行崇拜活动的工具。

古埃及人很早就开始尝试雕刻艺术，这与他们的墓葬习俗有关：木乃伊的制作能保证死者肉身的复活，为双重保险，雕像也作为死者的化身放置墓中，接受祈祷和供品。在古埃及语中，雕像一词本来的含义是“使他存活者”。为父亲准备墓葬的儿子被叫作“使他父亲的名字存活下去的人”。在神庙中立像也出于同样的目的，雕像主人常在铭文中宣称置身神庙是为了永远不远离神，此外还能享受倾听祭司祈祷之声的美妙和看见阿蒙神的快乐。对古埃及人来说，身体远不如头部更能帮助人们识别雕像的所属，因此在雕像制作中只表现身体的一般特征，而更关注头部的个性特征。

---

① 意为“答应”。是奥赛里斯（Osiris）形状的小随葬俑，放在死者墓中，为死者服务。

古埃及艺术的巫术目的直接影响到它的风格。艺匠表现一个人物（通常是死者）的目的是他的灵魂在复活后能辨认出他，为确保这一目的的实现，人物的名字是至关重要的，无论是壁画、浮雕还是雕像，一定会在空白处、底座说明人物的名字和身份。由于绘画和浮雕中名字可以直接写在人物形象旁边以强调其身份，而雕像上的名字不是那么醒目，因而前二者更不注重表现个性。古王国时期许多墓室壁画中甚至只有头部，其余的都略去。在雕像方面这种巫术目的的极端表现是：许多国王通过更改名字将其先辈的雕像据为己有，如阿蒙荷太普三世就大量使用美涅普塔的雕像，在后者的时代，所有的国王雕像都是年轻人的形象。

古埃及雕像遵循正面律的法则，即正面面对观者，因为其功能是在仪式中接受供奉，雕像一般放在壁龛里，只有正面露出来，或立在柱子前或者中间，与背景结合；胳膊与身体之间，两腿之间的石头都不去掉，保护石板不破裂，使得雕像有力量感。公元前 2400 年开始，雕像后面的石板改为石柱。

古王国时期，墓里就有了专门的雕像室（Serdab），国王乔赛尔的雕像屋在梯形金字塔外面，平民的都在墓中，有一个或多个，里面的雕像双眼对着墙上的洞。这个时期的男子像有三种：坐、站、书吏；女子像只有两种：站、坐（跪），左腿不迈前，只有女神可以左腿迈前；夫妻像多为组像，因为民间多是夫妻合葬，木乃伊在不同墓室，但夫妻共用一个雕像屋。夫妻像开始是分开，后来肩并肩，再后来搭肩成为经典姿势。兄弟、母女像也有，但很少。

中王国时期开始，贵族的雕像也可以在当地神庙中，这个时期，雕像出现了一种新的形式：方雕，表现死者蹲坐抱膝的状态，除了象征复活前的样子之外，这种雕像有大面积的表面可以刻写死者的生平。

中王国时期还盛行摆放随葬俑。常见的有正在耕作、焙烤、酿酒等的人形俑，带桨和帆的船模型等。在 11 王朝美凯特－拉墓中发掘出的努比亚士兵方阵模型是这类俑像的极品，士兵们一手持箭，另一手执盾，目光炯炯，栩栩如生。

中王国时期也出现了新型的随葬雕像，做成木乃伊的样子，叫作“萨布提”（shabtis）。他们的任务是为死者承担在冥世的一切劳作。中王国时这些萨布提都是用木头制成，制作也很粗糙，放在一个木制模型棺材中。到了新王国时期，不但制作更为精致，所用材料也更丰富，有着色的木头、石头和蓝色彩釉等。中王国时期单个的萨布提居多，而新王国时期则更常见一群一群的萨布提，分成数组在监工的管理之下劳动。手握鞭子的是监工，普通的萨布提一般是拿着篮子和锄头，埋头在田里工作的样子。

新王国时期新的雕像类型是跪像，并且常常在手里举着叉铃或陶罐（水、牛奶、酒），或者怀抱神龛、神像。阿蒙荷太普三世开始，神庙中的雕像多达几百个，卡纳克神庙的穆特神庙发现了多达365个赛赫姆特（Sakhmet）像，方雕也更为流行。

有人认为埃及雕像姿势的有限、风格的刻板是由它们的宗教目的使然，这种目的使雕像与现实生活分离，成为独立的主体。实际上，古埃及人一直在努力超越那些用以保护死者、却成为死者与现实生活联系的障碍的各种因素。例如，墓室雕像通常立在享殿后部一个打开的壁龛中，这样，它代表的亡者与对面墓室壁画上表现的生活以及前来祭拜的人就有了一种永久的联系。这些像的姿势克制而稳健，酷肖正在发号施令的显贵，而那是最卑微的人也向往的角色。所以，我们认为宗教观念并非直接造成了这些雕像的程式化，而只是将程式化的元素从生活中提炼出来而已。但雕像与陵墓、神庙的密切关系很自然地强化了程式化的倾向，传递出一种崇高与神圣感。当然，也有纯粹宗教目的的雕像，主要是那些表现举行宗教仪式动作的雕像，如阿蒙荷太普三世跪者向神献祭的雕像，充满了骄傲的谦卑。

古埃及人用姿势来表现运动，而不像透视法作品那样通过肌肉的张力和变化及动作间的互动来体现动感。在散视原理下，不断重复的动作和系列动作的循环则通过标准化的姿势来体现。这些动作表现了过渡的环节，如流动的水。

古埃及雕像的时间语言也是沉默的，对我们这些习惯了欣赏以动态肌肉展示运动的人来说，它们就像是“永恒的”象形文字。埃及雕像的姿势有两种：静态的和正在完成动作的，采取静态姿势的通常是国王、达官贵人等，他们千篇一律地重复着有限的几个模式：要么端坐正视前方，要么挺立凝视远处，左腿稍稍迈出，只有在神面前他们才有点具体的动作，如呈奉、祈祷等，当然，为了附庸风雅，贵族们也喜欢摆书写的姿势，不管是不是书吏。这些人是因为地位显赫才有资格采取静态的姿势，他们只需“出场”，雕像本身就表明他们的尊严，没有什么平民有能力为自己准备墓室或神庙中的雕像。相反，仆人、工匠们的雕像是作为随葬品跟随国王或主人的，是为了在来世继续听从他们的差遣，如果他们不做揉面、酿酒、耕种、放牧状，那么他们出现在冥世的意义是什么？

三　天堂的形象：墓室壁画

在古埃及，艺术是表达信仰世界的最重要形式。希罗多德说：“古埃及比任何一个民族都更具宗教色彩……”用这句话来描写法老时期的埃及是非常准确的。

陵墓——死者憩息之地对古埃及人是至关重要的。不仅是各种仪式和典礼，向死者献祭也必不可少，在前者中断时，后者的魔力能保证死者在来世永存。对死者的义务还包括用墓室壁画营造一个理想的物质生活环境，如肥沃的土地，美丽的田园风光，成群的仆役在辛勤地为主人耕种、放牧、渔猎、屠宰、酿酒等，这样才能确保供奉死者的祭品源源不断。在古埃及几千年的历史中，陵墓设计的风格在不断变化，但这种巫术的实质永远不变。有时墓室壁画或浮雕也表现墓主生活中的重大事件。此外，即使其他祭品遭到毁坏，一样最重要的东西——主人的姓名，却无论如何也要保存住，不管是写下来还是口头代代相传，这样他就可以永远活在他的陵墓中。古埃及人热爱生活，他们相信，拥有和准备好永久居所——陵墓，是超越生命、获得永恒最根本、最实际的一步。

古埃及艺术作品最突出的一个特点是“散视法”的运用，这与我们熟悉的透视法是对立的。这种方法有两个具体的手段。一是用比例处理人物形象，大人物在作品中占大的比例，小人物则占很小的比例。因此我们常常看到国王、墓主占据画面的中心位置，形象高大威严，而仆从、妻妾或敌人则作为陪衬，以较小的形象出现。表现儿童时也只是缩小他们的形象比例，而不注重突出其他的特征。如果局部地观察坐在王后膝盖上的幼年王子，他的形象和面部表情与成人毫无二致。

散视法的第二个手段是“假想透明”。也就是说，在表现容器或房屋等有内含的事物时，把里面的东西全部画在上方，如画一个首饰盒时，把里面的各种首饰都画在盒子的顶上，给人以“琳琅满目”的具体、直观的感觉。画一个池塘时，把四面的树全部平铺地展开在画面上。通过这种形式，达到一种“面面俱到”的效果。

散视法的最突出效果是“叠压”。在表现远处的或几排的人或物时，远近一致，同样大小，上下叠压在一起，给人一种眼花缭乱的感觉，使人难以判断画面的层次和真实的序列。但这也绝不是技术水平不到。在表现普通劳动者时，远近呼应，错落有致，没有“叠压”之感，这说明工匠是在固守着某种为上层服务的、规范化的准则。此外，古埃及人相信图画和文字的魔力，因此也竭力避免透视法造成的人物形体不全，群像中尽量避免互相遮挡，以保证形象的完整，否则意味着在复活后躯体不全。

在诸多造型要素中，以下几种较有代表性。一是人物造型的静止状态。不论站立或端坐，多表现人物的正面。站立时通常左腿微微迈出，两臂直直垂下（或持权杖），目光直视前方，面部表情肃穆凝重。

表现人物侧面形象时，眼睛和眉毛是正面来画的，嘴却是侧面的角度；双肩和胸部是正面的，腋下到腰却又是侧面的，而双脚则是永远地不分左右。这样做也是为了画面的具体，使观者可以清楚地看到人物的面部和胸部，以及他们服饰的细节。此外，表现上层人物还有一些“法定”的姿势，如呈狮身匍匐于地的国王、盘腿而坐的书吏、手持权杖的贵族，等等。表现夫妻的典型姿态是妻子站在丈夫身边或稍后一些，身材低于丈夫，一手揽着丈夫的腰，一手搭在丈夫胳膊上，表情温柔娴静。

从具体的技法上讲，也有一整套的规则。如关于人体比例的规则是这样规定的，从上至下共分成18格，从头发到鼻子占一格，再到脖子占两格，等等，人体的每一部分占多少比例有详细的规定。在不同时期比例也不相同。在画面的构成上，用“格层法”安排群体人像，用“中轴线分列”“面对面”“回首交谈”等姿势把同时活动的人物联系起来，使画面成为一个整体。为强调动作的连续性，又采取在同一层面上表现不同时态的多种动作的方法。

从内容上讲，墓室壁画大致可以分为日常生活和宗教主题两大类。各个时期的王陵都使用宗教主题。古王国时期和中王国时期的金字塔墓室本身没有图像，金字塔享庙里主要是仪式性的画面，如萨德节、祭祀、屠宰牛、打击敌人等。新王国时期，帝王谷王陵中的墓室壁画全部都是“来世之书”的各种主题。

而民间的墓室壁画主题，则经历了从日常生活为主到宗教主题为主的转变。古王国时期，直到6王朝才有葬礼的画面，并没有直接的宗教主题。贵族墓的壁画基本是沼泽地捕鱼或者沙漠狩猎。中王国时期继承了古王国时期的主题，从贝尼哈桑和孟菲斯的贵族墓来看，虽然增加了战争场面，但沼泽渔猎的画面仍在延续。

18王朝埃赫那吞的宗教改革是个重要的转折点，之前的私人墓葬仍然以日常生活为主，但是宗教改革失败、传统宗教复兴之后，贵族墓里开始出现《亡灵书》的内容。

四 葬礼

关于新王国时期的丧葬习俗我们有较为详细的资料，一般来说，从去世到下葬中间相隔70天，在此期间要制作木乃伊和完成相关的仪式。70天的间隔与天狼星偕日升有关系。直到罗马时代，这种间隔一直是标准的期限。

首先，尸体被送到per-nefer，制作木乃伊之屋，在这里进行制作木乃伊的第一步。把尸体摆在专门的桌上。先敲碎筛骨，再用一个金属钩将已有些腐烂、变软的脑子从鼻孔中抽出来。然后在腹部的左侧开一个口子，下面的器官，除了肾之外全部都取走。墓室壁画中常可看到木乃伊制作者的保护神，豺狼头的阿努比斯，在帮助加工尸体。膈被切除，除了“思想之所在”——心脏之外，所有的器官都从胸腔取走。将内脏器官清洗干净，分别浸泡在泡碱中，然后用热树脂处理，用布带缠起来、裹住，放在四个蓬罐中。四个罐的盖子各自不同，分别代表荷鲁斯的四个儿子：依姆塞提，长着人头，守护肝；哈皮，长着猿头，守护肺；瓦姆太夫，长着豺狼头，守护胃；凯伯塞努夫，长着鹰头，守护肠子。剩下的空腔用椰酒和香料清理干净，然后用一些临时的包裹材料填满。最后，把尸体用一堆干燥的泡碱干贮，这时脚趾和手指的指甲都要用绳系起来，以防在干燥过程中丢失。完成这一切之后，已经过去40天了。接下来尸体被送到wabet，“纯净之屋”。在那里，用尼罗河水将尸体洗净。这是一种带有宗教意味的举动，象征着太阳从尼罗河上升起以及泛滥洪水退去。然后把脑腔用树脂浸泡的亚麻布填满，再把腹腔中的临时填充物取出，用装满木屑的亚麻布袋，或用树脂浸泡的没药[1]填满。

---

① 一种药材。

然后把腹部的切口缝起来。尸体的表面搽上一种杉树油、蜡、泡碱和树胶的混合物，接下来把香料撒在上面。鼻孔也要塞住。通常还在眼皮下放上亚麻布的垫子，放洋葱亦可。然后整具尸体用融化的树脂涂满，以收住毛孔和保护表层。

之后，是一项用亚麻布包裹尸体的精细工作。先把四肢分别缠起来，再包裹躯干，裹完后常给尸体套上一件完整的寿衣，然后继续包裹。在这个过程中要不断念诵咒语，每包裹一个部位念诵一段。到第52天时结束，第68天到第70天时入棺。

在一层层地包缠木乃伊时，常常放进许多护身符。现在不用拆开裹布，也能用X光透视的方法看见它们。中王国时期的《石棺铭文》到新王国时演变为《亡灵书》，写在纸草卷上，从19王朝开始还配有小插图。《亡灵书》每个人都可买到，人们相信把这些写着咒语的纸草卷放入棺中，就能得到保佑，顺利达到永生，因此成为“万人升天不朽指南”。其中有关心脏的咒语尤其重要，要提醒它在末日审判的时候千万不可泄露主人的劣迹。与心有关的咒语经常刻在绿色的蜣螂像上，放在死者的心口。Ankh——生命之符是最常见的护身符。djed形护身符象征着奥赛里斯的背骨，要放到脖子上。tyet护身符，伊西斯结和绿色的纸草卷也放在那里。赤铁制成的枕头护身符放在头下面。Udjat——荷鲁斯之眼护身符有时单独置放，有时平放在腹部的切口上。

下葬的日子到了。木乃伊入棺后放在一个木撬上，后面是装着蓬罐的第二个木撬，仆人们扛着随葬品尾随其后，随行的还有扮成女神伊西斯和耐弗西斯的两个女子、死者亲朋、祭司——他们要先一路泼洒牛奶，然后送葬队伍才能走过。队伍中最引人注目的是一群悲痛欲绝的女子，她们时而号啕大哭，时而哀哀抽泣，好像捶胸顿足还不能发泄心中的哀痛，又从地上抓起泥土在头上、身上涂抹。她们实际上是职业哀悼者。这一行人热热闹闹地来到渡口，上船渡河到尼罗河西岸，靠岸后再拖拉前行。到了墓地，他们与一群舞者和一个教士会合。接下来是举行“开嘴大典”，装着木乃伊的人形内棺被立起来，面朝送葬人群，由一位戴着阿努比斯狼头的祭司在后面扶着；另一个叫作“他喜欢的儿子”的祭司，用横斧和叉刀状的宗教器具触碰木乃伊的嘴；然后是燃香、祭奠，再献上牲畜、衣服、油和食物等供品。

最后，参加葬礼的人要享用一顿丰盛的大宴，有乐师和舞者在旁助兴，演唱为死者祈祷的歌曲。就在这酒宴歌舞之时，木乃伊被缓缓地放入墓室中，之后由一位扮成图特神的祭司清扫地板，以擦去所有的脚印。所有接触到木乃伊的东西，包括防腐材料，都要收集在一起，在墓不远处掩埋起来。

五　供奉仪式

在埃及历史的大部分时期，对死者的供奉是用魔法来实现的（宗教仪式）。根据古埃及人的宗教文献，要求供奉的不是死者的肉身而是他的“卡”。“卡”需要来自现实世界的物质。死者的亲属要为“卡”建造祭祀用的祠堂，正式的祭祀仪式由专职的祭司主持。仪式开始后，死者的卡就会从下面的墓室里上来，通过假门，进入祠堂，并且暂时寄身于雕像中，来接受供奉。仪式的过程与神庙中每天进行的祭神仪式很相似，寄身雕像中的卡，与寄身神像中的神一样，只是“吃”了供桌上食物的“本质”。供品随后“归还”给祭司及参与仪式的人，也就是说，被他们分享了。

理论上，对死者的供奉应该世世代代延续下去。但是，不管怎么精心准备，几代之后，这些祠堂最终都被弃置不顾了。尽管历代国王的卡可以在神庙仪式中得到现任国王的供奉，但是普通人对祖先的祭拜一般不超过两代人。古埃及人知道，通过墓葬和仪式来实现永恒来世并非总是那么可靠，文学作品中就常常表现出这种怀疑。一位智者这样劝告世人：让人们记住自己的话是永垂不朽的最好方式：

一代人过去，
一代人又来，
自古以来，
此前活过的神安息在他们的墓中，
那些被保佑的贵族也埋在他们的墓中。
但是建造这些陵墓的人，
他们的墓已经消失，
他们现在变成了什么？
我曾经听过阿蒙荷太普和哈杰代夫的言论，
所有的人都能背诵他们的话。
可他们的陵墓今安在？
它们的墙壁倒塌了，
它们的墓室消失了，
就像从未存在过！
没有人自那边回来，
告诉我们他们的情况，
告诉我们他们的需要，
来安慰我们的心，
直到我们也去了他们所在的地方！①

供奉仪式中最重要的环节是对神祇诵念特定的祈祷文，祈求他们为死者提供祭品，这些祷文都有固定的程式，反映了神祇、国王与人之间的关系，祷文是死者复活程序中最关键的环节。这类祷文最基本的内容如下："国王以及奥赛里斯奉献的供品，愿他用声音赐给死者的灵魂如下供品（或者愿他赐给死者的灵魂如下召唤供品）：一千条

① 蒲慕州：《尼罗河畔的文采》，台北远流出版社1993年版，第191—193页。

面包，一千罐啤酒，一千个禽类，一千头牛，以及一切神所赖以生存的美好而纯洁的东西。"①

这里，学者们有两种解读，一种理解为死者从国王以及神祇那里得到供品；而另一种翻译为"国王给奥赛里斯奉献的供品，愿他（指奥赛里斯）给……"也就是说，死者得到的供品是国王献给神，而神又赐给死者的。在古埃及人的神学理念中，国王既是统治者，也是宗教首领，是人与神沟通的媒介，理论上他代表全体臣民向神奉献供品，因此死者得到的是从国王献给神的供品循环回来的。

墓碑上提到的神祇中，出现最多的是奥赛里斯和阿努比斯，供品被称作"随声而来"，或者叫"声音供品"，这种名称本身就强调了大声诵读的重要性——高声朗读才能使得整个仪式奏效。供品通常是面包、啤酒、牛肉、禽类——这是埃及人心目中理想的食物。其他供品还有石膏瓶、香料、衣物，等等。有时供品单上也有葡萄酒、牛奶等。数量常常是以千计，象征性地表示供品的丰盛。

古埃及人相信，每次朗读供品祭文，都能使死者再次得到文中提及的物品，因此，进入墓室祠堂的人都应该大声地读出墓碑上的祭文，有的墓碑上还写有这样的请求：过往拜谒者看到碑文时读出它。如12王朝敏尼弗尔（Minnefer）的墓碑上，有这样的话：

> 那些活在世间的人，hm祭司和女祭司，这个神庙的洁净祭司，愿你们如此说："为尊敬而正直的墓主敏尼弗尔提供一千个面包和啤酒，牛和禽类。"②

在这类请求的前面，通常是死者生前功绩的陈述，以确保后世拜

---

① John H. Taylor, *Death and the Afterlife in Ancient Egypt*, The University of Chicago Press, Chicago, 2001, p. 96.

② John H. Taylor, *Death and the Afterlife in Ancient Egypt*, The University of Chicago Press, Chicago, 2001, p. 96.

谒者看后感到心甘情愿为之祷告。有的碑文还加上这样的话，为死者祷告者自己也会获益。如12王朝的尼布伊普森努瑟瑞特（Nebipusenusret）墓碑：

只要你（为我）诵读这些，我就祝你得到国王的宠爱，祝你的职位能传给你的子女……

愿你不会挨饿，你不会受渴……①

只要把供品祭文刻写在墓碑上、放在墓中，就会产生效力。因为古埃及人相信文字本身就具备一种魔力，可以使其中表达的愿望成为现实。因此，供品祭文通常会提及很多墓中所需物品，甚至包括拜谒者不会看到的放在墓室里的棺椁。只要这些文字出现在墓中，它们就会自然地产生一种魔力，为死者提供永久的物质需求。

供品祭文提供的是死者最基本的日常需求，其他更多的供品则写在祠堂、墓室的墙上，以及棺椁内外，其中有面包、肉类、水果、葡萄酒等，还有“开口大典”（葬仪最重要的环节，由祭司用法器碰触死者的五官，使之恢复功能）中使用的“七种圣油”。这些供品的名称通常是写在表格形式的格层内，根据供奉仪式的程序，每一格里要写特定的一类物品。

本书第一部分提到的七种墓碑套语都是围绕着供奉仪式的。按照古埃及人的习俗，诵经祭司需要大声念出特定的咒语，墓碑的主人会要求看到碑文的生者都大声读出，并且以此作为帮助他们的条件：“受尊敬的死者的卡的仆人，你期望得到法老的眷顾吗？你想要与你在墓地的主人和父亲同享荣誉吗？你想要像你父亲对我所做的那样，接受面包和啤酒的献祭吗？既然你指望我在来世为你撑腰，在我过世

① John H. Taylor, *Death and the Afterlife in Ancient Egypt*, The University of Chicago Press, Chicago, 2001, p. 97.

的那天，告诉你的孩子：为我做召唤祭（prt-khrw），因为我是 akh iqr，我知道一切能让人在来世成为 akh 的法子。”①

死者也会在生前与负责其墓葬事宜的祭司签订契约，确保自己死后能得到长期供奉。祭司得到报酬，在特定的节日里，有义务为死者举办仪式，使死者成为 akh。

另一方面，生者对死者也有期望和要求。从古王国时期开始，就出现“给死者的信”，生者在为死去亲人供奉时诉说自己的要求，希望后者提供帮助。这些信通常写在盛装祭品的石碗，或者包裹祭品的纸草上，以方便死者享祭的时候阅读。这种与死者沟通的习俗一直持续到希腊罗马时期。

书信的格式通常是：寄信人（生者）的名字，收信人（死者）的名字，寄信人陈述对收信人的感情以及付出，收信人生前所做过的承诺，寄信人面临的困境，对收信人提出的要求，对寄信人的祝福。

书信中提出的具体要求通常有：要求死者帮助自己实现特定的愿望，如获得一个健康的儿子；要求获得死者的保护和照料；要求帮助解决生活中的麻烦和困境，如攻击仇人或者恶灵，惩罚恶意的仆人；要求帮助生者死后也获得永生，等等。比较特别的是，要求死者停止对自己的骚扰和侵害，如下面这封 19 王朝的书信，发现于孟菲斯，是一位丈夫写给过世的妻子的，他怀疑自己诸事不顺是死去的妻子在作祟，于是写信抱怨并威胁她：②

致 akh iqr 安基瑞（Ankhiry）：我到底对你做了什么坏事，要面临这样的境遇？我对你做了什么？至于你，你竟然对我下手，尽管我对你没有做任何错事。你在生之时，我作为丈夫，与你生活在一起，我做了什么对不起你的亏心事？我对你做了什么？鉴

---

① Demarée 1983：211.

② Gardiner, Alan H. and Sethé, Kurt, *Egyptian Letters to the Dead*: *Mainly from the Old and Middle Kingdoms*, London: The Egyptian Exploration Society, 1928. p. 8.

于你的所作所为，我不得不对你提出抱怨，此外，我还对你做了什么？我将以我的言辞，与你在西方的九神组的面前，对峙说理。（通过）这封信，我和你之间的是非将会得到裁决，因为你我之间的争端正是我所写下的内容。

我对你做了什么？我年轻的时候，就娶你为妻，不论在任何职位，我都与你一起，你也陪伴着我。我没有抛弃你，也没有让你生气。现在，我在年轻的时候，娶你（为妻），我在长寿、富有、健康的法老的每一个重要的职位上尽责，没有抛弃（你），却说："她一直与（我）同在"，我会这么说。任何人来访，我有不顾你的感受，接受他们，并说："我会照你们的意愿行事"吗？

现在请看，你不让我的精神获得片刻安宁。我将对你提出诉讼，是非对错需要做出区分。现在请看，当我执教法老的步兵团和战车团的军官们时，我令他们前来，向你致敬，并将每一种精美的东西带到你的跟前。你在世的时候，我没有对你隐瞒过任何事情。我没有颐指气使，做任何让你受委屈的事。你也无法指责我像田野村夫一样，随便进入陌生人的房子，对你不忠。批评者无法在我对你的行为上找出任何疏漏。

当我被任命担当现在这个职位时，我无法像从前一样出去。我必须做同样职位上所有人都得做的事情。在家的时候，我照料你的油、你的面包和你的衣服。它们都会被带到你面前。我没有将它们置于别处，却说："这个女子一直与我相伴。"我敢说，我从未不忠于你。

现在请看，你不顾从前我待你的情谊。我写这封信（给你），就是想提醒你注意自己正在做的事情。当你感染了疾病，我（找来）最好的医生，他遵照你的意愿治疗你。

现在当我陪伴长寿、富有、健康的法老南巡之时，这一境况（即死亡）降临到你身上，我拒绝像正常人一样吃喝达数月之久。当我抵达孟菲斯，我向长寿、富有、健康的法老告假，（来到）

你所在的地方。我和他人一起在（你，即遗体）前悲痛地饮泣。我献出上好的亚麻布包裹你，并制作了许多衣物。我没有发现任何没有为你做到的好事。

现在请看，过去三年来，我没有进入任何（其他人的）房子，尽管这对于我这样境况的人来说是不合适的。现在请看，我这样做，完全是顾全到你的感受。现在请看，你是非不分。我和你之间需要做出裁决。现在请看，对于那些家庭妇女们，我没有进入她们中的任何一位（的房子）。

第三章

墓碑形制的演变与贵族身份的表达

一　陵墓与墓碑形制的演变

（一）早王朝到古王国时期的墓葬与墓碑

古埃及语中表示墓碑的词是 wD，这个词也有纪念物、界碑、神庙中的纪念物等含义。墓碑和供桌是最重要的两种祭祀用具，供品和酒水摆放在供桌上，置放在墓碑前，以备死者的 ka 前来享用。墓碑形制的演变与墓葬类型有着密切的关联。

埃及最早的墓只是沙漠沙石下的洞坑。但随着国家的出现，富人的墓有了显著的变化，有规划过的地下结构，如封闭的墓穴、阶梯入口或者垂直狭长的入口。埃及进入统一国家阶段之后，在尼罗河西岸，自都城孟菲斯到中部埃及的法雍地区，沿着沙漠峭壁，大规模的墓区爆发式出现。公元前 3100—前 3000 年之间，这个地区就有 2000 多个墓，排列非常密集。大部分墓没有地上建筑，但很可能有地面上的标记，因为没有后来的墓建在这些墓的上面。这些墓的随葬品也比较简单，通常会有一个装粮食的圆形陶罐，一个装油膏的竖长瓶子。

公元前3000年后，少数规模比较大的墓有地上建筑，即一个长方形的建筑，叫作马斯塔巴（阿拉伯语，意为“板凳”），外表有“王宫正面”的装饰，里面囤满了各种装在陶罐里的随葬品。1王朝的王陵周围有殉葬墓，到2王朝殉葬现象就终止了，此后再没有出现。①

公元前3000年前的墓葬随葬品多为日用品，是供死者在来世享用的。公元前3000年以后，明器逐渐出现——以空陶罐代表随葬品放置在墓中，也以文字和图像的形式表现随葬品，随葬品也多放置在地上建筑中，地下墓室只有一小部分。墓中的尸体也从屈肢葬式转变为侧身直躺。

最早的墓碑是1王朝阿拜多斯墓地立在墓前的小石灰石板。多数刻有墓主的名字，有时在名字后面有墓主的形象作为限定符号。王陵前面的通常是一对，1—2王朝的国王墓碑是圆顶的，有学者认为它们是立在地上建筑的前面，用来标志供奉仪式的地点；也有学者认为它们是立在地上建筑的上面。贵族墓碑是长方形的，并不成对出现，尚不清楚它们最初是单独立放还是镶嵌在墓室建筑中。②

从2王朝开始，墓碑的画面有了变化：在长方形墓碑上，出现墓主的形象，他（她）端坐在摆满供品的供桌前，最早的这种墓碑出现在萨卡拉的一座2王朝墓中，墓碑镶嵌在东墙两个壁龛的南端。③

进入3王朝开始的古王国时期，随着王陵首次以石材建造的金字塔形式出现，大部分的平民墓葬随葬品大幅度减少，只有少数金字塔附近的贵族大墓中有奢侈品随葬，甚至大量使用石材。在集权达到顶峰的4王朝胡夫和哈夫拉在位期间，吉萨金字塔附近的贵族墓虽然有宏大豪华的地上建筑，里面有众多的房间，但作为死者灵魂寄身之处的雕像却只能以一个头像代替，放置在通往墓室的竖井里。4王朝后期，贵族墓室

① Stephen Quirk, *Exploring Religion in Ancient Egypt*, Wiley Blackwell, Oxford, 2015, p. 206.

② John H. Taylor, *Death and the Afterlife in Ancient Egypt*, The University of Chicago Press, Chicago, 2001, pp. 155 – 162.

③ John H. Taylor, *Death and the Afterlife in Ancient Egypt*, The University of Chicago Press, Chicago, 2001, pp. 155 – 162.

的装饰逐渐增多，呈现复杂多样的趋势。最初只有祠堂前一个石板上有文字和图像装饰，逐渐地上建筑内部的墙上开始有各种浮雕装饰。最早的浮雕是木板上的，镶嵌到墓室墙上。后来开始在墓室的石墙上直接雕刻然后上色。浮雕的主题多是渔猎、丰收等场景。除了葬礼、供奉墓主人的场景之外，浮雕的内容都是世俗生活的画面。地上建筑中有专门的雕像屋，是个封闭的空间，墙上有两个圆孔，供奉仪式中，熏香的气息会传入雕像屋。①

吉萨的马斯塔巴墓规模宏大、制造精美，美瑞卢卡（Mereruka）墓的地上建筑中有32个房间。与之前不同，此时随葬的多为主持仪式的祭司使用的供品和器皿。马斯塔巴墓的地上建筑中也出现了独立的祠堂，其中的仪式核心就是假门。

在不适合修建马斯塔巴的地方，出现了另一种类型的贵族墓——岩凿墓，即在峭壁岩面上开凿的墓，俯瞰尼罗河两岸的沃土。早期岩凿大墓位于吉萨废弃的采石场，其他的位于胡夫金字塔西边峭壁的边缘上。稍晚一些的墓则在乌纳斯金字塔堤道的南边。

古王国时期末年，地方贵族的墓规模扩大，而且有了长篇自传，讲述奉命带领远征队的功绩，如温尼自传和哈胡夫自传，刻写在陵墓入口两侧的墙上。这个时期墓里也出现了随葬品清单的铭刻。

古王国时期墓碑的主要形式是“假门”的形状：即凹凸的门廊，中间是门，上方是门楣，这是从2王朝的石板状墓碑演变而来，最初位于马斯塔巴墓地上建筑的外墙，标示出祭祀地点，后来逐渐与壁龛成为一体，镶嵌在西墙，成为整个祠堂的核心。假门形状的墓碑在古埃及语中叫作r-per，意思是“屋之口”（这里房屋是指墓，埃及人称墓为“永久的居所”），通过这个“口”，死者进入祠堂接收祭品，然后回到地下的墓室中去。在王室的金字塔中，假门就安放在邻近墓室的墙上。早期的

① John H. Taylor, *Death and the Afterlife in Ancient Egypt*, The University of Chicago Press, Chicago, 2001, pp. 155 – 162.

假门中间常常有死者的木制站立雕像，最典型的是3王朝墓，如萨卡拉的赫斯－拉（Hesy-Re）之墓。假门石碑多数出土于吉萨和萨卡拉，规格大小虽有所不同，但都有共同的特征：顶部是门楣，下面是一个长方形的石板，雕刻着死者端坐在供桌前的情景，下面是凹进去的门廊，死者的站立雕像就在这里，按照古埃及人的习俗，雕像前方悬挂着一个门帘遮挡住雕像，某些假门上雕刻着卷起的门帘，如巴太特墓（Batete，4—5王朝，萨卡拉）、凯哈普墓（Kaihap，5王朝，萨卡拉）。①

在家族合葬墓中，往往会出现数个假门，标识下面不同家庭成员的墓室的位置。如果一面墙上出现两个假门，那么靠近南边的假门是属于墓主的，而北边的假门则属于墓主的妻子。假门的浮雕通常表现死者及其家人奉献供品的情景。古王国时期的很多墓中，假门就是唯一有装饰的部分，而有装饰的贵族墓葬中，多数浮雕都是生活场景，假门就是唯一描绘仪式场景的部分。②

4王朝胡夫和哈夫拉时期，国王的墓中不再出现假门，取而代之的是立在西墙的石板墓碑。但同时期的贵族墓中偶尔还有假门出现。

5、6王朝时期，假门再次盛行，特别是在古王国晚期较为豪华的贵族大墓中，有若干个地下墓室，常常是几个人共用一个祭祀屋，其墙上会有几个假门，对应着下面各个墓室。每个死者的供奉仪式都在对应其墓室的假门前进行。

（二）中王国时期

第一中间期以后，中央权力式微，地方总督大权在握，大型的岩凿墓地迅速增多，中王国时期，岩凿墓逐渐取代马斯塔巴墓，中埃及与上埃及的悬崖为岩墓提供了理想之地，远离孟菲斯的墓区大大增

① John H. Taylor, *Death and the Afterlife in Ancient Egypt*, The University of Chicago Press, Chicago, 2001, pp. 155 – 162.

② Wolfram Grajetski, *Burial customs in ancient Egypt: life in death for rich and poor*, Duckworth, London, 2003.

多，比较典型的是中王国时的本尼·哈桑，那里有39座11王朝和12王朝的贵族墓，从中可以看到陵墓设计不断复杂化，供奉处从一间简单的无柱敞屋，发展为前面有柱廊的立柱大厅。

中王国时期，越来越多的长方形的木棺外侧刻画着荷鲁斯之眼。而木制雕像或者在棺椁旁边，或者放置在竖井中。这个时期开始，随葬品中开始有木制的船的模型，以及劳作者的木制雕像。经历了第一中间期的分裂，这个时期的随葬品工艺水平大大下降，不再是孟菲斯王家作坊的风格，而像是地方木匠的作品。随葬品的分布范围更为宽泛，很多普通平民的墓里有了简单的随葬品，如木船模型、凉鞋等。①

中王国时期的一个重要变化是阿拜多斯成为朝圣中心，从国王到平民都在那里修建卡祠堂，中王国时期的国王通过复兴古老的奥赛里斯崇拜来强调自己的合法性，把距离河谷1—2千米处沙漠中的1王朝的丹、杰尔等的墓认作奥赛里斯之墓，在旁边建造神庙，通往这个神庙的路边密密麻麻竖立着纪念碑和祠堂，人们希望通过这种方式永久地参与奥赛里斯仪式，维持来世的永生。

中王国时期，假门虽然还在使用，但数量逐渐减少，在仪式中的重要性也逐渐降低。以本尼·哈桑为例，这里是中王国时期贵族墓葬比较集中的地区，39个11、12王朝的贵族墓中，只有9个里面有假门，而且多数是11王朝的。这9座墓分别是2号墓、14号墓、15号墓、17号墓、22号墓、27号墓、29号墓、33号墓、38号墓。②

有趣的是，与此同步的是，中王国时期开始在棺椁上出现假门，在放置木乃伊的一侧，棺的外面绘有荷鲁斯眼，其下方就是假门，棺内对应的位置则绘有摆满供品的供桌。

古王国之后，墓碑的设计逐渐简化，随着国家的分裂，地方风格

---

① John H. Taylor, *Death and the Afterlife in Ancient Egypt*, The University of Chicago Press, Chicago, 2001, pp. 155 – 162.

② G. W. Fraser, *Beni Hasan / pt. 1 – 2 with plans and measurements of the tombs*, London, 1893 – 1900.

的艺术传统开始占据主流。第一中间期最常见的墓碑是石板墓碑，即一个长方形的墓碑，画面表现死者坐在供桌前，画面上同时出现的还有死者的亲属以及仆人，举着各种供品。早期石碑那种僵硬的构图风格让位于更为随意的风格，人物和祭品仿佛“漂浮”在画面上。

门图荷泰普重新完成统一之后，墓碑的设计上出现了更为统一的风格。11—12 王朝的墓碑基本形状是长方形的，有假门墓碑和圆顶墓碑两种，圆顶墓碑标志着超越假门墓碑（假门象征着来世的门槛）阶段的一个突变，它的形状象征着宇宙：顶部的拱线象征着穹顶，上面通常装饰着天体的象征，如带翼的日轮或荷鲁斯之眼。画面主题仍是死者坐在供桌前，亲属和仆人向他（她）奉献供品，铭文刻写在画面的上方，通常是程式化的供品祭文，但有几个墓碑的铭文有死者自传以及召唤死者享用祭品的句子。供桌仍是 htp 符号的形状。

中王国时期墓碑的特征是墓碑表面分成小而规则的格层，每层都有死者亲属的形象，这种特点一直延续到第二中间期。这个时期也出现了几个比较粗糙的彩绘木制墓碑。[①]

（三）新王国时期

在第二中间期，贵族墓的规模大大缩减，地上建筑没有多间祠堂及大面积的捕鱼、抓鸟、收获之类的浮雕，木制模型也没有了。随葬品的选择更加多样化，很多王室妇女的墓跟之前一样以日用品随葬，里面发现了大量精美的首饰，有的是生前使用过的，有的是专门为随葬做的明器。与中王国时期不同，这个时期的墓中除了枕头，没有其他家具作为随葬品。底比斯西岸的大型贵族墓中，多使用人形棺，以国王的标志装扮，墓中有葬礼之后宴会所用的器皿。还有的墓使用与婴儿出生相关的仪式所用的护身符，彩釉、木头或者象牙做的，其中河马的雕像有意去

---

① John H. Taylor, *Death and the Afterlife in Ancient Egypt*, The University of Chicago Press, Chicago, 2001, pp. 155 – 162.

掉腿部（可能是在诅咒仪式中打碎的，河马象征着危险和死亡）。[1]

随着墓葬文化自王室向民间扩散，以及制作木乃伊的普及，木乃伊的姿势及棺椁的形制也在逐渐变化，中王国初期出现了长方形木棺，木乃伊可以在里面伸展侧放，此时随着死者木乃伊以国王的形象出现，如各种配饰的使用，人形棺开始出现，木乃伊在棺内是面朝上平躺的。同时开始在墓里使用随葬俑——乌沙伯提，每个墓里有405个，除了每天干活的365个，还有几十个工头。从此时开始也有了圣甲虫形状的保护心脏的护身符。乌沙伯提和圣甲虫保护着奥赛里斯形象的木乃伊，这种标配从此开始延续了几千年。[2]

新王国时期，底比斯国王打败喜克索斯人、重建统一之后，底比斯西岸重新建造大型岩凿墓，18王朝早期的一些墓盗用了中王国时期的，但很快就由中王国时期的柱墓（Shaff）发展出一种独具特色的形制，它的外形像倒置的“T”，因此也叫T形墓。基本结构是：有长排柱廊的前庭，一条通道或者柱廊通向中厅，后面是供奉间。另外一条通道或者从前庭或者中厅起始，通往最深处的地下墓室所在。墓室一般位于地下岩石深处，大多数情况下通过垂直入口进入，但也有的是通过斜坡式台阶进入。祠堂有金字塔形状的顶。供奉厅的入口门楣上，有墓主人的名字和头衔，上方有金字塔形状，下面是墓主人举起双臂向太阳神祷告的雕像，双臂和双腿之间是太阳神赞美诗。自新王国时期的国王在建筑上处处凸显对太阳神崇拜的强调，比如卡纳克、卢克索神庙的塔门、方尖碑、底比斯西岸金字塔形状的山顶等。但这个时期墓葬建筑总体侧重的还是保存而不是转化的一面。[3]

在图特摩斯三世与阿蒙霍特普二世统治期间，除了占统治地位的

---

① Stephen Quirk, *Exploring Religion in Ancient Egypt*, Wiley Blackwell, Oxford, 2015, pp. 212 - 225.

② Stephen Quirk, *Exploring Religion in Ancient Egypt*, Wiley Blackwell, Oxford, 2015, pp. 212 - 225.

③ Stephen Quirk, *Exploring Religion in Ancient Egypt*, Wiley Blackwell, Oxford, 2015, pp. 212 - 225.

"T"形墓外，又有了更为复杂的设计。石柱增多，陵墓房间增加，有的墓还建有柱厅。最好的例子是凯那姆（Qenamun）之墓。它最特别的是黄色的壁画背景。

帝王谷附近的贵族墓除了规模较大，与之前不同的是，有了露天的空间，祠堂最里面是供奉间，墓主人的雕像在最后面，比较讲究的是在岩体上雕刻的，也有独立的雕像。这个时期的地下墓室出现了家庭成员共用的现象。这种基本样式确定下来，成了底比斯和其他地方陵墓设计的主流样式。①

18 王朝埃赫那吞的宗教改革结束后，图坦卡蒙将都城从阿玛尔纳迁到孟菲斯，孟菲斯墓区的贵族墓形制发生了很大的变化，墓的外面有露天庭院，四周环绕着柱子，与之前底比斯西岸贵族墓不同的是，庭院连接着供奉厅，中间是墓主人和妻子的雕像，但雕像后面又有一个柱厅，下面是墓室。柱厅的最里面也就是最西头是三间小祠堂，中间的一间有刻着铭文的石碑，这里才是供奉仪式最核心的地方。这些墓都是独立的石头建筑，墓中的装饰是浮雕而不是壁画，主题是宫廷生活和供奉神祇，不过此时已经回归传统的多神。

19 王朝的贵族墓又回归底比斯西岸，露天庭院有新的特点：有高大的塔门，有时两侧还有带顶的柱廊，院子中有一个花坛，是奥赛里斯复活的荷阿克节——"卡在卡上"所用的。"开口大典"也在这里进行。泥砖造的金字塔形状的屋顶更大，下面仍有赞美太阳神姿态的雕像，立在更牢固的台基上。通往地下墓室的不再是竖井，而是斜坡状的通道，在荷阿克节时人们会下到墓室门前。②

新王国初期，随葬品中以日用品和可移动的家具为主，品类越来越多，好像把整个活着时的居所搬入墓地。随着新王国时期的统一，

① John H. Taylor, *Death and the Afterlife in Ancient Egypt*, The University of Chicago Press, Chicago, 2001, pp. 147 – 155.

② John H. Taylor, *Death and the Afterlife in Ancient Egypt*, The University of Chicago Press, Chicago, 2001, pp. 147 – 155.

底比斯西岸成为王陵所在地，附近的贵族墓极其奢华，随葬品更像家庭仓库，最重要的是墓中出现了写在纸草上的《亡灵书》。

19 王朝王陵及贵族墓的随葬品数量大大减少，墓室不再像 18 王朝图坦卡蒙那样放满了各种日用品。除了木乃伊面具及旁边的乌沙伯提，少有其他随葬品，连装水和食物的陶罐都没有。木乃伊身上的护身符数量也大大减少了，除了保护心脏的圣甲虫外，主要有杰德柱（象征奥赛里斯脊椎骨）、伊西斯结、蛇头。

关于死后供奉的内容以图像和文字的形式出现，或者是写在纸草卷上的《亡灵书》，或者是把《亡灵书》的相关内容画在祠堂或者墓室墙上。因为随葬品的减少，大量木乃伊难以断代，而且逐渐地，墓室中合葬的现象也越来越普遍。

底比斯附近的岩石质量很差，祠堂里面的墙面不能制作浮雕，因此流行一种涂上石膏，在石膏没有完全干透的时候就在上面绘制壁画的做法，即湿壁画。尽管没有壁画完全相同的墓，但许多墓的壁画设计遵循相同的法则：入口两边是献祭场景，描绘诸如打猎、酿酒、农业这些“日常生活”的在前室，葬仪等画面在靠近墓室处的墙面上，而表现前往奥赛里斯圣地阿拜多斯的朝圣之旅的画面在后面的廊道。通常每面墙上是一个主题，以格层法按照顺序展开。表现葬仪相关的主题时，上方是来世生活和众神的画面，下方是葬礼的画面，这个规则与墓碑的安排是一致的。①

18 王朝埃赫那吞宗教改革期间，新都阿玛尔纳的墓区中，没有了传统的主题，代之以国王及其家人在战车上朝城中驶去的情景。传统的供养—转换模式为新的日—夜永恒延续所取代。巴与肉体结合的观念还有，但墓室铭文表明供品不再是从神的供桌而来（先给神，再转给死者），而是来自人们各自家中。

① Stephen Quirk, *Exploring Religion in Ancient Egypt*, Wiley Blackwell, Oxford, 2015, pp. 212 – 225.

19王朝的贵族墓又回归底比斯西岸，主题是宫廷生活和供奉神祇，但《亡灵书》的内容越来越多地出现在墓室壁画中。

到了新王国时期，伴随着墓地和祭庙的分离，假门主要出现在祭庙中，而在神庙的一个特殊建筑——倾听殿中，也有假门。

新王国时期的墓碑较高，顶部是圆形的，普遍较大。材料多为石灰石，涂有鲜艳的色彩。独立的墓碑较为普遍，但也有雕刻在岩石上的。墓碑通常是一对，立在入口或者大正厅。墓碑上的画面主题还是死者及其妻子接受供品，但这个画面出现在墓碑较高的格层上。这个时期的主要变化是神祇的形象经常出现在墓碑上（中王国时期只是偶尔出现），最常见的有：奥赛里斯在伊西斯、尼弗西斯和荷鲁斯的陪伴下接受死者奉上的供品或者香。这个画面在最高的格层，而死者接受供奉的画面在此下面一个格层。新王国晚期，某些墓碑的顶部呈金字塔状，表明太阳神崇拜在墓葬习俗中有更重要的地位。①

新王国时期墓室浮雕和装饰的一个新特点，是地上祠堂及墓碑上，女性的形象更加突出。

（四）第三中间期及后期埃及

21王朝的都城在塔尼斯，王陵建在神庙区。此时主要的贵族墓区是底比斯西岸。此时的木棺有鲜艳的彩绘，很多内容是此前王室专用的《冥世之书》系列。木乃伊加工技术大大提高了，此时可以把内脏处理好放回木乃伊身体内，而原来放置四种内脏的卡诺普斯罐还有，只不过是实心的摆设品而已，木棺的前方有个圆顶的木制墓碑，上面有墓主人向神祈祷的图像，多数是向拉-荷尔拉赫提或者奥赛里斯祈祷。有空心的奥赛里斯雕像，里面会放一卷墓葬文学，另外一卷放在棺内，一份是《亡灵书》，另一份是《冥世之书》。开始是用《拉神连祷》，后来常用

---

① John H. Taylor, *Death and the Afterlife in Ancient Egypt*, The University of Chicago Press, Chicago, 2001, pp. 155–162.

《杜阿特之书》的最后四个小时。401 个乌沙伯提，365 天每天一个，然后分成 10 组，每组一个工头，工头乌沙伯提穿短裙、持鞭子。①

后期埃及时期，在利比亚、亚述人、努比亚轮番统治埃及的动荡政局中，墓葬材料的来源比较复杂。底比斯西岸的贵族墓呈现更加突出的墓庙归一的趋势。两位底比斯市长——卡拉阿蒙（Karakhamun）和哈瓦（Harwa）的墓都成为当时每年的河谷节的醒目景观，阿蒙神像从底比斯东岸抬过来，巡行队伍沿着河谷走向哈托尔祠堂，徐徐经过两旁峭壁高处的贵族墓。以哈瓦的墓为例，地上建筑与神庙是同样的结构，有高大的塔门、立柱大厅、立柱庭院、内部祠堂。②

比起新王国晚期，普通人的随葬品有略微增多。以拉洪为例，曾经消失的随葬陶罐再度出现，这个时期随葬的护身符流行的样式是荷鲁斯之眼瓦杰特、狮女神塞赫迈特、天空女神努特。拉洪的女子墓里出现化妆品形状的护身符。公元前 7 世纪后又有变化，消失了两个世纪的彩釉乌沙伯提数量增加，此时除了《亡灵书》，还有开口仪式的成套法器，大量神像护身符。公元前 4 世纪后，石棺上刻写原来帝王谷国王专用的《冥世之书》成为一种时尚。

在第三中间期，陵墓规格缩小，地上建筑结构逐渐简化，墓碑也随之简化。多数是木制圆顶彩绘小墓碑，画面表现死者向奥赛里斯或者“地平线上的拉神”奉献供品。现已发现的这类墓碑有几个是 21 王朝的，但多数是 22 王朝的。“墓碑是宇宙的缩影”这个概念仍然占据主流，顶部的圆拱常常装饰着表示“天空”的符号，底部则画着代表大地的底线，两端分别是表示“东”和“西”的两个符号。25 王朝的一些墓碑上，整个边线就是天空女神努特的拱起的弧状身体，这种类型在 25—26 王朝一直出现，铭文出现在画面下方，有时还有太阳

---

① Stephen Quirk, *Exploring Religion in Ancient Egypt*, Wiley Blackwell, Oxford, 2015, pp. 212 – 225.

② Stephen Quirk, *Exploring Religion in Ancient Egypt*, Wiley Blackwell, Oxford, 2015, pp. 212 – 225.

船的形象。这种墓碑有的镶嵌在祠堂里，有的则放在墓室中。①

新王国时期之后，石制的平民墓碑数量逐渐减少，木制的墓碑成为主流。到了后期埃及，石制墓碑又开始出现，托勒密时期，木制与石制墓碑并用，有的墓碑铭文是希腊文的，死者的服饰以及姿势也逐渐有了明显的希腊特点。某些墓碑上表现出门廊，如库姆阿布贝罗（Kom Abu Billo，即 Terenuthis）出土的墓碑。最终，科普特基督徒的墓石取代了传统的墓碑。②

伴随着墓碑的演变，供桌的形制也在发生变化。1—2 王朝时期的供桌是圆形的中间有个石柱支撑，与死者尸体一起放置在墓室里，这种形状的供桌常见于浮雕和壁画上，是现实中最常用的供桌。3—4 王朝时期，祭祀活动更为正式，有了专门的地上建筑作为祭祀地点，此时供桌也摆放在地上建筑中，在假门或者墓碑的前方。这个时期，圆形供桌还在使用，但增加了两个方形的石槽，盛放葡萄酒或者啤酒，也许是象征着死者在来世将要经过的水域。于是，一种长方形的供桌出现了，上面刻有两个圆形凹槽代表早期的供桌，两个方形凹槽代表后来增加的酒槽。5 王朝之后，供桌的标准样式是古埃及文中 htp（意思是供品）一词的形状，即立在芦苇席上的面包。③

二　古埃及贵族身份的表达

古埃及贵族的身份表达既有社会地位和价值观的内涵，也是来世观念的重要体现。古埃及人出于对永恒生命的渴望，产生了将自我纪念碑化的想象和实践，这是他们艺术表达的动力。

① John H. Taylor, *Death and the Afterlife in Ancient Egypt*, The University of Chicago Press, Chicago, 2001, pp. 155 - 162.

② John H. Taylor, *Death and the Afterlife in Ancient Egypt*, The University of Chicago Press, Chicago, 2001, pp. 155 - 162.

③ John H. Taylor, *Death and the Afterlife in Ancient Egypt*, The University of Chicago Press, Chicago, 2001, pp. 155 - 162.

约翰·贝恩斯提出“礼法”（decorum）的概念，指古埃及高级文化表达方式的使用中反映出来的社会等级制，如墓葬、纪念物等中使用图像和空间的禁制，信仰的表达受限于礼法的规定。墓碑的使用清晰地反映出礼法从古王国时期到希腊罗马时期逐渐松动的过程。

古王国时期是中央集权最为巩固的时期，效忠王室是最高的行为标准。个人自传中为国王效忠和国王的奖赏是最主要的话题，是每个人一生业绩的辉煌之处。几乎每篇自传中都有跟随国王南征北战的详细记载、完成国王委托的行政事务的条条目目，以及国王褒奖的夸张描述。在5王朝以前，古埃及人的来世观是以国王为中心的，只有国王及其周围的人死后才能进入永恒世界，他们的灵魂升上天空，与不朽的神灵结合在一起。臣民获得来世必须依靠对神王的追随，因此将自己的坟墓选在王陵附近是最大的幸事。

古王国时期墓碑的内容虽然描写墓主人的生平，但并不是现代意义上的自传，它们不按照年代顺序全面描述，只是选择与国王的肯定和奖赏相关联的事件，哪怕只是很小的事件。如与国王一起宴饮、国王的对谈、国王的奖赏，等等。5王朝国王萨胡拉（Sahure）的金字塔祭庙和河谷神庙之间的通道上，有描绘远征蓬特（今天的索马里）的浮雕，其中有远征归来后的庆祝宴会的场景（图2－3－1），上面出现高官、王家雕刻师等人物形象，每个人的名字和头像都写在其前上方，其中四个人的榜题文字是：“在国王和工匠总管的面前进餐、饮酒。”其中一个叫作伊尼（Iny）的大臣在自己的墓志中用很大的篇幅提到了这次宴会（图2－3－2），而他的下属胡伊（Khui）也在自己的墓中提及跟随伊尼参加远征队，他的职务是招待宴会的总管，墓室浮雕的画面是宰杀牛、准备宴会的过程。在这些墓碑及自传反映的关系网络中，可以清楚看到以国王为中心的社会等级制度。①

① John Baines, From Living a Life to Creating a Memorial, in Julie Stauder-Porchet, Elizabeth Frood, eds, *Ancient Egyptian Biographies Contexts, Forms, Functions*, Lockwood Press, Atlanta, 2020, pp. 54－56.

图 2-3-1　萨胡拉金字塔通道上的浮雕

图 2-3-2　伊尼墓室浮雕

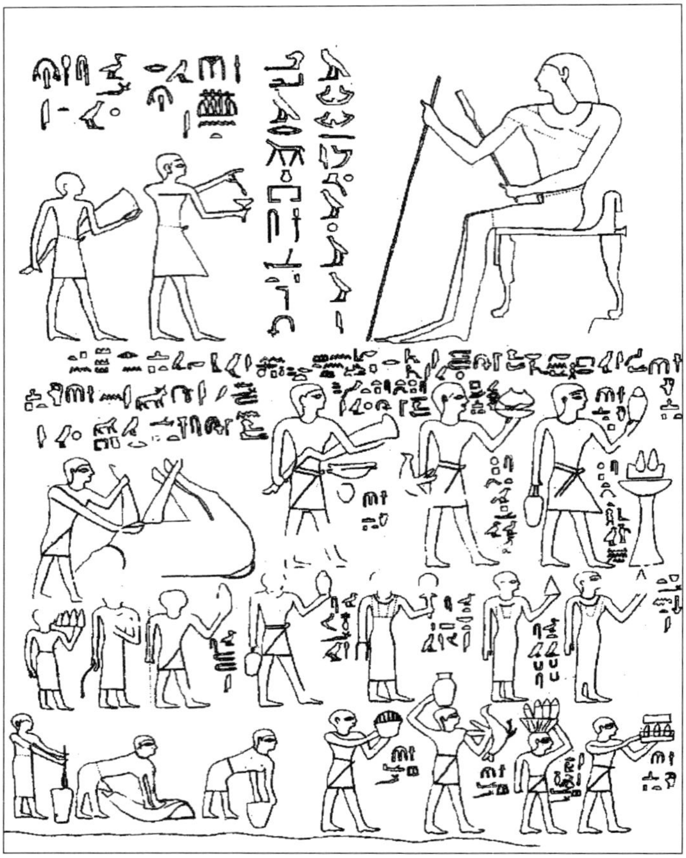

图 2－3－3　胡伊墓室浮雕

正因为如此，自传中也逐渐形成了一系列的套语，在不同人的墓碑中重复出现，如前文提到的供奉套语、向生者恳请套语等，也有表现墓主人品德优秀的套语：

> 我由我的城市来此，
> 我由我的家乡前来，
> 我建了一栋房屋，并起它的门户，
> 我掘了一个池塘，种了无花果树。

国王赞赏我，
父亲给我遗产，
我是个有价值的人，
为父亲所爱。
我给饥饿者面包，
给赤裸者衣裳，
渡无舟者过河。①

在古王国时期的自传表达的价值观是遵循社会等级秩序的行为规范，乐观、自信、主动、进取、成功的理想人格和追求功名利禄的强烈愿望。这些思想在这个时期的教喻文学中也有充分的表述。教喻是以父亲对儿子训诫的方式阐述做人准则和处事方法，反映的是古埃及社会理想的伦理观念。除了遵守社会等级秩序之外，一般社会的一些基本道德标准在这个时期已经形成，如自制、谦虚、仁慈、慷慨、诚实、公正，等等。此外，与后期的教喻文学相比，古王国时期的教喻文学有两个重要特征，一是贵族性，即以古代圣贤训诫后代的形式出现，如《王子哈杰代夫的教喻》（*The Instruction of Prince Hardjedef*）和《普塔荷太普的教喻》（*The Instruction of Ptahhotep*）是以 4 王朝王子哈杰代夫和 5 王朝宰相普塔荷太普之口叙述的，而《对卡杰姆尼的教喻》（*The Instruction Addressed to Kagemni*）也是一个圣贤（名字佚失）对宰相卡杰姆尼的训诫。二是以乐观和进取为理想的人格。《普塔荷太普的教喻》中有这样一段话："若你居于领导地位，能够号令民众，你应该力求完美，直到所行没有任何缺失。玛特为大，正义长存，自古以来从未受到干扰。不守法的人将会受到惩罚，（虽然）不轨的行为在那贪婪者的企图中，而无耻之徒

① M. Lichtheim, *Ancient Egyptian literature*, Los Angles: University of California Press, 1980, pp. 15–27.

也想盗窃财富，然而不合道义的行为终不能得逞。……当末日来临的时候，公理就会得到伸张。”①

下面是《哈胡夫自传》的片段：

哈胡夫（Harkhuf）正带着一名会跳舞的侏儒（俾格米人）返回王宫，这名侏儒是他献给小国王培比二世（Pepi II）的礼物……国王的个人印章，第二年，泛滥季的第三个月，第15日。给唯一的同伴、诵经祭司、沙漠巡逻兵之首哈胡夫的敕令。你呈送至寡人宫中的书信所提之事，即你已携军队自雅姆（Iyam）安全回师一事，寡人业已知悉。你在信中奏报，你已带来所有极好和漂亮的礼物，这些礼物是哈托尔，努比亚的女主人，赐予寡人永生的王位名之巴的。你在信中奏报，你从地平线居民之国带回一个极好的侏儒舞者，就像掌玺大臣巴维杰德（Bawerdjed）在伊塞斯（Isesi）王时代从蓬特带回的一样；你还说，过去从没有人从雅姆带回过像他这样的人。

你知道如何去做你的君主喜爱做的和所称颂的，你日夜筹划去实现你的君主所喜爱做的、称颂的和命令的。你的陛下将赐予你无比丰厚的奖赏，永远泽荫你的后人。这样，当民众听闻陛下我为你做的事时，就会说，“还有什么事可以和哈胡夫从雅姆回师时所得到的赏赐相比吗?”

“立即向北回师面君！忘掉所有的事——迅速将你所得的那侏儒带回来，要让他活着，快乐、健康地跳舞，以取悦这心，让永生国王之心欢愉！当他和你一起下船时，令亲信在踏板上护卫在他周围，以防他失足落水！当他夜晚入睡时，令亲信躺在他的吊床周围。每晚探查十次！你的君王渴望见到这个侏儒

① M. Lichtheim, *Ancient Egyptian literature*, Los Angles: University of California Press, 1980, pp. 58–82.

胜于渴望见到其他所有西奈和蓬特的珍宝！如果你带着那侏儒来到王宫，他活着，快乐而且健康，你的陛下对你的赏赐将甚于伊塞斯时代他对掌玺大臣巴维杰德的赏赐，因为你的陛下是如此希望见到那个侏儒。命令已发往新城的首领们和祭司长，以便于在他们每人所管辖的补给之处和神庙提供所需。没有人可以例外。”①

6 王朝温尼墓志铭自传的片段：

尊贵的长官，上埃及总督，宫廷总管，内恒城监督，内赫布镇长，侍卫长，在奥赛里斯人前崇敬的温尼，他说：

［我幼年时］在特悌陛下之前受教育，当我的官职是谷仓管理时，被任命为王室雇佣监督。当我是培比陛下之前的衣饰官时，王上任我为侍卫以及他的金字塔城的祭司监督。当我的职位是［……］时，王上任命我为内恒城的法官。他对我比任何他的臣子都满意。只有我和大法官及宰相一同听取所有的机要事宜。我以王上任事于宫中和六厅，因为王上对我比任何他的官员、贵胄或仆臣都满意。

当我请求王上赐我一套用土拉白石做的石棺时，王上命财政官率领一对水手去土拉为我搬运这套石材。他将它用宫中的大船运来，包括盖板，一座门框、门楣、两根门柱，以及一座祭坛。这是从不曾给任何臣子的，因为我在王上心中很杰出，因为我在王上心中很可爱，因为我令王上心满意足。……

当调查王妃乌尔特标特丝的案件在秘密进行时，王上召我独自一人前去调查，没有大法官、宰相或任何官员在场，只有我自己，因为我的能干可信，又能满足王上的心意。我独自把调查结

① 蒲慕州：《尼罗河的文采》，台北远流出版社1993年版，第46—47页。

果写下，旁边只有一个内恒城法官。而当时我的职位只是一个王室雇佣监督。从来没有如我这样身份的人能够听到后宫的秘密，但王上让我听到，因为我在他心中比任何其他的官员、贵族、仆臣都能干。

当王上攻击叙利亚地方的游牧部落之时，他召集了数以万计的部队，整个上埃及南从象牙城地，北至麦登尼，下埃及从三角洲到塞吉尔及肯塞吉鲁，以及伊尔切特、梅加、雅姆、瓦瓦特、卡乌等地努比亚部落，加上帖灭合地方。

王上遣我率领这支军队，其中有大臣、王室财政官、侍卫长、上下埃及的首领和镇长、侍卫、雇佣兵领队、上下埃及的大祭司、来自上下埃及各城镇的将领，以及那外邦的努比亚人。我号令司令，虽则我的职位只是王室雇佣监督。但由我的品德，没有人和他的同伴相争，没有一个人抢劫路人的粮食和鞋履，没有一个人从任何市镇抢夺食物，没有一个人从任何人手中夺取牲口。……

这支军队平安归来，它摧毁了游牧部族的土地；这支军队平安归来，它瓦解了他们的堡垒；这支军队平安归来，它砍下了他们的果树和葡萄；这支军队平安归来，它抛掷火焰于他们所有的[房屋上]；这支军队平安归来，它屠杀了数万士兵；这支军队平安归来，它虏获无数的俘虏。

王上无比地赞赏我，王上遣我率领这支军队五次出征，以镇压游牧部族的反叛。我的作为使王上无比地赞赏我。……

王上又命我在南方开凿五条运河，建造三艘货船，四艘平底船，用的是瓦瓦特出产的橡木。伊尔切特、瓦瓦特、雅姆、梅加等地的黑人酋长都搬运木材。我在一年之内完成了整个任务。①

---

① 蒲慕州：《尼罗河的文采》，台北远流出版社 1993 年版，第 43—44 页。

第一中间期和中王国时期的法老们是从地方首领跃居王位的，因此这段时期王权开始有了更多的世俗性。首先是源于民间的文学体裁开始为王室所用——在埃及历史上法老们第一次开始以叙述体形式记载自己的文治武功；教喻文学也以遗嘱的形式出现于王室作品中，这就是著名的《对马里卡拉王的教喻》。其次是民间文学中的个性化倾向也在王室文学中有所流露。因为这个时期的法老一直面临着地方势力的威胁，个人的领导能力与王位的稳固密切相关，这就促使他们更加积极地实践富国强民的种种措施，如组织大规模的垦荒和采矿、完善官僚机构、加强军队实力、扩大对外贸易，等等。其中以塞索斯特里斯三世在位时成效最大，他进行了行政改革，将全国分为四个区，每个区的长官直属中央；并进行军队机构的改革，使埃及初次具备较为强大完备的军队。王权在实践中走向成熟，忧患意识也随之出现。在《阿门涅姆赫特一世对他的儿子塞索斯特里斯一世的教喻》（*The Instruction of King AmenemhetI for His Son Sesostris I*）中，我们听到一个过世国王满怀沧桑的感慨："我救济乞丐，抚育孤儿，我使贫穷者和富有者都获得成功；然而我所抚养的人起来反对我，我所信赖的人利用我的信任来谋反。那些穿着我给的华美衣服的人却心存非分，用着我赐予的没药的人竟暗怀不尊。你是我尚活着的同类，我在人间的伙伴，向我致以空前的哀悼吧，有谁见过如此惨烈的斗争。"这位被谋杀的国王告诫他的儿子："小心那些身份低下的臣子，他们的阴谋不为人知。不要信任一个兄弟，不要认识一个朋友，不要结交知己，因为那是没用的。当你躺下时，要自己多加小心，因为人在危险的日子里是没有跟随者的。"①这里我们看到的是一个充满忧患意识的统治者，而不是披着神性外衣的法老。在同时期的王室雕像中也首次出现表现法老个性的作品，打破

① M. Lichtheim, *Ancient Egyptian literature*, Los Angles: University of California Press, 1980, pp. 97 – 112.

了过去那种完美、刻板、威严的模式。最典型的是塞索斯特里斯三世的头像，表现的是一个年迈的、忧虑的君王，深陷的双眼、消瘦的面孔和嘴边两道深深的皱纹，使人看到一个成功的君主内心的沉重负担。

第一中间期社会的分裂和秩序的混乱给埃及人留下了难忘的印象，促使他们对社会和人生进行深刻的反省。传统的社会价值受到怀疑：法老并非永远神圣和高高在上的，神定的秩序也会受到破坏。"社会现象文学"虽然是强调王权必胜的，却也充满对礼崩乐坏的余悸；而《阿门涅姆赫特教喻》对国王被谋杀的描写，更是史无前例，是对神性王权的绝大讽刺。与此并行的是个人主义思潮的发展：自传体作品中充溢着自我夸张的情绪，一些人也不再相信道德的力量。《绝望者和他的灵魂的对话》中有这样一段话："今天我能向谁诉说？兄弟险恶，朋友不再友爱。今天我能向谁诉说？人心贪婪，人人都从邻家抢夺财物。今天我能向谁诉说？仁爱泯灭，傲慢侵袭每个人。"传统的社会秩序崩溃，甚至来世也不再可靠："如果你想到埋葬，那是令人心碎的事，是悲哀的泪水；那时你要被人从家中拖出抛到山上去。你再也不能起来看日出。那些用花岗石做建筑材料的人，那些在华美的墓中修建大厅的人——他们死后祭坛却一片荒凉，命运同那些因没有坟墓而弃尸河岸的人一样。……"①

与此同时，人们主张通过对个人道德的完善来恢复和维持社会的有序。与古王国时期那种纯朴的乐观主义相比，这个时期玛特的道德观开始反映一种更为主动的社会意识。这在《善辩的农夫》中有明确的体现。故事讲述了一个农夫被人无理抢劫后，请求财政大臣为他伸张正义的过程。引起我们注意的是故事强调了这样一种思想：玛特是正义的化身，她体现着人间的公道，但玛特并不是自动出现的，她必

① M. Lichtheim, *Ancient Egyptian literature*, Los Angles: University of California Press, 1980, pp. 165 - 167.

须通过人的行为来实现："讲正义之言，行正义之事，因为正义神秘伟大，必将永远流传。""为了正义的利益行正义之事，那么你的正义才会永存。"① 这种思想在《对马里卡拉王的教喻》中也有详细的表述："在神面前做到公正，那么即使你不在场，人们也会说你战胜了邪恶。良好的本性是一个人的天堂，暴怒的咒骂是痛苦之源。""不要行恶，慈善为好，你的爱心会使你流芳百世。增加人口，繁荣城市，神会赞美你的赠奉。人们会赞美你的仁爱，并为你的健康祈祷。""用你美的品质感召人民，觊觎邻人土地的人是险恶的，妄想别人财富的人是愚蠢的。世间生活转瞬即逝，那些为人们所怀念的人才是幸福的。""拥有出众的属下的人是出众的，拥有得力大臣的国王是强有力的，臣属富有的人才是真正富有的人。即使在自己家中也讲真话的人，他的官员才尊重他。""做正直之人，行正义之事，因为这是人类灵魂之依托。这样你就无愧于西方永久之地，就会获得稳固的栖身之所。"②

中王国时期的来世信仰出现了大众化的趋势。经过了中间期的动荡和分裂后，孟菲斯传统为中心的高级文化的中断，使得古王国时期严格的礼法开始松弛，原来王室专用的"金字塔铭文"，逐渐演化成一种更加大众化的"石棺铭文"，也就是说，普通人也可以把超度亡灵的咒语刻在棺椁上，作为通过冥界审判的指引。人们对来世的期望不再寄托在国王身上，而是冥神奥赛里斯。从此通往来世的大门向所有普通人打开。

中王国时期奥赛里斯崇拜的普及使得贵族墓碑的功能和内涵都发生了变化。一方面，中王国时期的国王希望通过与古老的奥赛里斯信仰建立联系来为自己的合法性正名，另一方面，普通民众也在冥神奥赛里斯那里找到了更具体、更确定的寄托。有学者认为，当时的埃及

---

① M. Lichtheim, *Ancient Egyptian literature*, Los Angles: University of California Press, 1980, p. 181.

② M. Lichtheim, *Ancient Egyptian literature*, Los Angles: University of California Press, 1980, pp. 100 – 107.

很可能进行了一场寻找奥赛里斯墓的活动，在阿拜多斯的1王朝国王杰尔的墓被“认定”为奥赛里斯之墓。在修复此墓之后，在墓前建造了奥赛里斯祠堂，其中放置了近乎等身的花岗闪片岩制成的奥赛里斯像。塞索斯特里斯一世（Sesotris I）及几位继任的国王都对这个神庙进行了翻新和扩建，每年泛滥季（Akhet）的最后一个月在阿拜多斯组织奥赛里斯节，吸引来自全国各地的朝圣者前来参与，将阿拜多斯塑造成了埃及的神圣中心。

国王和贵族在阿拜多斯建造“卡”祠堂、竖立纪念碑成为中王国时期的时尚。阿拜多斯北部墓葬区集中了中王国时期的贵族祠堂，虽然建筑遗存很少，但发现了数百个纪念石碑。现存开罗和欧洲各大博物馆。从20世纪70年代开始，辛普森、利希泰姆和欧康纳（David O'Connor）等人对这些石碑的铭文进行了翻译和研究。①

在自传中，最高的荣耀和成就不再是远征路上的历险和功绩，而是能够受到国王的派遣前往阿拜多斯参加奥赛里斯节。塞索斯特里斯三世的金库总管、王室掌印官伊荷诺弗瑞特（Ikhernofret）受到国王的派遣，代表国王来阿拜多斯主持并参与一年一度的奥赛里斯节，在仪式大道旁边建造了祠堂，立在其中的石碑完整记录了奥赛里斯节日的过程。②

石碑开头以国王诏命的口吻讲述派他前往阿拜多斯主持奥赛里斯庆典的缘由③：因为他自幼生活在王宫内，才得到了国王的信任，获

① William Kelly Simpson, *The terrace of the Great God at Abydos: the offering chapels of dynasties* 12 *and* 13, The Peabody Museum of Natural History of Yale University, New Haven, 1974; M. Lichtheim, *Ancient Egyptian Autobiographies, Chiefly of the Middle Kingdom: A Study and an Anthology*, Freiburg, Switzerland / Göttingen, Germany: Universitätsverlag / Vandenhoeck Ruprecht, 1988.

② M. Lichtheim, *Ancient Egyptian Autobiographies, Chiefly of the Middle Kingdom: A Study and an Anthology*, Freiburg, Switzerland / Göttingen, Germany: Universitätsverlag / Vandenhoeck Ruprecht, 1988, pp. 98－99.

③ M. Lichtheim, *Ancient Egyptian Autobiographies, Chiefly of the Middle Kingdom: A Study and an Anthology*, Freiburg, Switzerland / Göttingen, Germany: Universitätsverlag / Vandenhoeck Ruprecht, 1988, pp. 98－99.

得主持奥赛里斯庆典的殊荣；在接下来的叙述中，伊荷诺弗瑞特不仅作为国王的特使筹备了奥赛里斯庆典的一切事务，更作为国王本人的替身主持了奥赛里斯秘仪：

我像“他的爱子”一般侍奉奥赛里斯－肯塔门提，我装饰了（他）永恒不朽的伟大（圣像）；

我以黄金、白银、青金石、铜、ssndm 木、mrw 木制造了神舆——“肯塔门提之美的承载者”，随侍他的诸神也重塑金身，他们的神龛焕然一新；

我使得神庙中的时辰祭司们知晓其职责，知晓每日的祭仪和季初的节庆；

我指导了耐什迈特（neshmet）圣船上的工作；我装饰了船舱；

我以青金石、绿松石、黄金和所有贵重的宝石装饰了阿拜多斯之主的胸膛，以及神的躯体；

我为神穿戴盛装，以我秘密之主的职责，以我圣服祭司的身份；

我装饰神像，双手洁净，我是一名手指干净的祭司；

我率领了威普瓦威特游行，当他前去拯救他的父亲。我击退了袭击耐什迈特圣船的人，我消灭了奥赛里斯的敌人；

我率领了圣船大游行，跟随着神的步伐。我使神之舟起航，图特引领着航行。我为圣船“阿拜多斯之主已升起”修建了船舱并为他缀饰美丽的盛装，如此他便可前往帕卡之地（Peqer）；

我为神清理了通往他位于帕卡的墓穴（*mꜥḥꜥt*）的道路。我在大战那天拯救了温诺弗尔（Wennofer），我在奈地特（Nedyt）①

① Nedyt，位于阿拜多斯附近，神话中奥赛里斯被塞特杀死之处。参见 James. P Allen，*The Ancient Egyptian Pyramid Texts*，Glossary，p. 437。

的岸边击溃了他所有的敌人。

我使他进入伟大之船，它承载着他的美。我使东部沙漠喜悦，我使西部沙漠欢庆，当他们见到华美的耐什迈特圣船停靠在阿拜多斯；

我将阿拜多斯（之主，奥赛里斯－肯塔门提）带回他的宫殿。我跟随这位神祇进入他的宅邸。他已清洁完毕，他的宝座宽敞，我解开……的绳结……（他在）他的追随者和侍从（之间安歇）。①

新王国时期是埃及历史上的大变动时期，埃及既经历了帝国的极盛，也经历了几次重大的集体创伤，如新王国时期之前的喜克索斯人入侵和统治，18 王朝埃赫那吞宗教改革对传统宗教的打击，19 王朝末开始的海上民族骚扰，等等。这些事件都对人们的信仰世界和墓葬习俗产生影响。在中王国时期已经松弛的礼法，在新王国时期更加放宽。随着载体的改变，写在纸草上的墓葬文献《亡灵书》在民间广泛使用。宗教实践方面最突出的变化，是人神的沟通方式，在民间，墓葬图像中开始打破禁制，出现国王和神的形象，特别是底比斯西岸的贵族墓中，神的形象突增，而日常生活的场景逐渐减少。在这些贵族墓室的壁画中，不仅国王和神的形象都出现了，而且还有国王将墓主人夫妇引荐给神的主题。到新王国末期，甚至出现了忏悔类自传。

神庙中有了更多的供民众祈愿的空间，除了圣殿外面的临时供奉场所之外，神庙中还出现了“倾听之屋”，民众可以在它的外面向神祈愿。而逐渐增多的节日庆典中，神像巡游的过程，也是民众向神祈愿、请求神谕的机会。

自中王国时期开始，贵族也可以把自己的雕像放在神庙中，新王国时期这种现象更加普遍，贵族把这种与神接近和沟通的特权作为自我表

① M. Lichtheim, *Ancient Egyptian Autobiographies, Chiefly of the Middle Kingdom: A Study and an Anthology*, Freiburg, Switzerland / Göttingen, Germany: Universitätsverlag / Vandenhoeck Ruprecht, 1988, pp. 98－99.

达的重点。除了国王，很多贵族也成为人神之间沟通的中介，如贵族雕像的铭文甚至表示可以帮助无法进入神庙的民众向神祈愿，前文提到的高官伊荷诺弗瑞特的祠堂中甚至有下属敏荷太普（Minhotep）的献祭石碑，也就是说，敏荷太普把伊荷诺弗瑞特当作神来祭拜祈愿。像国王一样，贵族也向神庙捐赠财产来还愿。

民间信仰在新王国时期得到了极大的发展。民众更愿意通过地位较低的地方神灵、当地贵族或者亲属亡灵（akh iqr），来表达自己的祈愿。学者们将这种前所未有的宗教形态称为“个人虔敬”（personal piety）。[①] 其中，对家族中的 akh iqr 的崇拜，也就是祖先崇拜，在新王国时期，尤其是拉美西斯时代（Ramesside Period）成为“个人信仰”最典型的例子。祖先崇拜的材料集中发现于麦迪纳工匠村。它坐落于底比斯西岸的国王谷和王后谷附近，兴建于 18 王朝早期（公元前 1600 年左右），21 王朝弃置，是为法老修建陵墓的工匠集中生活的地方，前后存在了大约 400 年。

麦迪纳工匠村出土了 47 块特殊的石碑，叫作 Akh iqr n Re 石碑，因为其铭文中都将石碑的受祭者称为 akh iqr NN 或者 akh iqr n Re NN，而献祭者多数为死者的儿子或者兄弟。这种石碑的形制与新王国时期盛行的还愿碑相似，多由石灰石制成，高度在 10 厘米到 25 厘米之间，多为尖顶或圆顶。石碑上的献祭场景都是程式化的图案：顶部饰有太阳船、神龛、申环、水纹、荷鲁斯之眼（Wadjet）等宗教符号。石碑主体部分的图案是死者接受供奉：受祭者或跪、或坐、或立，手中常握有荷花、布条或象征生命的符号，或伸向祭桌上的供品。石碑上还有简单的祷文。绝大多数石碑都是拉美西斯时代制作的。[②] 马斯伯乐（G. Maspero）、布吕耶尔都对这类石碑进行过专门的讨论。德马赫的

① Jan Assmann, *The Mind of Egypt: History and Meaning in the Time of the Pharaohs*, Translated by Andrew Jenkins, Harvard University Press, London, 2003, p. 229.

② Alan R. Schulman, “Some Observations on the akh iqr n Re-Stelae”, *Bibliotheca Orientalis* 43 (3/4, 1986), pp. 302 – 348.

专著 *The akh iqr n Re Stelae: On Ancestor Worship in Egypt* 是最完整的整理和研究。①

这类石碑有很多共同特点：都以来世、天庭和太阳船为主题，绝大多数死者手持象征复活的莲花。大多数石碑的主体图案是死者接受献祭。仅有一位受祭者的石碑有 22 块；一位受祭者和一位献祭者的有 10 块；一位受祭者与两位以上献祭者的有 5 块。有 9 块石碑上描绘了两位受祭者。另一种主体图案是死者向神灵或者死去的王室成员献祭。受祭者祭拜王室人物的有 3 块，受祭者崇拜神灵的只有 2 块。值得注意的是，它的献祭对象主要是两代以内的去世亲属，包括父亲、母亲、丈夫、妻子等。②

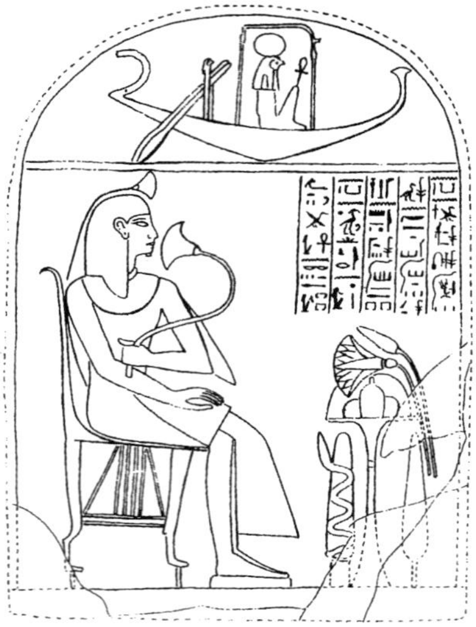

图 2-3-4　工匠村石碑，A2，开罗博物馆 25452

图 2-3-5　工匠村石碑，A11，开罗博物馆 34171

① R. J. Demarée, *The akh iqr n Re-Stelae on Ancestor Worship in Ancient Egypt*, Nederlands Instituut Voor Het Nabije Oosten, Leiden, 1983.

② R. J. Demarée, *The akh iqr n Re-Stelae on Ancestor Worship in Ancient Egypt*, Nederlands Instituut Voor Het Nabije Oosten, Leiden, pp. 175-177.

新王国时期的传统道德内容也出现微妙的变化，个性化和自我意识增强，教喻文学表现的是人内在的满足和反省，理想人格是自制、安详、安贫、谦卑。这个时期作为“社会道德准则”的教喻文学作品由贵族阶层扩散到社会中层，增添了更多实利、朴素的处世经验；同时一改以往教喻中父亲谆谆教诲、儿子洗耳恭听的模式，出现训诫者与被教者（即父亲和儿子）之间争论的例子，儿子对父亲的教诲表示不能理解也难以遵守，也就是说，教喻未必真的能教喻他人，其思想观点也会受到怀疑并引发争论；而教喻者也不再是无所不能的。如《安尼的教喻》（*The Instruction of Any*）中，安尼之子对安尼说：“每个人都受其本性的驱使……不要讲太多的道德说教，否则人们会提出质疑。”“不要利用你的权威迫使我接受你的思想；你所说的一切都很好，但那需要具备美德才能做到……”①

这个时期教喻中的理想人格具有更强的自制力：“勿与好辩之人起纷争，不要以话语刺他，在对手前稍停，在敌人前弯腰，在说话前先睡足，一个暴躁的人发作时，就如烈火烧干草所引起的风暴，离开他，让他去，神明知道如何回答他。”理想的人也更加谦卑：“不可坐在啤酒屋中结交那比你重要的人，不论他是一个因官位而显贵的年轻人，或者是一个因出身而得尊荣的老年人。与一个和你地位相当的人为友，拉会在远方相助。如果你在户外见到一个地位比你高的人，谨慎地走在他的后边。扶持一个醉酒的长者，如他的子女般尊敬他。伸手打招呼不会让手受伤，鞠躬不会使背折断，说话甜蜜者不会失败，言语粗鲁者不能得胜。”与《普塔荷太普的教谕》中追求成功与财富的人生目标相比，这个时期的理想人更加安贫守分：“不要贪求财富，没有人能忽视命和运。不要胡思乱想，每个人都有他的时机。不要竭力求取余财，应满足于你以及拥有的，若你的财富是偷来的，它不会同你过夜……不要因偷来的

① M. Lichtheim, *Ancient Egyptian literature*, Los Angles: University of California Press, 1980, pp. 144 - 145.

财富而欢喜，也不要抱怨贫穷，……贪婪者的船陷在泥淖中，沉默者的船乘风而航。”①

21 王朝后，女性在墓葬文化中有了更为突出而独立的地位，她们有了自己的墓碑和自传，而不是像之前那样作为丈夫的陪伴出现在墓碑和墓室壁画上。学者们对这个现象有不同的解释，主流的观点认为这与墓葬形制和仪式空间的演变有关。这个时期陵墓的地上建筑非常小，通常是泥砖建造的小祠堂，而且独立墓葬越来越少，合葬墓越来越多，最后发展成规模很大的公墓。墓地中的仪式空间非常有限。国王和地位显赫的贵族开始把墓地选在神庙区域内，解决了葬仪和供奉仪式的空间问题。越来越多的贵族把雕像放入神庙中，部分仪式也由神庙承担。而其他的墓则使用一种木制的墓碑，在葬仪中使用后与棺椁一起埋入墓室中。女性独立墓碑就出现在这类木碑中。最早的是 21 王朝，在公元前 1 千纪中一直沿用，多数是南部埃及的。②

21、22 王朝，墓碑上的构图都是墓主人面对一个神，人在右，神在左，中间是一个供奉桌，通常由莲花，朝向神的一边。铭文是非常简单的供奉套语。25、26 王朝开始，神祇的数量增加，铭文也更长，甚至还有赞美诗。还有的墓碑上的画面是对称的，站在中间的神背对背，分别朝向两侧敬神的死者。

木制墓碑的一大特点是颜色极其鲜艳，女性的肤色很白，浓妆艳抹，很像在葬礼表演的装扮。而木碑上都有沙漠和墓地的景观作为背景，更印证了画面的表演性。

与墓碑情况类似的是，21 王朝开始，女性墓葬中也有自己专用的墓葬文献。史蒂文斯（Marissa Ashley Stevens）统计的 500 多份 21 王朝墓葬文献中，近半数是女性的，内容包括《亡灵书》《密室之书》

---

① M. Lichtheim, *Ancient Egyptian literature*, Los Angles: University of California Press, 1980, p. 150, pp. 152 – 153, pp. 160 – 161.

② John Baines, From Living a Life to Creating a Memorial, in Julie Stauder-Porchet, Elizabeth Frood, eds, *Ancient Egyptian Biographies Contexts*, *Forms*, *Functions*, Lockwood Press, Atlanta, 2020, pp. 66 – 73.

《地之书》《门之书》《拉神连祷》，等等。①

在民间，与家庭信仰相关的贝斯神（Bes）、塔维瑞特神（Taw-aret）、伊西斯、孩童荷鲁斯等格外受欢迎，魔法、动物崇拜也更加盛行。

女性在墓葬文化中的突出地位，家庭信仰的发展，与王权衰落、礼法松弛有密切的关系，也与利比亚文化的影响有关。同时，埃及墓葬文化经过几千年的发展，逐渐进入经典化的阶段，从现实生活的复制到死后世界的想象及符号化的表达，这个过程既体现在墓葬文学载体的变化上——从《金字塔铭文》到《棺文》到纸草上的《亡灵书》，也反映在死后永久居所的打造上，第三中间期开始，墓室装饰越来越少，密集装饰的棺椁成为浓缩的神圣空间，随葬的《亡灵书》等纸草文本也更多。

作为社会精英的贵族阶层，总能以自己所处时代的最佳方式，表达自己实现永恒来世的特权，不管是在金字塔旁边造墓，还是在圣地阿拜多斯立碑，抑或在神庙中放置自己的雕像，当越来越多的民众享受来世民主化的时候，国王与贵族不断更新着高级文化的符号来开启新的自我主题，完成新的自我纪念碑。

① Marissa Ashley Stevens, *Shaping Identities in the Context of Crisis: The Social Self Reflected in 21st Dynasty Funerary Papyri*, PhD dissertation, University of California, Los Angeles, 2018, pp. 47 – 52.

第四章

墓葬文学的产生与演变

古埃及人的来世信仰有三种表述形式，一为世界上最早的墓葬文学，自公元前2500年的金字塔时代，古埃及人就有了来世信仰的经典表述——《金字塔铭文》，到中王国时期发展为《石棺铭文》，至新王国时期则有大众版的《亡灵书》和王室专用的《密室之书》的分流；二为上述内容的建筑、图像表达，即神庙、墓室的浮雕、铭文、绘画。三为围绕这些主题的宗教仪式、节日庆典。其中仪式与庆典是解读这些资料的关键。考古资料不能直接反映人类的历史，古代物质遗存是精神生活的产物。古埃及人称他们的墓是“永久的居所”，称神庙是“神的居所”。他们在日常生活之中，以恢宏华丽的仪式庆典将二者转换成神圣时空，把平淡的日子照亮，把远古的共同回忆唤醒，从劳苦中得到解脱和修养，在舞乐中确认群体的认同。

一　从《金字塔铭文》到《亡灵书》

《金字塔铭文》是古埃及最古老的宗教文献，它出现于古王国后期，由国王金字塔墓室及墓道墙壁上的一系列仪式性、魔法性咒语组成。古埃及语中，《金字塔铭文》的名字为 sAxw，意为阿赫（Ax）的制造者，即《金字塔铭文》能够帮助死去的国王变成阿赫（Ax），而阿赫（Ax）意为“摆脱肉体的限制，在来世世界和众神在一起，永远活着的完美灵魂”①。1880 年，伽斯顿·马斯伯乐（Gaston Maspero）最早在国王乌纳斯的金字塔内发现《金字塔铭文》，此后，考古发掘发现越来越多的《金字塔铭文》。目前的《金字塔铭文》主要由埃及萨卡拉地区的十个国王和王后的《金字塔铭文》组成，他们分别为乌纳斯（Unis，5 王朝国王）、特悌（Teti，6 王朝国王）、珀辟一世（Pepi I，6 王朝国王）、安凯苏珀辟二世（Ankhesepepi II，珀辟一世的妻子）、麦然拉（Merenre，6 王朝国王）、珀辟二世（Pepi II，6 王朝国王）、奈斯（Neith，珀辟二世的妻子）、伊普特二世（Iput II，珀辟二世的妻子）、瓦杰班特尼（Wedjebetni，珀辟二世的妻子）以及伊比（Ibi，8 王朝国王）。

中王国时期，《金字塔铭文》被刻写在非皇室的墓室、棺椁、石碑等载体上，并发展出新的内容，出现《木棺铭文》；新王国时期，《金字塔铭文》又加入了“开口仪式”、《亡灵书》等新的文本，这些丧葬文献一直使用至古埃及文明结束。②《金字塔铭文》内容一般由三部分组成：清洁仪式、奉献仪式和复活仪式，还有一部分是用于保护死者抵抗邪恶力量以及防止尸体和墓室遭到破坏的咒语。《金字塔铭文》刻写在墓葬墙壁上，由死者的儿子扮演祭司在王室葬礼上，以特定的顺序从一面墙到另一面墙诵读，向死者陈述仪式内容以确保王室丧葬仪式的持续性和有效性。③

最早系统整理和出版这些铭文的是德国学者赛德（Kurt Sethe），他发表的《金字塔铭文》共包括 714 条咒语；加上此后的发现，目前

① J. P. Allen, *The Ancient Egyptian Pyramid Texts*, Society of Biblical Literature, Atlanta, 2005, p. 7.
② J. P. Allen, *The Ancient Egyptian Pyramid Texts*, Society of Biblical Literature, Atlanta, 2005, p. 1.
③ J. P. Allen, *The Ancient Egyptian Pyramid Texts*, Society of Biblical Literature, Atlanta, 2005, p. 5.

已经出版的共有759条。赛德以及他之前的马斯伯乐（Maspero）在给咒语确定编号的时候，以金字塔内放置石棺的墓室中的铭文作为起点，而以最外面的通道上的铭文作为结束点。一些学者认为相反的编号顺序才是正确的，也就是从通道开始至石棺墓室结束。目前这还是一个有争议的问题，一般还是采用赛德的咒语排序方法。① 随后，英国埃及学者福克尔纳②和美国埃及学者艾伦③的整理工作不断扩展和丰富《金字塔铭文》的内容，并对其进行细致的排序和编号。

《金字塔铭文》的主要内容是保佑死去国王的复苏和升天。他获得永生的主要阶段是：给国王各种洁净仪式和供奉，供奉清单；给国王各种保护，避开危险有害的力量；在墓中从死亡的沉睡中苏醒，身体复原，摆脱木乃伊身上亚麻绷带的束缚；上升到天国；为不朽的神灵群体接受。这类铭文最初是在国王葬仪上由祭司诵读的，“诵读的话”这个句子反复出现。

在《金字塔铭文》中，经典的供奉仪式、开口典礼、雕像仪式等都出现了。供品包括油、香、布、珠宝及国王的特别佩饰如王冠等。

> 你的儿子荷鲁斯将从其对手手中解救珀辟（去世国王），你将戴上王冠，成为众神之一，头戴西方之主的王冠，成为奥赛里斯神，他成为阿赫，天空中永恒的星。你的儿子将承袭你的王位，扮演着你生前在人间的角色，应伟大太阳神的旨意代替你统治人间。他（荷鲁斯）将耕作大麦，二粒小麦，并将它们奉献给你。珀辟！太阳神将赐予你力量，你将重获新生，成为伟大众神中的一员。珀辟！你的巴灵魂将成为阿赫，你的威严将震撼众神的心灵。你在人间的身份仍将存在，你在人间的身份仍将持续。

---

① K. Sethe, *Die Altaegyptischen Pyramidentexte*, J. C. Hinrichs'sche Buchhandlung, Leipzig, 1908 – 1922.

② R. O. Faulkner, *The Ancient Egyptian Pyramid Texts*, Oxford University Press, London, 1969.

③ J. P. Allen, *The Ancient Egyptian Pyramid Texts*, Society of Biblical Literature, Atlanta, 2005.

你将不陨灭，你将不会消失，永恒地活在人间和天空……你母亲努特将你变成神。①

另一类主题是保护死者不受危险势力的攻击，如“砸碎红色陶罐”的仪式（第 244 节）象征着镇压敌人；驱逐蛇和蝎子等的咒语（第 227 节）。

帮助国王在来世自由行动的内容也占了大量的篇幅。《金字塔铭文》对来世的描绘不是非常明晰，但已经出现了芦苇之地、供奉之地、豺狼之湖、蜿蜒的水路等描述。在天空行走的是水路，神祇和国王都要依靠船和摆渡人。杜阿特的概念雏形也出现了，描述天界的各个区域，这是个未知的令人不安的世界，“食人者赞美诗”反映了国王到达天界时的暴力方式（第 273—274 节）。太阳神在那里则是被困住的状态，只有日出的时候才能解脱出来（第 254 节）。

《金字塔铭文》的核心主题是帮助死去的国王升天，为众神所接纳。其中帮助国王升天的手段有通向天空的梯子、斜坡、阳光、风暴、云、熏香，甚至鸟、蜣螂等动物。空气神是重要的助手。此外就是关于来世的各种知识，如将要遇到的危险，与关卡守卫者及摆渡人如何对话等通关密语。

天空之路已为您（奥赛里斯）开辟，一条道路供您离开冥府，去往猎户座所在之处的道路已经开辟……

猎户座会向他（奥赛里斯）伸出手臂，天狼星会握住他的手臂……②

你应该抓住永不陨落众星的手臂，你的骨骼将不会消失，你

① J. P. Allen, *The Ancient Egyptian Pyramid Texts*, Society of Biblical Literature, Atlanta, 2005, p. 101.

② J. P. Allen, *The Ancient Egyptian Pyramid Texts*, Society of Biblical Literature, Atlanta, 2005, p. 121, p. 186.

的肉体将不会破坏，奥，国王，你身体的各个部分将不会远离你，因为你是众神的一员……①

此外，国王反复化身为神，并得到神的帮助，以进入宇宙循环的方式战胜死亡。如化身为创世神阿图姆，进行很多创世活动。又如国王希望登上太阳神的圣船（第 407、469 节），取代太阳神坐在圣船中（第 267 节）："拉神啊，这样乌纳斯就可以坐到你的位置上，划过天空。"

阿图姆，奥赛里斯是你的儿子，你已使他复活并生活。舒，奥赛里斯是你的儿子，你已使他复活并生活。泰夫努特，奥赛里斯是你的儿子，你已使他复活并生活。盖伯，奥赛里斯是你的儿子，你已使他复活并生活。努特，奥赛里斯是你的儿子，你已使他复活并生活。伊西斯，奥赛里斯是你的儿子，你已使他复活并生活。奈夫泰丝，奥赛里斯是你的儿子，你已使他复活并生活。②

奥，我是图特！给国王（奥赛里斯）祭品：我给你（奥赛里斯）面包和啤酒，他们已经来到大厅，荷鲁斯的面前。图特……带着荷鲁斯眼走向祭坛。奥赛里斯，荷鲁斯给你他的眼睛，请接受它。③ 荷鲁斯为你搜集手臂……图特为你抓住敌人。④

值得注意的是，在《金字塔铭文》中，奥赛里斯神话的主要主题都已经出现了。如国王变身为奥赛里斯（第 219 节），荷鲁斯与伊西

① K. Sethe, *Die Altaegyptischen Pyramidentexte*, J. C. Hinrichs'sche Buchhandlung, Leipzig, 1908 – 1922, pp. 24d – 725c.

② J. P. Allen, *The Ancient Egyptian Pyramid Texts*, Society of Biblical Literature, Atlanta, 2005, pp. 34 – 36.

③ K. Sethe, *Die Altaegyptischen Pyramidentexte*, J. C. Hinrichs'sche Buchhandlung, Leipzig, 1908 – 1922, p. 468, p. 905a – b.

④ K. Sethe, *Die Altaegyptischen Pyramidentexte*, J. C. Hinrichs'sche Buchhandlung, Leipzig, 1908 – 1922, p. 323, p. 519b, p. 526, p. 1247c.

斯、奈弗西斯一起寻找被谋害的奥赛里斯，找到后，他拥抱他、举起他，使他复活（第364、371节），而荷鲁斯在父亲死后诞生的情节出现在第366、593节。奥赛里斯在水中漂流，但没有描绘他被塞特肢解的情节。第477节描绘了两个九神会对谋杀的审判，第672节描绘了荷鲁斯最终获胜，哀悼奥赛里斯。

二 《棺文》

《棺文》从《金字塔铭文》发展而来，从第一中间期开始出现，咒语使用的范围扩大到社会上层的贵族官员，因刻画在棺椁上而得名。在内容上，棺柩铭文直接源于《金字塔铭文》，其中一些咒语更是直接借用。多数《棺文》有“来世地理”的画面，即一条红线分开黑色和蓝色的两个区域，因此埃及学家称之为“两路之书”，它最初的题目是“通往罗塞陶之地的指南”，传说是在图特两翼之下发现的，有一个较长的版本：第1029—1130节和一个较短的版本：第1113—1185节，以及第513、577节。它是古埃及最早的宇宙学文献，是诺姆地方政府组织下当地显贵关于来世的最高知识的汇总。其目的是给死者在来世提供具体而全面的指南，虽然没有新王国时期的墓葬文学那么系统化，但学者们认为它是后世的《杜阿特之书》等的原型。也是在第一中间期后，“在白昼时出现”用来指称这类关于来世的经文，公元前1600年后，它们开始写在木乃伊裹尸布上。[①]

大部分咒语都是在一个地方集中发现的，使用者是中部埃及的地方贵族，有鲜明的地方特色。咒语都是以草体象形文字或者早期僧侣体文字竖行写的，每段咒语的标题都在开头，偶尔也在结尾。死者都是第一

---

① Erik Hornung, *The Ancient Egyptian Books of the Afterlife*, translated from the German by David Lorton, Cornell University Press, Ithaca and London, 1999, pp. 7 - 12.

人称单数的口气。德巴克（Adriaan de Buck）的《棺文》版本有1185条咒语。

《金字塔铭文》的主体部分在《棺文》中延续了下来，二者相同之处如下：

1. 关于死后的物质生活的部分，如为死者提供食物和衣物，不吃排泄物，以及避免头朝下走路。不同之处是供品以图像形式出现，构成棺椁的横幅装饰。第472节是关于为死者在来世劳作的乌夏伯提的咒语。

2. 保护死者、驱逐危险势力如蛇、鸟、阿波皮斯、逃离天网等的咒语。

3. 保护身体及复活的，保护身体各个部位，防止腐烂，保护陵墓，掌控空气、水及“四种风”的能力，保证呼吸，等等。

4. 变形咒语（第268—295节），死者变身为鸟飞升上天，或者变成空气、火焰、谷物、小孩、鳄鱼。这个时期最流行的护身符是圣甲虫，在象形文字中这个符号的意思是“变形”。死者常常会以原始神和创世神的形象出现，创世神和他的子女——空气神舒和太夫努特轮番出现，持续创世的工作。还变形为其他神祇：拉、阿图姆、哈托尔、荷鲁斯、奥赛里斯、伊西斯、努特、舒、瑞瑞特、阿努比斯，等等。

5. 在来世自由行动。打开天门，乘船前往阿拜多斯，知晓圣地的名字，如阿拜多斯、布西里斯等，知道圣地的巴的名字。获准加入太阳神的巡行。等等。

《棺文》与《金字塔铭文》不同之处如下：

1. 《棺文》是有插图的，《两路之书》中有来世的“地图”，“供奉之地”的部分也有很具体的画面。第81、100节中，有加强咒语魔法功效的人物的形象。

2. 《棺文》有新的主题，一个是死者与往生的亲人在来世相聚。另一个新主题是太阳神的敌人——阿波皮斯的出现，它是一个巨大的蛇，拦在路上阻碍太阳神的行程。

3. 在《棺文》中，所有的死者都要经历审判，而不仅仅是塞特。这象征着战胜来世的所有危险。

4. 《棺文》中对来世的想象更为具体，其中的危险更为戏剧化。来世之旅是从东方地平线和日出开始，想象的来世空间是在天空。一路上的障碍有太阳神的火圈、面目狰狞的守门人、挡在路上的黑暗或者火墙。第1080节描绘在来世中心的“罗塞陶”——奥赛里斯的尸体所在，它“在天空的边界，被黑暗和火封闭着”，死者都希望到达那里，因为那些可以看到死去的奥赛里斯的人将不会死（第302e节）。另一个目的地是供奉之地，是丰饶的天堂，但通往那里的路极其艰难。两路之间的火湖是矛盾之处，火既是破坏性的也是再生所需要的。第1100节开始，设定了七道门及其守门人，而在最后一节即第1130节，有三条船，创世主在上面讲述自己的创世过程，预言在百万年后的世界末日，这个创造将结束，到时候只有他和奥赛里斯幸存。

5. 《棺文》中奥赛里斯的主线更为突出，奥赛里斯占据更为显要的位置，死者有时化身为奥赛里斯，有时是帮助他的神，更多的时候死者扮演的是他儿子的角色，冲上去帮助自己的父亲（第312节）。《金字塔铭文》描绘天空中来世的传统还在持续，如阿苏特地区的棺上有旬星、北天群星以及天空女神努特的形象。死者掌握这些知识之后，通过与守门人的对话，证明自己有进入来世的资格。

三　《亡灵书》

由《石棺铭文》发展而来的《亡灵书》出现于新王国时期，此时开始将咒语书写在纸草上，普通人都可以买到，在开头的空白处写上自己的名字即可使用。抄写《亡灵书》的纸草长短不一，其宽度一般在15—45厘米之间。现存最长的《亡灵书》是安尼纸草，约40米长。另外两个较完整和配图精美的《亡灵书》是安赫伊纸草和胡内菲尔纸草，这三份纸草都存于大英博物馆。①

《亡灵书》到26王朝时最后形成标准版本，现代学者们共整理出192节，但现已发现的纸草上都只写了其中的一些片断。大部分的历史时期，约有150节《亡灵书》的内容以不同的组合出现在众多版本上。②

18王朝的《亡灵书》大多用圣书体象形文字书写，从19王朝开始，越来越多的《亡灵书》抄本用僧侣体即草写体书写。《亡灵书》通常配有彩色插图。如《金字塔铭文》和《石棺铭文》一样，每条咒语的长度都不一样，最长的一段是第125节，即关于末日审判的一节。其中的插图表现的是在死神奥赛里斯面前进行的“称心”仪式，死者把心放在天平上，天平的另一端是象征真理和正义的玛奥特女神，如果死者撒谎或者生前做恶太多，天平会倾斜，旁边的豺神就会扑上去把心吃掉。③

《亡灵书》最早是由纳维尔（E. Naville）于1886年整理出版的。比较权威的译本是巴格特（P. Barguet）于1967年出版的 Le livre des mors de anciens Egyptians。④

作为关于来世咒语的最完备的汇编，《亡灵书》为我们提供了了解古埃及人来世观念的详细证据，也是进一步理解他们对太阳神和冥神崇拜的重要依据。

在《亡灵书》中，供奉死者与保护死者依然是两大主题。与帝王谷王室专用的《冥世之书》相比，更加侧重来世中实际层面的帮助和魔法支持，即仪式方面的引导。

---

① Erik Hornung, *The Ancient Egyptian Books of the Afterlife*, translated from the German by David Lorton, Cornell University Press, Ithaca and London, 1999, pp. 13 - 22.

② Erik Hornung, *The Ancient Egyptian Books of the Afterlife*, translated from the German by David Lorton, Cornell University Press, Ithaca and London, 1999, pp. 13 - 22.

③ Erik Hornung, *The Ancient Egyptian Books of the Afterlife*, translated from the German by David Lorton, Cornell University Press, Ithaca and London, 1999, pp. 13 - 22.

④ Erik Hornung, *The Ancient Egyptian Books of the Afterlife*, translated from the German by David Lorton, Cornell University Press, Ithaca and London, 1999, pp. 13 - 22.

与《棺文》相比，与死去亲人相会的部分没有了，末日审判占据更为重要的地位。

与保存尸体相关的咒语：

防止腐烂：46，163—164；

防止被屠宰：41—42，50；

防止尸体分解：45，154，165；

防止二次死亡：2—3，44，175—176；

保护嘴：21—23；

保护话语能力：24；

保护名字：25；

保护心脏：26—29；

保护头：43；

心脏在末日审判中为死者辩护：30；

死者恢复呼吸和五官的功能：38B，54—63B；

图特打开天空四个方向，使得拉神可以呼吸：161；

防止危险动物如蛇、虫、鳄鱼等：31—36；

驱魔女妖：37，蛇妖：39，吞驴者：40；

自由移动以及防止蛇咬：74；

白昼出行时防止袭击：10—11，65；

鸟状的护身符，象征贵族身份的宽大胸饰：155—156；

盖在木乃伊头部的面具：151B；

头枕：166；

保护木乃伊头部的头环：162；

防腐过程的图像，该房间四个角落都有泥砖标记：151。

与供奉相关的咒语：

为死者提供干净的食物和水：105，110，148；

在圣地得到供奉：106，75；

从其他语境甚至别的时期的语境判断是供奉相关的：68—70；

以禁忌的形式表达的供奉，如不能吃排泄物等：52—53，189。

关于自由移动的咒语：

使巴可以回到人间：132；

使巴可以回到墓室与木乃伊结合，在墓中和其他神圣空间得到供品：89，91—92；

打开墓室：67，72—73；

打开西方让光进入：8；

保证宇宙循环的正确方向：93；

行动禁忌，避免落网：153A—B；

死者为了行动自由需要掌握来世地理方面的知识：4，117—119；

确保记住能量所在地的名字，起源于防腐仪式或者葬礼上朝四个方向进行的供奉：107—116；

帮助死者通过如门或者丘等障碍：144—150。

关于末日审判的咒语：18—20，124—126；

制作木乃伊的背景故事是奥赛里斯的神话，奥赛里斯被嫉妒他的弟弟谋划碎尸，其妻子伊西斯和弟媳奈弗西斯哀悼他，并使他复活，期间伊西斯有了奥赛里斯的遗腹子荷鲁斯，后来荷鲁斯为父报仇，与塞特争斗，最终经众神审判获得王位继承权，奥赛里斯也在审判中打败塞特，成为冥世之王。这个审判的情节是《亡灵书》中末日审判的原型。

关于变形的咒语：

作为可以移动的巴，得到了供养的卡以及保存好的木乃伊的合体，死者成为一种超越人类的新的存在 Ax，表现在他可以变形，最多可以有 12 种变形。

所有的变形：76；

分别描述 12 种变形：77—88；

成为 Ax 之后，死者就避免了劳作：5—6；

死者可以成为图特那样可以书写的人：94；

而成为 Ax 的死者时与图特在一起：95—97；

与哈托尔在一起：103；

与众神在一起：104；

众神必须是在满意状态的，而满意与供奉是一个词，必须消除众神的敌意：14；

特别针对转化后的死者——Ax 的供奉：148；

召唤众神与 Ax 的咒语有以下几种：

召唤拉神：15，180；

召唤奥赛里斯：128，181，183，185；

召唤哈托尔及儿童保护神伊皮（Ipy）：186；

召唤奥赛里斯及所有神祇：141—143；

召唤来世或者“洞穴”众神：127；

使得转化后的死者即 Ax 更强大的咒语：129—136；

让 Ax 登上太阳神拉的圣船：101—102；

变形：1B，17，169—170，172；

以渡河作为开始变形的比喻，包括船的各个部分与神的对应：98—99。

四　《冥世之书》

新王国时期出现了写在纸草上的大众版的《亡灵书》，而帝王谷的王陵墙壁上，除了绘有《亡灵书》之外，还有一系列叫作《冥世之书》的咒语，《天之书》《地之书》《门之书》《天牛之书》

《洞之书》《来世之书》等，这些是王室专有的，连王后的墓中都不能使用。《亡灵书》侧重引导和操作，而《冥世之书》系列则对来世有详细的图像文字描述，内容更加晦涩隐秘，是高度符号化的象征体系。其中《来世之书》和《门之书》年代相对较早，突出的特点是把太阳神在来世的旅程分为 12 个小时的阶段，相比之下，《来世之书》侧重神学知识，《门之书》侧重仪式，二者的内容是互补的。①

最早的《来世之书》发现于 18 王朝的图特摩斯一世墓中，虽然学者们在语言学考证的基础上推测《来世之书》有着更早的源头，但目前还没有考古学上的证据。最完备而系统的是图特摩斯三世墓室中的。自 18 王朝到 19 王朝的拉美西斯三世，帝王谷的王陵中一直在使用《来世之书》，不同之处在于，18 王朝时期它多数用于棺椁所在的墓室，而 19 王朝时期部分内容出现在墓室通道的墙上。②

21 王朝后，随着帝国的衰落，《来世之书》扩散到民间，载体也多样化，棺椁、纸草上都有。它一直流传到托勒密王朝，在希腊化时期的宗教融合过程中是不容忽视的传统。

商博良最早发现了阿蒙荷太普三世墓中的《来世之书》，此后，马斯伯乐（Gaston Maspero）、巴奇（E. A. Budge）、罗林（Gilles Roulin）等人陆续发表了部分内容，布赫（Paul Bucher）发表了图特摩斯三世和阿蒙荷太普二世墓中的铭文。1954 年皮安克夫（Alexandre Piankoff）发表了拉美西斯六世墓的完整铭文。迄今为止，《来世之书》系统整理翻译的代表作是赫尔农 2007 年出版的专著 The Egyptian Amduat The Book of the Hidden Chamber。值得一提的是施韦特（A. Schweiter）1994 年出版的专著 The Sungod's Jounrney Through the

① Erik Hornung, *The Ancient Egyptian Books of the Afterlife*, translated from the German by David Lorton, Cornell University Press, Ithaca and London, 1999, p. 27.

② Erik Hornung, *The Ancient Egyptian Books of the Afterlife*, translated from the German by David Lorton, Cornell University Press, Ithaca and London, 1999, pp. 27 – 30.

Netherworld，此书从心理学的角度对《来世之书》进行了细致的解读，其视角和观点得到了赫尔农的高度肯定，并对后者的研究产生了很大的影响。①

在古埃及的典籍中，《来世之书》的内容是最系统化的，如贝恩斯（John Baines）所说，最具“学术性”：它有题目、前言、结束语，还有个类似内容提要的简本（*sḥwy*），图特摩斯三世墓中的甚至还有神名索引。② 每小时的铭文结构也非常标准化，有标题、主导神、这个小时的主题。铭文与图像内容互相呼应，高度吻合。文中反复强调它是关于来世的重要“知识”。也正因为如此，这篇文献从文本到图像都是高度抽象和隐喻的，其内涵的解读就成了研究难点。自整理发表工作完成之后，学术界的相关讨论相对冷寂。赫尔农等人从心理学角度进行的探讨，无法构建其历史发展脉络，以及与埃及葬仪习俗之间的关联。

《来世之书》

密室里的文章，
巴的驻足之处，
神灵们，
影子们，
阿克的灵魂们，
还有那些已发生之事。

以西方的号角为开始，
西地平线的大门，

① Erik Hornung, *The Ancient Egyptian Books of the Afterlife*, translated from the German by David Lorton, Cornell University Press, Ithaca and London, 1999, p. 31.

② John Baines, "Restricted Knowledge, Hierarchy, and Decorum: Modern Perceptions and Ancient Institutions", *Journal of the American Research Center in Egypt*, Vol. 27 (1990), p. 4.

以浑沌的黑暗作终结，
认识杜阿特的巴，
认识已发生之事，
认识他们为拉净化灵魂，
认识神秘的巴，
认识时间的奥秘和他们的神灵们，
认识他怎样呼唤他们，
认识那些大门，和那些路
这位伟大的神灵从路上通过，
认识时间的轨迹和他们的神，
认识繁盛的和被消灭的。

《以西方的号角为开始；以浑沌的黑暗作终结》①
第一个小时
这位神灵进入大地，
穿过西地平线的门径。
这条路有120腕尺长，
之后他方能到达杜阿特的神灵们之处。

“拉的水”是杜阿特第一个领域的名字，
他在此处分配众神们的领地。
他开始发布指令，
并且去照料杜阿特的那些身处此地的人。

它就像最初的样子，
在杜阿特的秘密中。

① 此为《来世之书》的长标题，也是这本书的总结。

知道了这些形象的人会像伟大的神本身一样。
它对世上之人有益；是一服真正的良药。
他对身处杜阿特的人有益，十分有益。

“击碎拉敌人的前额”
是第一小时夜之女神的名字，
她于门口引导这位伟大的神灵。

第二小时
在维尔奈这位伟大的神灵把它排在第一小时之后。
这个地区有309腕尺长，
120腕尺宽。

“杜阿特的巴”是这个领域神的名字。

知道他们名字的人，将会加入其中。
这位伟大的神灵会分配给他领地，
就在他们得自维尔奈的领地。
他会和这位停下来的神灵（拉）共同停止，
他也会跟随这位伟大的神灵前进。
他会来到大地而且开启杜阿特，
他将切断“有辫子者”的枷锁。
他会通过玛特之地后面的“吞驴者”。
他总会在大地之舟中享用面包，
并且将会得到太阳舟的船头绳。

这些杜阿特的巴都已完成在画中，
在杜阿特秘窖中以他们的形象出现，

文字向西开始。

以他们之名在大地上制作祭品。

这对生者有益，

一服真正的良药，已经百万次地证明。

知道杜阿特之神灵们那些文字的人与这位神灵对话，

这位神灵说给他们的话语，

是那个将要到达杜阿特的人

这对他在世时有益，

一服真正的良药，已经百万次地证明！

这个小时的夜的名字

在此领域引导这位神灵的时间的是：

“保护她主人的智者”。

第三个小时

这位伟大的神灵以其庄严将其置于第二小时之后

在水滨居者们之地，

这位神灵自奥赛里斯的水面上划船而过。

此地有309腕尺长，120腕尺宽。

这位伟大的神灵发布指令

向此地那些追随奥赛里斯的人。

他在这里将土地分配给他们。

“神秘的巴”是此地神灵的名字。

大地上知道他们名字的人，

将会到达奥赛里斯所在的地方。

他会在此地得到水。

“独一无二的主人之水，带来祭品之水”是这个地方的名字。

这些神秘的巴的秘密形象已经照此形状制造而成，

在杜阿特的秘密中绘制，

文字向西开始。

这对生者有益，

也对死者有益；一服真正的良药。

知道他们的人，将从他们中通过，

他不会在他们的咆哮中丧生，

也不会跌入他们的地洞。

知道他们的人，属于那些地方，

他面前献祭的糕饼，和拉在一起。

知道他们的人是一个有能力的巴，

他双脚的主人，

他不会踏入毁灭之地。

他总会和他的形象一起前进，

一如生年呼吸着空气之人。

在此地引导这位伟大神灵的时间之名是：

“裁剪巴灵魂者”。

第四个小时

这位伟大的神灵以其庄严使这个小时停滞第三小时之后并拖置

在西方神秘的洞穴中。

以他的声音关心着洞穴中那些人，

并不看见他们。

洞穴的名字是：“用生者的形状”。

洞穴大门的名字是："隐藏那些拖拽"

任何知道罗塞陶之路的神秘形象的人，
那条难以到达的伊姆赫特之路，
那索卡尔他的沙漠之地上隐匿的门，
生前死后都将在阿蒙神庙中享用面包。

任何知道它的人走在正义之路上，
通向罗塞陶之路，
并且看见伊姆赫特的形象。

引导这位伟大神灵的这个小时的夜的名字为：
"她的力量使她伟大"。

第五个小时
这位伟大的神灵正拖在杜阿特的玛特的路上，
通过他的沙之上的索尔克那神秘山洞的上半部。

这个神秘的形象既看不见也无法察觉
来自承载着这位神灵的肉体的土地。
这位神灵在众神之中，他们听见拉的声音
当他向这位神灵的领域呼喊时。

此地的门叫作"众神的车站"。
这位神的洞穴名为"西方"。

西方神秘的道路，
隐藏的窖室之门，

索卡尔那不可到达之地：
肉体都是它们最初的形状！

居住在这个洞穴中的神灵名为：
“杜阿特中的巴”。

他们的形状即为处于他们时间中的，
他们神秘的形状。
不被知晓，不能看见，
也不能察觉的形象正是荷鲁斯他本身。

它像这个形象一样已经完成
绘制在杜阿特的秘密中，
在隐藏之密室的南边。
任何知道它的人，这位巴将会感到满意，
他也会对索卡尔的献祭品满意。
“暴行者”不能切断他的身体，
他将平静地从她那里通过。
献祭品做给世上那些神灵们。

这个小时的夜之名，
在洞穴中引导这位伟大的神灵者是：
“在她的舟中间的引导者”

第六个小时
这位伟大的神灵以其庄严将第六小时置于
那些身处杜阿特者的水潭至深处。
他向水潭中的神灵们发布指令，

他命令他们在此地抓住神圣的献祭品。
他继续前进，乘上他的舟，
他因为他们的献祭品分配给他们土地。
他从水道上赐给他们水，
当他通过杜阿特时，日复一日。

此地的门叫作："用锋利的刀"
西方神秘的道路，
这位伟大的神灵乘着他的舟穿行于他的水上
去关心那些身处杜阿特的人。

用他们的名字登记，
了解他们的身体并且雕塑成他们的样子的是时间，
他们国家中的神秘，
没有人知道杜阿特的这个秘密的形象。
这个形象就这样绘成，
在杜阿特的秘密中，
在隐藏之密室的南边。

任何知道它的人将属于杜阿特的献祭品之一，
他将会对追随奥赛里斯的众神们的献祭品感到满意，
他和他的家人将会在世间得到这些献祭品。

这位神灵的人形发布指令，
要求向杜阿特的神灵们奉上神圣的献祭品。
当他被他们制止时，他们看见他，
并且各自归位。
他们的献祭品，在接到这位伟大的神灵的指令后出现了。

“身处杜阿特者的深水及水潭”是为此地之名。
它是拉之舟的道路。
这个小时的夜的名字
在此地引导这位伟大神灵的是
“到达那里即现正确之路”。

第七个小时

这位伟大的神灵以其庄严让第七个小时置于奥赛里斯的洞穴之中。

这位伟大的神灵庄严地发布指令
向那些在这个洞穴中的神灵们。
这位神灵在洞穴中换上了另一个外形，
他用这种方式击败了阿波丕斯，
通过伊西斯和最年长魔术师的魔法。

此地的门的名字
这位神灵从此门通过，“奥赛里斯之门”是它的名字。
此地的名字叫作：“神秘洞穴”。

西方的秘密道路，
这位伟大的神灵乘着他那无人可及的舟通行于此路。
他在这条路上前行，
路上没有谁，而且也不能拖拽。
他通过伊西斯和最年长魔术师的魔法航行，
并且也用这位神灵自己口中的魔法力量。
阿波丕斯已经被击败在杜阿特的这个洞穴中，
而他的领地在天空。

它被这样描绘，
在杜阿特北边的隐藏之密室上。
它对它所造之人有益，
无论在天堂还是在世间。
任何知道它是跟随拉的巴其中之一。
施行的是伊西斯和最年长魔法师的这些魔咒，
它们将阿波斐斯从西方拉那里驱逐。
它在杜阿特的秘密中完成，
并且在世间也是如此完成。
任何知道它的人将会登上拉之舟，
无论在天堂还是在人世。
要知道这个形象很简单，
但是不知道的人不能抵挡“恐惧之脸”。

至于杜阿特中“恐惧之脸”的沙洲：
它有450腕尺长，
而且他用他的苦恼填满它。
他的屠杀被用来对付他，
这位神灵没有从他那里经过，
当他在奥赛里斯的洞穴中绕过他匆匆赶路时。

这位神灵沿着这个地方向前走，
用迈罕蛇的形象。
世上任何知道它的人，“恐惧之脸”不能饮用他的水。
他的巴知道它不能毁灭，
洞穴中神灵们的暴力。
任何知道它的人不会被鳄鱼吞下他的巴。

这个小时的夜的名字，
在此洞穴中引导这位伟大神灵的是：
“驱逐邪恶者和杀死恐惧之脸者”。

第八个小时
这位伟大的神灵以其庄严将第八个小时安置，
在那些他们沙之上神秘的神灵们的洞穴中。
他从舟中向为他拖舟的神灵们发布指令，
在迈罕蛇保护的怀抱中。

此地的门名为：“不会疲惫的站立”。
此地的名字是：“她的石棺的神灵们”。

西方的神秘洞穴，
这位伟大的神灵乘舟通过，
他的那些在杜阿特的神灵们拖着舟。

它已完成就像这个已绘制好的形象，
在杜阿特北边的隐藏之密室上。
任何知道他们名字的人，
将在世间有衣穿，
且不会被驱逐出神秘之门。
他将在伟大陵墓获得供养；一服真正的良药。

引导这位伟大的神灵的这个小时的夜的名字是：
“深夜的女主人”。

第九个小时

这位伟大的神灵以其庄严将这个小时安置在这个洞穴中。
他从舟中向其中的神灵们发布指令。
这位伟大神灵的舟中水手也在此地休息。

此地的门的名字，
这位伟大的神灵从中通过，
他开始这段水路，在这个地方，是：
“洪水的守卫者”。
此地的名字是：“和形象一起向前漂流”

西方神秘的洞穴，
这个伟大神灵和他的水手休息在杜阿特的休息之地。
这些和他们的名字都已完成，
就像这个已经挥着完成的形象
在杜阿特东边的隐藏之密室上。
任何知道他们名字的世人，
和知道他们西方神座的人，
将占有他在杜阿特的神座，
位列“食物的主人”之中，
并且会在审判日被法庭宣布为“有义的”。
这对任何知道它的世人都是有益的。

这个小时的夜的名字
在这个洞穴中引导这位伟大神灵的是：
“崇敬和保护她主人者”。

第十个小时

这位伟大的神灵以其庄严将这个小时安置在这个洞穴中。
他向其中的神灵们发布指令。

这位伟大的神通过的这个地方的门名为：
“有伟大的化身，各种形象的创造者”。
此地的名字是：“有着深水和高堤岸”。

西方神秘的洞穴，
凯普利和拉在其中休息，
神灵们、阿克的灵魂们和死者哀悼其中
因为来生的神秘形象。

它已完成就像这个形象已被绘制，
在杜阿特的隐藏之密室的东边。

任何知道他们名字的人，
直接穿越杜阿特至终点，
不会被拉从“天空的光”中驱逐。

这个小时的夜的名字
引导这位伟大的神灵去这个地方的神秘道路的是：
“暴怒的，用弯曲的心杀死他的人”

第十一个小时
这位伟大的神灵以其庄严将这个小时安置在这个洞穴中。
他向其中的神灵们发布指令。

此地的门的名字，

这位伟大神灵通过的是：
“杜阿特的人们休息之地”。
此地的名字是：“检查尸体的洞穴之口”。

杜阿特神秘的洞穴，
这位伟大的神灵从中通过，
从天堂东山走出。

时间吞下他的形象
在此地先知的面前。
她之后把他们交还
为了凯普利在大地里出生。

它被用这样的方式完成了，
就像这个形象已被绘制完成，
在杜阿特的秘密之中，
在隐藏之密室的东边。

任何知道它的人，就像一个供奉很好的阿克灵魂参与献祭品，

无论是天堂还是人世；一服真正的良药。

这个小时的夜的名字
在这个洞穴中引导这位伟大神灵的是：
“斯塔利，舟之女，驱逐来犯敌人者”。

第十二个小时
这位伟大的神灵以其庄严将这个小时安置在这个洞穴中

“浑沌黑暗的终点”。

这位伟大的神灵在这个洞穴中以他的凯普利形象出生
在这位伟大神灵降生时，
他从杜阿特中出来。
他将自己置于白天之舟中，
并且从努特的大腿中出现。

此地的门的名字是：
“它育养神灵们”
此地叫作：“同到来的黑暗和诞生一起”。

神秘的杜阿特的洞穴，
这位伟大神灵诞生的地方，
他从努中出来，
并且他袭击努特的身躯。

它被完成就像这个形象已被绘制，
在杜阿特的隐藏之密室的东边。
它对任何知道它的人都有益
无论在世间，在天堂还是在大地中。

结束语
以光明为开始，
以黑暗为终结。

拉在西方的旅程，
这位伟大神灵展示的秘密计划中，

这杰出的引导，用杜阿特书写的秘密，
不被任何人知晓，拯救少数的人。

这个形象如此完成，
在杜阿特的秘密中，
既看不见也无法察觉。

任何知道这个神秘形象的人将成为一个被妥善供养的阿克灵魂。
他将总是再次出入杜阿特。
并且说与生者听。

一服真正的良药，已经百万次证明！①

表 2-4-1　　**铭文情况**

	年代	主要载体	内容/语言	插图
《金字塔铭文》(*Pyramid Texts*)	5 王朝晚期至 8 王朝（2400B. C. — 2200B. C.）罗马统治早期，公元 1 世纪	国王和王后金字塔的墓室墙壁 后期出现于非王室墓中	古埃及语（Old Egyptian）的圣书体 各类祈祷文、仪式咒语、颂诗的集合	无插图
《棺木铭文》(*Coffin Texts*)	11 王朝晚期至 12 王朝中期（2000B. C. — 1850B. C.）	棺木的四壁、棺盖和棺底	中埃及语（Middle Egyptian）手写圣书体 各类咒语、祈祷文的集合，部分来自《金字塔铭文》	文中无插图，但文字按条块分布，文字上方通常配有一行葬仪用品的彩图
《亡灵书》(*Book of the Dead*)	18 王朝中期至托勒密晚期（1450B. C. — 50B. C.）	非王室墓中的纸莎草卷	约 200 篇中埃及语文献的集合，超过一半来自《棺木铭文》 主要为草写圣书体，后期有了完全的圣书体和手写僧侣体	绝大多数配有彩图，但插图占比不同，有的完全无图，有的有图无文字

① Theodor Abt and Erik Hornung, *Knowledge for the Afterlife*, *The Egypitan Amduat—A Quest for Immortality*, Living Human Heritage Publications, Zurich, Switzerland, 2003, pp. 120 – 148.

第五章

墓葬文学与秘传知识

一　墓葬文学所反映的人神关系

古埃及的宗教信仰有以下几个特点：多神崇拜；神祇没有鲜明的个性；神人关系和谐；王权与神权紧密结合。虽然在新王国时期埃及也出现过阿蒙神这样的“国神”，但各地的地方神崇拜一直延续着，而普通人更是从实际的需求出发，各有自己崇拜的神。比较重要的神就有200多个，存在时间较短或者影响不大的神则数不胜数。在信仰与生活的互动中，埃及人表现出明确的实用主义态度。

古埃及的众神各司其职，但并没有非常鲜明的个性，神的种种变形和谱系不定就说明了这一点。古埃及的众神大致可以分为这么几类：动物形象的神、人的形象的神、半人半动物的神、抽象概念拟人化的神。此外，古埃及的神还有一神多形和多神合一的特点。如太阳神在早晨叫作hpr、在中午叫re、在晚上叫atum；有时候出于政治的需要把几个强大的神结合为一体，如阿蒙－拉神的结合，更多的则是成对的配偶神，以及加上他们的儿子或女儿之后组成的三神体，如阿蒙和穆特与他们的儿子洪苏（Khonsou）、奥赛里斯和伊西斯与他们的儿子荷鲁斯，等等。但是神祇家族的谱系却并不固定，如塞特有时是荷鲁斯的叔叔，有时又成了他的兄长；在底比斯，阿蒙的妻子是穆特；在赫摩波里斯则是阿蒙特。

神人关系的相对和谐是古埃及宗教的一大特色，这从真理女神玛奥特的信仰中可以得到证明。古埃及人认为宇宙和社会秩序是神创造的，是一种完美的状态，人为了维持这个秩序所做的努力即是对神的最好报答。玛奥特的基本内容就是宇宙和社会秩序。“埃及人认识到一种秩序，它建立于创世之初……是一切存在的本质，不管我们是否能意识到它的存在。”①玛奥特这一符号出现于古王国早期，根据赫尔克的解释，这个符号的最初含义是“基础”，因此玛奥特的最早抽象意义应为“世界和人类生活的基础”。5 王朝时，拟人化的形象玛奥特女神出现，从此在所有的王室文献中国王都自称“靠玛奥特生存的”、“享受着玛奥特的” 或“为玛奥特所拥抱的”②；而几乎所有的神庙中，都有这样的描绘：国王双手捧着玛奥特女神，连同面包、啤酒等供品，一起敬献神前。这个简单的仪式包含着丰富的含义：玛奥特代表着神赐给人类的物质世界，它在国王管理下维持了初创时的和谐完美，在此时又由国王归还给神。这个给予和归还的过程象征着神与人之间的合作，即神创造世界，而人类以维持神创世界秩序的方式对神表示感激。这样神的创世行为就有了真实的意义，而神与人之间也就有了交流的渠道。通过这种合作神与人共同维持他们的存在，达到永恒的境界。正如哈特谢普苏特的斯庇欧斯·阿提米多斯铭文中所说：“我已把阿蒙（Amun）所喜爱的玛奥特给了他，因为我知道他依赖她而生存，同样她也是我的面包和甘露，我正是与她共存的人。”③

虽然这种初创的完美不断受到扰乱，但总是暂时的，必能在人的

---

① H. Frankfort, *Ancient Egyptian Religion; An Interpretation*, New York, 1948, pp. 63 – 64.

② Erik Hornung, *Conceptions of God in Ancient Egypt*, New York, 1971, pp. 213 – 214.

③ Erik Hornung, *Conceptions of God in Ancient Egypt*, New York, 1971, p. 216.

努力和神的佑护下得到恢复。在提到秩序被打断时，古埃及人说“玛奥特被置于一边”（rdi. tw m3ct r rwty），却不说她被毁灭，而贤明的君主会使她重获荣耀和地位。[①]

以这种认识为前提，古埃及人对神的理解可以概括为：神是完美的，主宰着人类的命运，人逃脱不了神的安排，也永远无法企及神的完美境界。正如新王国时期的《阿美涅姆普教谕》中所说：“不要躺在那里担忧明天会怎样，人类无法了解明天的事；神永远是完美的，人永远是失败的。人说的话是一回事，神做的又是另一回事。神的面前没有完美，只有失败。如果人执意追求完美，那么就在那执着的一瞬间他就已经破坏了完美。”

王权与神权的紧密结合是古埃及神人关系的另一重要特点。如上所述，在神与人的互动中，国王起着最关键的作用。他是神的化身，而不是占据神圣职位的凡人。在古埃及辞书的分类中，神属于天界，人属于地界，死者属于冥界，而国王同时属于这三个世界：作为祭司，他是神与人之间的中介，他同时又是人间的法官，还是死者的保护人。他们相信国王决定着国家的兴衰，自然界的秩序与社会的秩序是不可分的。当太阳升起，开始统治着他所创造的宇宙时，君主的统治也开始了，因为他是太阳的嫡系后代；埃及的君主是与宇宙共存的。这与巴比伦人的观点不同，他们认为王权是在危难时候出现，取代之前神的统治。

通过主持神庙的重要仪式、宣布自己是所有神的祭司，国王扮演着神与人之间沟通媒介的角色，以此提高自己的权威。同时，从4王朝开始，国王们称自己为“神之子”，这个称呼不仅说明（像其他许多文化中那样）国王就像孩子依靠父母一样依靠神。更重要的是，它表明国王是每个神在人间的短暂的化身，而神存在于永恒的世界里。国王为神举行祭拜仪式，就是在重复荷鲁斯为他的父亲奥赛里斯举行

① Erik Hornung, *Conceptions of God in Ancient Egypt*, New York, 1971, p. 217.

葬仪的活动，证明自己与神之间的特殊关系。这也说明神庙日常的仪式与墓葬仪式之间有着密切的联系。

神庙与国家的分离在埃及不如在美索不达米亚那么明显。尽管新王国时期的神庙规模浩大、装饰精美，但它们并非独立于王室控制之外。许多祭司都是部分时间在神庙服务，大多数祭司都在政府机构中任职。

为了理解这种关系，有必要了解古埃及神话和仪式的基本结构。Frankfort 认为古埃及宗教基本是关于人的出生、死亡与再生的循环的，这个循环又进一步与自然界的循环联系在一起。其中的特别之处是男性的神总是靠一个既是自己母亲又是自己妻子的女性重新创造下一代的自己，如在荷鲁斯的神话中，荷鲁斯是在父亲死后才出生的，因此是父亲的化身（再生）。男性的神可以不断地“克隆”自己，而女性的神只能局限在母亲的角色中，起辅助的作用。进一步说，只有男性的神可以重新创造自己，而女神只能帮助男神创造新的生命，不能创造自己。这个模式本身可能就是对法老（男性的）的权力的赞美。

古埃及宇宙观与美索不达米亚在两个方面有明显的差别：美索不达米亚的宇宙论像许多其他古代地区一样，相信天是男性的，通过把他的精子（雨）浸透到女性的地神体内，而带来万物的生长。而在埃及的宇宙论中，滋润万物生长的雨水不是来自天上，而是来自大地，是尼罗河水。因此大地是男性的，不管是孟菲斯神学中的普塔，还是赫里奥波里斯神学中的盖伯，或者是盖伯之子、代表大地繁殖力的奥赛里斯，都是男性的。而天空则是女神的形象（努特）。她有时也现身为太阳神的母亲，每天给他新生。她与盖伯是奥赛里斯、塞特和他们的姐妹的父母。然而，在生出这些神之后，天空就升到了高处，不再与大地结合，因此造成了她的贫瘠。相反，大地的形象则是一个通过自我孕育而带来繁殖的神。这个主题在赫里奥波里斯创世神话中非常明确，其中提到太阳神在原始之山上以手淫的方式来创世。有的学者认为这个神话反映了古埃及干旱少雨、依靠尼罗河为灌溉之源，也可能解释为国王通过强调神而不是女神的重要性来抬高自己的地位。

在古埃及神话中，宇宙只有一个创造者，尽管各宗教中心各有自己的创世者。

古埃及的神还有很强的地方性。原始之山有许多个，每个神庙都是一个这样的原始之山，不同的神学体系给它不同的位置，各地的神学体系都将本地的神与宇宙和世界起源联系到一起，强调他的重要性。多数神只是在自己所处的地方有影响力，离他的崇拜中心越远，势力越弱。在卡纳克神庙中地位显赫的神到了其他神庙中就只是“客人”身份的不太重要的神了。也就是在这一点上，法老的优越性体现了出来：如果说在众神面前他总是一个世俗的化身的形象的话，那么，他唯一可以比神优越的就是他的普世性：他在全国各地的综合权威是远远超过大部分神祇的，古埃及历史上只有极少数的神在全国范围内有影响，如拉神、阿蒙神、普塔神。

因此，古埃及的神学理论强调国王在神人关系和宇宙秩序中的关键角色。相反，神则成为地方权力和利益的化身。荣耀地方神祇是国王关心该地区经济和尊重当地权力的重要表现。他还要以行动来表达这一点，如向神庙供奉祭品、捐赠土地、修葺和扩建神庙，等等。有人认为托勒密时期埃及各地大建神庙是当时的外族统治者取悦当地臣民的结果。

某些王室仪式也反映了国王是国家的象征而神是地方的象征。在加冕之前，国王要在全国各地巡游，拜访各大神庙；在萨德节时从四面八方把各地的神抬来都城，参加这个节日，并得到国王的赏赐。国王与神之间这种对立的平衡成为检验王权强弱的重要标准。而且这种平衡是属于伦理的而非政治的范畴。它是政治现实的一个理论上的暗示：对于中央政府来说，忽略合法的地方利益将会使国家的统一处于危险之中。因此国王在神学和宗教领域与在政治领域中扮演着同样的角色：他是统一与秩序的唯一维护者，而埃及人相信这个秩序是不变的，而且每个人都能从中获益，即使他们也表现出对于世界最终的毁灭的恐惧。法老的角色是确保宇宙秩序的正常运行，避免进入毁灭的境界。在文学中他被称为“人们依赖他的行为而生存的神，是所有人的父亲和母亲，是独一无二的，无人媲比的”。

神学观念需要以建筑的形式来充分表达其内涵。神庙制造出特殊的气氛。新王国时期是神庙建筑的黄金时代，在这个时期，神庙建筑的法则逐渐形成，神庙数量大增，规模也不断扩大。这是帝国扩张和繁荣的必然后果，也反映出古埃及宗教思想的进一步成熟。如果说金字塔的建造代表了早期建筑史的最高成就，那么神庙建筑则是后期建筑的辉煌。

王权理论的成熟是神庙建筑发达的另一个促动力。神庙是神在人间的居所，也是以法老为首的人们向神供奉、与神交流的神圣之地，是神定秩序的运转中心。此外，历届法老都在即位之初大兴土木，也是对创世主原初之时创世活动的模仿，通过这种行为表达创世需要不断重复进行的思想，从而强调法老在人间的活动的神圣性。

这种宗教理论决定了神庙的基本建筑法则。从结构上看，神庙具有极强的象征意义，它是微观的宇宙。神庙的围墙为一道道塔门所隔断，同时围墙的顶部起伏不平，呈波浪状，象征着原初之水，而高耸的神庙则是在这片混沌之中升起的原初之山，山顶是人类创造者的居所。进入神庙的人们犹如在混沌之水中经过了洗礼，带着纯净的灵魂来到神的面前。神庙的墙上也布满了自然景物的描绘：上部和天花板上是繁星点点的天空，张开翅膀的鹰神护卫着神的国土；墙壁下部常常点缀着自然界的花草，象征大地的繁盛。当尼罗河泛滥时，浅浅的河水漫入庙中，在壁画的映衬下，神庙正如河谷的缩影。

典型的古埃及神庙一般以中轴线为中心，呈南北方向延伸，依次由塔门、立柱庭院、立柱大厅和祭祀殿组成。这种纵深的结构使得神庙可以无限地继续修建下去。塔门多时达十几道，因为法老们喜欢在前人修建的神庙的基础之上增增补补，而塔门又是最易完成的部分。其他部分也显示出累积完成的特点，如古埃及规模最大的神庙建筑群——卢克索和卡纳克神庙都历经漫长的修筑过程，许多重要的部分是在托勒密时期完成的。古埃及人这种建筑神庙的原则反映出他们“无限延续”的愿望，不仅人的肉体、灵魂永远不灭，神的居所也要不断地延伸下去。

塔门是古埃及神庙最具特色的部分之一。它由对称的东西两个门楼和连接它们的天桥组成，象征东西地平面，是太阳神每天必经之路。塔门上通常有国王高举权杖打击敌人的形象，象征着对一切邪恶势力的巨大威慑力，这种威力迫使它们远离神圣之地。紧靠塔门，通常有国王的巨像或者高耸的方尖碑。自哈特谢普苏特首创斯芬克斯大道以后，塔门前面铺设一条两侧摆满石像的通道成为一种惯例。

进入塔门之后，神庙的屋顶逐渐降低，而地面却逐渐增高，到了最深处的祭祀殿中，光线已非常黯淡，气氛也愈加肃静神秘。普通人只能进入立柱庭院，只有国王和大祭司才能到祭祀殿中，那里供奉着神像或国王的雕像，它们深居简出，只在盛大的宗教节日才被抬出神庙与公众见面。在审理重要的案件而难以裁决时，也依赖神旨，看神像点头或摇头断案。

神庙中高大的石柱给人留下深刻的印象。常见的柱头装饰有纸草花式、莲花式、棕榈叶式、哈托尔女神式，等等。为了更好地采光，立柱大厅外围的柱子比中间的要低，这是成功地运用“自然采光法”的较早例子。柱子上布满文字和画面，如果保存较好的话，还能看到些微最初的色彩。

神庙有结构上的双重含义，一是隐蔽，二是显现，新王国时期突出后者，即小型宗教偶像，其中最为人熟知的是太阳船。它在古王国时期就已出现，是重要的宗教象征物，到新王国时期更为奢华，最著名的一艘叫作 Urerhat-Amun（意为“船首的强大威力是阿蒙”）。通常这些太阳船都是木制的，外面镶金，内设密封舱以放置神像。两侧各有五个孔供祭司抬扛之用。这个时期的神庙以太阳船为中心，整体设计是为突出太阳船出现时的戏剧效果。神庙中也有其他神的神像，但只能居于次要的地位。太阳船的显赫是由于该时期地方神庙地位的提高。由于此时神庙成为城中占主导地位的建筑物，太阳船从长长通道上行进也成为充满宗教氛围的城市生活新景观。新王国时期的神庙在某种程度上取代了古老的政府机构，更深远地影响着人们的生活，烦琐的仪式营造的气氛，使人们在心理上对国王更有亲切感。

以城市主体建筑形象出现的神庙在很大程度上是象征的功能，因此新王国时期的神庙外部结构上也更为富丽堂皇：石墙上是色彩艳丽的壁画，以炫目的白墙为背景。但这并非神庙与外界的交界处，在二者之间还有一个中间地带，即泥砖结构的附属建筑——小殿堂，周围是泥砖墙。新王国时期太阳神庙的围墙，从外观上看像座堡垒，有塔和城垛。

神庙中的祭祀活动有两个主要内容，一是对神感恩，二是祈求神的帮助，这些都通过一系列烦琐的仪式来完成。日常仪式由大祭司完成，每天早晨他要沐浴更衣，然后才能进入祭祀殿，捧出神像，为之焚香涂油，目的是使神恢复生机和活力。在重大的宗教节日，国王亲自主持祭祀活动，以各种颂诗表达对神的感激，如阿蒙颂诗中说阿蒙神的恩德“比天高，比地宽，比海深”。

古埃及人对神的崇拜有强烈的功利性，他们认为，神接受人类的供奉，就有责任保佑人们平安幸福，否则人类有权不敬奉他。这也说明了古埃及多神崇拜局面长期延续的原因：每个人都根据实际的需要选择自己崇拜的神，即使有一个高高在上的国神，也不能代替给他带来实际好处的小神，因此官方宗教与民间宗教是长期并存、互利的。因此，神不仅享受优美的颂诗，也要倾听民间的疾苦，帮助穷人和受病痛折磨的人。由于这种信念，人们逐渐把神庙拟人化了，神庙里的每样东西都有神性和魔力，他们从神庙的石墙上抠下碎末，当作良药和圣物。也是出于这个原因，国王们喜欢在旧神庙的基础上扩建，以保留其神力。即使不得已要拆除它们，也尽可能把所有的原材料整理出来，用到新建筑中。学者们曾对古埃及法老大肆拆用旧建筑迷惑不解，以为那是一种偷工减料的做法，其实真正的答案应在这里。

因此神庙有双重面孔：一是现世的神秘威严，一是节庆时的轻松祥和。由于古埃及有大量宗教方面的资料留下来，使得今天的人们有这样一个印象：这是祭司主宰的世界。在大规模的建筑中，到处看到国王向神献祭的场面，如不通晓古埃及文字，人们会以为这里是一个大祭司统治的国度。当然，古时“祭司”和“国王”这两个词的内涵与今天很不一样。祭司的身份较难辨明。有时只是一种头衔，多数官员都有。现代语言中的“祭司”一词易引起误会，以为有一支专职的僧侣队伍。所以，我们不能以为在古埃及宗教是涵盖一切的。宗教只是当时人们表达各种观念的一种语言。

古埃及人给予神庙“土地拥有者”的地位，使神的概念更具体化。此外，大量经济文献里提到，扩大神庙的物质财富是国王的重要职责之一。在新王国时期，帝国对外征服所获得的战利品源源不断地流入阿蒙神庙，正如瑞德福特所说，神庙成了“帝国财富的储存库”。因此，神庙有政治和经济的双重角色，神庙事务也分两类：一是固定的宗教仪式，一是管理和劳役方面的。

神话和仪式中的国王并非完全依靠个人的能力，宗教气氛遮盖了个性的弱点。新王国时期法老与阿蒙神的结合就是一个证明。

“拉神之子”的称号从 4 王朝就已经出现，中王国后期的一个故事讲到 5 王朝的国王们是拉神与拉神祭司的妻子结合所生。但直到新王国时期才有了拟人化的太阳神形象。古埃及人很早的时候就开始将他们崇拜的神人格化，拟人化的神更适合赞美诗、祈祷和供奉衬托出的神秘氛围，但是把太阳神拟人化却不容易，因为它是最直观和明显的超自然力量。新王国时期之前，太阳神也有一种形式是人形鹰头的，但更多地是以“太阳圆盘”或圣甲虫（象征创世神 hpr ）为标志，或者是立于太阳船上的羊头人身形象。从仪式上看，太阳神庙是露天的，祭司们站在平台上颂赞美诗、献祭品，这种直接崇拜大大减弱了神秘的气氛。

新王国时期的神学家克服了这一点。太阳神作为国王之父和王权的基础被赋予人的形状，即阿蒙。它是底比斯的地方神，随着底比斯政治地位的提高而逐渐地位显赫，被称为“阿蒙－拉，众神之王”。

新王国时期的神学中，太阳神与国王的结合更具体化。阿蒙荷太普三世在卢克索的神庙的墙壁上，就有如下的描绘：阿蒙与王后相对而坐，一手挽着王后的手，另一手递给她象征生命之符。铭文说：“底比斯之主，以她丈夫（即图特摩斯四世）的形象出现在后宫，赐予她生命。他看见她在宫殿深处沉睡。神的芬芳之气使她苏醒，她转向她的主人。他径直走向她，她唤醒他的激情。当他来到她面前，他神圣的形象显现在她眼前，其完美之状使她欢悦。他的爱进入到她的身体。整个王宫弥漫着神的芬芳，那是蓬特那地方的香气。”在王后发出短促的欢叫之后，他说：“我放入你子宫的这个孩子的名字是阿蒙荷太普，底比斯的王子。”接下来的情形是婴儿及其灵魂由创造之神赫努姆在陶轮上制造出来，以及在众多灵魂护佑之下出生的过程。

女王哈特谢普苏特是图特摩斯一世的女儿、图特摩斯二世的妻子，丈夫亡故后，她先与其侄子图特摩斯三世共治，继而将他驱逐，独自统治。她在戴尔·艾尔－巴哈里的享殿也有类似的描绘。

神像巡行是古埃及神庙生活中最基本的一个部分。底比斯城中有宽阔的巡行大道，以石头铺成，两边是狮身人头或狮身羊头像。中间还有休憩站，叫作“神的帐殿”。

最重要的节日是“奥彼特”节，在每年泛滥季的第二个月庆祝。18 王朝中叶时该节日有 11 天；20 王朝拉美西斯三世在位时增至 27 天。当时在麦地奈特·哈布庆贺该节日时消耗了 11341 条面包、85 个饼和 385 罐啤酒，盛况空前。这个节日的核心节目是底比斯神祇家族在卡纳克和卢克索之间长达 3 千米的巡行。在哈特谢普苏特时期，出行是陆路，回程是水路。到 18 王朝末期往返都是水路。每个神像由一个船载着，抬至岸边人群面前。这时人们可以上前向神或国王的卡的雕像请愿。

卢克索神庙面朝卡纳克而不是面向尼罗河，这表明它是卡纳克神庙的附属建筑，主要目的是为诸如“奥彼特”之类的节日提供场所。这些节日的最终目的是为法老及其政府的统治制造神秘的面纱。

每年一次的节日以国王的出现为最高峰。18 王朝中期以后国王不再在底比斯居住，他们多数时间居住在北部，特别是孟菲斯。因此每年为参加“奥彼特”节，王室成员要在尼罗河上由北至南做长长的巡行，这使得更多的人加入到庆贺人群中，节日的筹备也因而更加复杂，各州长官要负责王室成员巡行期间的食宿，负担日重，到18 王朝晚期时王室发布专门敕令解决这一问题。

国王与阿蒙神在节日盛会中现身的政治意义在于用神话装饰现实。王室继承中可能会充满暴力与血腥，例如拉美西斯三世就是被篡位者杀死的。但神话、节日和宏伟的宗教建筑形成一道保护层，将各种怪诞的史实都隐匿起来，淡化不正常的一切，甚至使篡权者成为合法继承人，如荷伦布篡权后即在卡纳克庆祝“奥彼特”节。这种宗教保护层保证了法老统治的延续，而这种延续性也是古埃及文明的重要特质之一。

拜访底比斯西城也是重要的宗教活动。国王谷石窟墓的附属庙宇建筑通常被称作“享殿”，但它们实际上是供奉一种特殊形式的阿蒙神的。通过在自己的享殿中供奉这种阿蒙偶像，国王死后能与之融合，当然，活着时拜访神庙也能达到同样的目的。在戴尔·艾尔－巴哈里这种阿蒙被称作“至圣者”，在“拉美西斯之居”的拉美西斯二世的享殿中叫“与底比斯结合处的阿蒙”，在麦地纳特·哈布叫“与永恒结合的阿蒙”。总之，每个享殿实际上都是阿蒙神庙，当然在其中也能安放国王的雕像。19、20 王朝时谢提一世、拉美西斯二世、三世的王陵都把享殿最神圣隐秘的部分，即后部的中间部分，作为阿蒙的祭拜中心，那里有一个立柱厅堂，阿蒙的神像就置于其中的船形神龛中。北边有一个露天的庭院，里面设有带阶梯的石平台，上面是唱颂太阳颂诗的地方，古埃及人称之为“阳伞”。阿蒙礼拜堂南边是祭拜国王及其祖先的地方，也设有船形神龛。

另一个重要节日是“河谷之节”，每年举行一次，约在“奥彼特”节前五个月。其间阿蒙、穆特、洪苏及底比斯的神祇家族倾巢而出，乘船渡河，接受民众的拜谒。

二　隐藏在墓葬文学中的神话

尽管神话是古埃及宗教至关重要的方面，但却在很大程度上属于口头文学的范畴。特别是在古埃及历史的早期，似乎从来没有把神话书写下来，至少没有出现我们今天所说的神话的那种叙述体形式。或许是真正的神话也有过，只不过是没有被完整地保存下来。在古埃及历史后期，神话有时在巫术咒语中有着实际的作用，因此在巫术手册中才开始有了成文的神话。但这些神话更多地反映了普通人的宗教生活，而不是作为古埃及文化主流的官方宗教。在拉美西斯四世奉献给死神奥赛里斯的赞美诗中，有这样一句话：当巫术出现后，神话开始“被写下来，而不是口头相传”，显然，古埃及的神话与其他形式的宗教文献有着很大的差别。

另外，古埃及神话常常在各种非叙述体文献中间接地出现，例如献给神的赞美诗，或者仪式文献，而且它们也是新王国时期发展起来的造型艺术作品中常见的内容，如众多的随葬品——石棺、墓碑等，墓室的墙上，以及随葬的纸草文献中。

神话似乎是古埃及宗教一个极其隐秘的部分，像矿石一样，在表面上只能看到一部分。最能证明这一点的是著名的奥赛里斯与伊西斯的神话，尽管这个神话肯定源自远古，但它在古埃及文献中从未以直接的叙述体形式出现过。直到公元前2世纪，在希腊作家普鲁塔克的作品中，才出现这个神话的叙述体文本。

在古埃及文字中，没有专门表示“神话”的词。表示故事常用的词是 sddt，意思是“那被讲述的”。这个词可以指人们作为故事讲述的任何事情，不管是否是以事实为基础的。可以是异国见闻，也可以是过去发生的事情，可以是国王的功绩，也可以是神的神迹。有时这个词最好是译成“传闻”或者“佚事”，或者类似的词。有一个例子中这个词的意思是“谣言”。很明显，sddt 的基本含义中没有“真相”的意思。这个词也可以用来指那些先辈流传下来的故事或者是以往贤哲说过的箴言。神话也是一代一代传下来的，但是因为神话涉及宗教教义，所以 sddt 从不用来指神话。这也是个很重要的现象，在许多文化中，神圣的神话与其他故事之间都有明确的区分，前者有时只有祭司才知晓，而后者是大家都知道的、娱乐性的。只有一个例子中 sddt 是指宗教知识。在 18 王朝中期的一个自传中，自传的主人——一个高级官员吹嘘道：“我多次目睹卡纳克阿蒙神庙的修建，如制作圣船以及为它镀金，使它看起来像升起的拉神，像关于太阳船的传说中所讲述（sddt）的那样。”这里把阿蒙的圣船比作神话中太阳神巡游天空所乘坐的船，从内容来看，关于太阳船的传说是口头流传的，而不是书写下来的；即便如此，这个故事也是对于事实的描述，而非有情节的神话叙述。

由于神话故事的相对罕见，有些学者得出结论说，在埃及历史的早期没有神话，神话是很晚才发展起来的，是“发明”出来给以往已经存在的仪式增加神圣色彩的。他们认为，最初古埃及的神祇数量不多，而且尽管从神学理论上讲一个神可能是另一个神的儿子或者兄弟，但他们彼此之间的关系是静态的，没有互动关系，因此也就没有关于他们的神话故事。结果认为，最初神话在古埃及的仪式中没有特别的意义；只是在后来的阶段，随着宗教仪式逐渐走向神圣化，开始出现描述神的世界的种种事件的神话，借助它们增强仪式的效验。这种观点的危险性在于：现在只发现了后期阶段的文献记载，之前的阶段现在还没有文献证据，其实际情况只能是一种假设。此外，埃及最古老的宗教文献——《金字塔铭文》有多处线索表明，在古王国时期就已经有了关于奥赛里斯被谋杀的神话以及荷鲁斯和塞特之间的争斗的神话。

关于早期文献中没有神话的现象，更为可信的解释是：它们最早是口传的，也许是因为只有那些直接参与官方仪式的人（即国王和极少数后来发展成祭司的高级官员）才能掌握它们。这一点从 st 这个词的使用就可看出来，它的意思是“秘密的”，或者“神秘的”，在后期埃及的一份文献中，它特指拉神和奥赛里斯神结合的神话，下文会提到这个神话。在这篇文献中有这样的话：“那个揭示它的人将会被处死，因为它是个伟大的秘密，它是拉神，是奥赛里斯神。”此外，st 这个词也用来描述放置在神庙最深处的神像，除了高级祭司之外没有任何人可以看到它。该铭文本身，以及它所提到的 st 一词，显然表明神话是一种神圣的知识，必须保持其神秘性，原则上只有国王和高级祭司才知道。考古发现也证明了这一点：我们现已发现的少数几个官方记载的神话文献确实都是在一般人不能接近的地方找到的，都是藏在神庙或者底比斯帝王谷王陵的最隐秘处。墓葬画也是一样，那些复杂的神话象征画面只有少数人理解，对大多数人而言，它们是神秘莫测的。

然而，在古埃及，宗教的教义主要以赞美诗、各种仪式以及墓葬铭文或墓葬画等来表达，而不以神话来体现。因此，就了解古埃及宗教而言，给神话一个太狭隘的定义可能是不太现实的。所以我们将采取一种很实际的做法，不考虑神话作为一种文学体裁应有的叙述的一面，给神话一个这样的定义：通过描述人类之外的世界，描述发生在人类历史之前的事件，它们赋予现实世界一定的意义，使之变得可以理解，并且表述了对未来的看法，试图以象征性的术语解释社会现实与人类存在。如果这样来定义神话，那么古埃及的各类文献中都有很多神话。

埃及历史上只有一个短暂的时期几乎完全没有神话。那是 18 王朝的末年，法老埃赫那吞倡导只信仰一个神——阿吞（太阳神，以日轮的形象出现）。一神教未必一定没有神话，但阿吞信仰却没有神话，甚至到了反对或者仇视神话的地步。不仅神之间没有互动，而且人类也没有神话式的前生和来世。世界是非常客观的物质存在：阿吞神用阳光赐予万物生命。

然而，在埃及历史的大部分时间，埃及人还是奉行多神崇拜的，而且很多神都是地方神，而关于这些神之间关系的神话叙述也很多。

希腊罗马统治埃及时，少数埃及知识精英开始将传统的“秘传知识”系统而集中地以文本、图像、建筑等种种形式表达出来，成为赫尔墨斯主义的发端和后世赫尔墨斯文献的原型，此后，埃及的智慧之神图特与希腊的智慧之神赫尔墨斯融合成为赫尔墨斯主义的核心，上古晚期，随着基督教合法化，赫尔墨斯主义与诺斯替主义等被边缘化的古代思潮成为“异端”，但它们保存着古代文明的内核，在西方文化史上始终绵延不绝地以各种面目出现。其“秘传”的出身和“异端”的身份使其形成独特的晦涩表达形式，在现代社会，这些东方思想的精华渐渐不为人知。

在对古埃及神秘知识的研究中，有两种观点较具代表性。一种认为神秘知识现象反映了古埃及社会等级制度造成的知识分配不均，是少数人掌握特殊权力的体现，如约翰·贝因斯认为：“知识根本上来说是实现权力的手段，是古埃及社会化过程的组成部分，为统治者的控制方式，其基本的前提是没有人了解所有的事情。”[①] 另一种观点则强调“神秘知识”是古埃及知识精英对神圣宇宙秩序的认识，是神圣世界与世俗世界之间的界限，在后期埃及则成为祭司阶层的文化身份象征，最终成为欧洲思想史上关于

① J. Baines, “Restricted knowledge, hierarchy, and decorum: modern perceptions and ancient institutions”, *Journal of the American Research Center in Egypt*, Vol. 27 (1990), pp. 1 – 23.

古埃及的文化记忆。[①] 本章将结合古埃及人自己对神秘知识的记载与后世对其所做的评注和演绎，从秘传知识的实践和流传过程对其实质进行解读。

古埃及语中，表达“神秘知识”的词语有很多，可以分为三组：第一组的词意思多为隐蔽的，含有神秘的意思：hbs，h ꜣ p，k ꜣ p；第二组是 sštA，是个使动结构，词根是*sštꜣ*，意为“神秘的、难以接近的、晦涩的”；第三组词是 jmn 意为“隐藏的”。[②]

古埃及的神秘知识有着悠久的传统，古王国时期就有一种叫作“掌管秘密者”（*ḥry-sštꜣ*）的头衔，多为高级官员或祭司。从词源上讲，“掌管秘密者”的写法就是墓地守护神豺狼头的阿努比斯的形象，暗示着神秘知识的核心是和死亡相关的。古王国时期，6 王朝的官员卡努姆就曾有“黑暗之秘密的保有者（*Hrj-sšt ꜣ nj kkw*）”的称号。中王国时期，12 王朝的一位州长，埃尔 - 巴尔沙（el-Barsha）的杰胡提霍特普（Djehutihotpe）也有类似的头衔：“神之言辞的秘密之保有者，……每一个（神圣）官职的掌控者”，“图特之家中看到一［ ］之秘密的保有者”，“仪式之秘密的保有者”[③]。13 王朝，奈菲尔霍特普（Neferhotep）铭文中曾记载国王能够发现和阅读官员们不能解释的文献，这样的记述正与“秘密的保有者”这一头衔相吻合，都指明了宗教仪式知识的分隔和书写知识的限制性。

中王国时期拥有这个头衔的大臣伊荷诺弗瑞特（Ikhernofret）在阿拜多斯的纪念碑中，提到自己掌握秘而不宣的神秘知识，其内容之一是象形文字的秘密，第二部分是工艺诀窍，第三部分是艺术风格的

---

① J. Assmann, “Der Tempel der ägyptischen Spätzeit als Kanonisierung kultureller Identität”, in E. Iversen, J. Osing, and E. K. Nielsen (eds.), *The Heritage of Ancient Egypt: Studies In Honour of Erik Iversen*, Copenhagen: University of Copenhagen, 1992, pp. 9 – 25.

② J. Assmann, *Sonnenhymnen in thebanischen Gräbern* (Theben I), Mainz: Philipp von Zabern, 1983, p. 10.

③ J. Baines, “Restricted knowledge, hierarchy, and decorum: modern perceptions and ancient institutions”, *Journal of the American Research Center in Egypt*, vol. 27 (1990), p. 9.

秘密。新王国时期的《亡灵书》里多次提到国王通晓一种别人都不知道的神秘文字，那种文字是东方神灵所说的话语。① 在民间传说中，这些秘传知识被称为《图特之书》，共42卷，古代晚期作家中，不止一位作家提到过它，如普鲁塔克、著名的基督教学者亚历山大的克莱门特（Clement of Alexandria）和亚历山大的西里尔（Cyril of Alexandria）等。后世的各种神秘思潮如赫尔墨斯主义、诺斯替主义等，都与古埃及的神秘知识有着渊源关系。

在古埃及的文化传统中，神秘知识是专属于国王和极少数知识精英的，对普通人而言则是一种禁区。托勒密时期的世俗体文学作品《塞特纳·哈姆瓦斯故事Ⅰ》用主人公的传奇经历讲述了这个道理。故事的主角哈姆瓦斯王子原型为历史上新王国国王拉美西斯二世的第四个儿子，孟菲斯普塔神庙祭司，他对魔法特别好奇，到处寻找传说中的魔法书——《图特之书》，最终在王子纳奈弗尔卡普塔墓中找到了它。纳奈弗尔卡普塔之妻阿赫瓦尔的鬼魂向他讲述了丈夫因为魔法书而遭到神谴、家破人亡的故事，哈姆瓦斯王子不听劝阻，执意拿走魔法书，并当众宣读，再次触怒神，被神引诱杀死自己的儿子。哈姆瓦斯将魔法书还回纳奈弗尔卡普塔墓中才结束了灾难。据说魔法书最初被藏在一个湖的中心，湖中心有一个铁盒，铁盒里边有铜盒，里边又有木盒，一层一层包裹，最后有个金盒子，里边装的是魔法书，这周围还有蛇蝎毒虫环绕着以保护它。魔法书打开之后，会震动天地山河，诵读者能听懂飞鸟和水中游鱼走兽的语言，能看到天空中的九神。②

---

① J. Baines, "Restricted knowledge, hierarchy, and decorum: modern perceptions and ancient institutions", *Journal of the American Research Center in Egypt*, vol. 27 (1990), pp. 1–23.

② M. Lichtheim, *Ancient Egyptian literature*, Los Angles: University of California Press, 1980, pp. 128–29&146.

三　秘传知识

（一）从阿拜多斯神表到泰布图尼斯祭司手册

在阿拜多斯的18王朝国王塞提神庙中，有两个神殿中刻写着孟菲斯“诸神列表”，其原型是古王国时期的神表，这是秘传知识的一个重要线索。塞提神庙的建造，是19王朝开国君王恢复文化传统的重要举措。19王朝则面临着埃赫那吞宗教改革留下的集体创伤，埃赫那吞主张独尊太阳神阿吞，并破坏部分阿蒙神庙等纪念物，对传统的多神信仰体系造成巨大的冲击。当塞提一世在阿拜多斯建造集神庙及奥赛里斯墓于一体的建筑时，将古老的仪式、神话等以文字、图像和建筑本身等多种形式表达出来，使得这个神庙成为一个承载文化记忆的纪念碑。

在索克尔和尼弗尔太姆神殿中的“诸神列表”有63列，但保存不好；在索克尔神殿的有51列，相对保存完整。除了拼写特点之外，列表中的一些名字也与古王国时期的一致，学者们基本确定该列表有古老的原型。列表的内容是古代孟菲斯的神学地理：

15—23栏：西方；东方；普塔在东方的作坊；西方的标志。

24—25栏：塞塔伊特的庄园。

26栏：赫努姆船之厅。

27—30栏：塞塔伊特之门。

31—33栏：赫努姆庄园。

34—36栏：南厅。

37—51栏：北厅；孟菲斯南边；孟菲斯北边；尼弗尔太姆神庙。[1]

---

① J. Baines, “An Abydos list of Gods and an old kingdom use of the texts”, *Pyramid Studies and Other Essays Presented to I. E. S. Edwards*, Egypt Exploration Society, 1988, pp. 125 – 129.

1—12 栏中，描述了普塔神各方面的特质。15—17 栏有关于创世及创造人类的神话内容。33、41、51 栏提及“南方角落的荷鲁斯”“石头上的塞赫麦特”等仪式地点。根据 Kees 的考证，3—8 栏的内容在两个古王国时期的大臣墓中也有出现，一个是尼乌瑟拉的大臣普塔赛普赛斯墓（Ptahshepses）中的假门，现存大英博物馆，一个是 75—100 年后太提的大臣萨布（Sabu）墓中的假门，现存开罗博物馆。值得注意的是，这两个大臣都是“普塔 - 索克尔”神的大祭司，他们都有几个鲜为人知的祭司头衔，其中阿拜多斯列表上的六个名字在两个大臣的假门上以三 3 对的形式出现，其中两对与阿拜多斯列表上的顺序一致，分别是：

第一组：普塔 - 索克尔在所有地方的祭司，hnty-tnnt 祭司，诵读祭司（CS 3—4 栏）。

第二组：辣木树下的神的祭司，hnty-mdf 祭司（CS 6—7 栏）。

第三组：旗杆最前方者，伟大的先驱者祭司（CS 8，5 栏）。①

图 2 - 5 - 1 阿拜多斯神表

图片出处：John Baines, *High Culture and Experience in Ancient Egypt*, Equinox Publishing Ltd, 2013, p. 168。

---

① J. Baines, "An Abydos list of Gods and an old kingdom use of the texts", in J. Baines and T. G. H. James (eds) *Pyramid Studies and Other Essays Presented to I. E. S. Edwards*, Egypt Exploration Society, 1988, pp. 125 - 129.

这种描述神学地理的列表，目前发现的例子中很少有古王国时期的，除了这两个大臣的假门之外，最相似的是5王朝吉萨一个大臣墓中出土的写字板，上面有2到5王朝的王名、神名、庄园名。[①]

虽然神学地理列表很少见，但列表式样的其他辞书类文字早在3王朝乔塞尔金字塔神庙中就有，4王朝斯尼弗鲁金字塔河谷神庙中以这种形式表现各地庄园的供奉，5王朝尼乌瑟拉太阳神庙中的四季堂浮雕以图文并用的列表辞书表现再生循环的主题。贝恩斯认为，早期文字在以列表形式记录经济活动的同时，也以同样形式书写神圣文献，如神庙中的诸神列表，《金字塔铭文》中的神名、地名等，但后者受约于知识等级制度，只有国王和少数贵族可以使用，因此也有少数贵族以此炫耀其身份地位，这就是为何在上述贵族墓假门以及写字板上会出现诸神列表。[②]

从诸神列表在阿拜多斯神庙中的位置及环境来看，其作用可能是作为仪式的引导。该神庙浮雕的铭文中有很多对话，像某种宗教戏剧，神表是系列仪式中的一个环节。关于阿拜多斯奥赛里斯秘仪的记载非常有限，其中两个在自传中描述奥赛里斯秘仪的官员都是阿拜多斯奥赛里斯神庙的大祭司，其中伊荷诺瑞里特生活在12王朝塞索斯特里斯三世（Sesostris III）时期，奈布瓦威生活在18王朝图特摩斯三世时期。塞索斯特里斯三世在阿拜多斯建造了奥赛里斯神庙以及纪念奥赛里斯的假墓，图特摩斯三世墓中发现了最完整的《来世之书》。这些都不是偶然的巧合，而是对核心宗教文献进行整理和保存的时代留下的印记。[③]

---

① J. Baines, "An Abydos list of Gods and an old kingdom use of the texts", in J. Baines and T. G. H. James (eds) *Pyramid Studies and Other Essays Presented to I. E. S. Edwards*, Egypt Exploration Society, 1988, pp. 125 – 129.

② J. Baines, "An Abydos list of Gods and an old kingdom use of the texts", in J. Baines and T. G. H. James (eds) *Pyramid Studies and Other Essays Presented to I. E. S. Edwards*, Egypt Exploration Society, 1988, pp. 125 – 129.

③ 颜海英：《神圣时空下的文化记忆：〈冥世之书〉与奥赛里斯秘仪》，《外国问题研究》2020年第3期，第14页。

托勒密时期的希腊作家克莱蒙特记载了古埃及神庙祭司所需要掌握的基本知识，他提及这些知识集中在42本书中，分为六类，神庙中不同种类的神职人员要掌握不同的专业知识，不仅要牢记于心，还必须能够熟练地运用。其中第三类神职人员是神庙书吏，他们要掌握十本圣书体书籍，“必须熟知圣书体文字，知晓宇宙学和地理学、日月的位置，还有五颗行星；还有对埃及的绘图和尼罗河的地图；祭司用具和他们的神圣之地的描述，还有神圣仪式的步骤与使用物品”；第四类神庙人员是圣衣者（stolist），他们也要掌握十本书，所涉及的内容包括“给予众神的荣誉，埃及人的祭祀事务；有关供奉、初熟之物、赞美诗、祈祷文、游行、节日，等等，以及教育和献祭之事”①。

这些描述与诸神列表在古王国时期到新王国时期高级祭司群体中的使用是一致的。而罗马时期的泰布图尼斯神庙图书馆中系统收藏了克莱蒙特所描述的“祭司知识”。其中发现的用于培训祭司的手册共有三份，一个是圣书体象形文字的，两个是僧侣体的，学者们通常称它们为“塔尼斯地理纸草”，其内容分为10个部分：

第1部分：天与地，时间与空间的划分。

第2部分：39个诺姆的列表（罗马时期的划分）及习惯信息。

第3—4部分：圣物及其祭司相关信息的附录。

第5部分：更古老的三个诺姆的名称，下埃及18—20诺姆。

第6部分：圣物及其相关信息的附录。

第7—8部分：神庙日历。

第9—10部分：社会等级。②

① Kim Ryholt, “On the Contents and Nature of the Tebtunis Temple Library: A Status Report”, in Sandra Lippert and Maren Schentuleit (Herausgegeben von), *Tebtynis und Soknopaiu Nesos*, *Leben im römerzeitlichen Fajum*, *Akten des Internationalen Symposions*, Vol. 11. 2005, p. 160.

② Kim Ryholt, “On the Contents and Nature of the Tebtunis Temple Library: A Status Report”, in Sandra Lippert and Maren Schentuleit (Herausgegeben von), *Tebtynis und Soknopaiu Nesos*, *Leben im römerzeitlichen Fajum*, *Akten des Internationalen Symposions*, Vol. 11. 2005, p. 150.

祭司手册的多份抄本，也说明了以神庙为编撰中心的宗教知识手册的扩散应用。在泰布图尼斯图书馆发现的仪式文献中，六份是开口仪式用的，六份是供奉仪式的，三份是日常仪式用的。其中开口仪式的手册是首次发现的在神庙而非葬仪中使用的僧侣体手册。日常仪式用的手册与19王朝阿拜多斯塞提神庙及公元前10世纪底比斯发现的纸草抄本的内容一致。①

（二）《努特之书》

在阿拜多斯塞提神庙后面的奥赛里翁（即奥赛里斯之墓），石棺墓室的天花板上，雕刻着《努特之书》，图像与铭文都已经残缺不全。这个铭文最特别之处在于，在千年之后的泰布图尼斯图书馆出土了对它进行评注的纸草，这份纸草上还有对公元前2000年阿苏特（Asyut）的铭文的临摹。奥赛里翁是个墓葬结构的建筑，建成后就封闭起来，其中墓室天花板上的《努特之书》，古时候的人们应该是不能看到的，同样的《努特之书》还出现在底比斯西岸帝王谷的拉美西斯四世墓室天花板上，说明了在当时是有纸草版的蓝本的。而千年后的纸草上出现对它的复制和评注，说明这正是祭司内部流传的高级知识。

塞提神庙奥赛里翁的《努特之书》雕刻在墓室天花板西半部分的最右边，努特的身躯呈拱形，头在右边，脚在左边，身躯下面是空气神“舒”张开双臂托举着努特，女神的嘴边有个带翼的日轮，旁边榜题是“西方地平线”，女神的胯间写着“东方地平线”，脚面上是一个日轮，而这个日轮前方不远处又是一个小一些的日轮，从小日轮开始，有一条水平方向的波浪线。女神膝盖前方是一个圣甲虫，膝盖后方、腿外侧是秃鹫女神奈赫拜特。女神身躯下方竖行的文字分别是日

① Kim Ryholt, “On the Contents and Nature of the Tebtunis Temple Library: A Status Report”, in Sandra Lippert and Maren Schentuleit (Herausgegeben von), *Tebtynis und Soknopaiu Nesos, Leben im römerzeitlichen Fajum, Akten des Internationalen Symposions*, Vol. 11. 2005, p. 150.

月星辰等的名称。①

卡斯伯格纸草有两份抄本，都保存在哥本哈根大学博物馆，其中卡斯伯格纸草 I 约 68 厘米长，30.5 厘米高，开头极可能有塞提神庙《努特之书》的绘图，但这部分及第一栏开头部分的文字都没有保存下来。卡斯伯格纸草 Ia 约 25 厘米长，虽然内容与 I 相似，但并非是它的复制品。②

卡斯伯格纸草由两部分组成，第一部分是对塞提神庙《努特之书》的评注，按照从左到右的顺序，每个部分先描述位置，然后解释画面的含义。

A 是对整个画面的总括介绍。

B 提及太阳神从东南方向升起。

C 描述太阳神从杜阿特（黑暗的冥界）向上升起，并且提到了确切的时间——“第 9 个小时”。这也是第一次有文字的材料说明古埃及人认为太阳与群星的起落是相关联的，它们都是消失在杜阿特，又从中再次出现。

D 描述世界的边界，世界的外围环绕着一望无际的黑暗的水域，太阳也无法到达，日月星辰及大地都在这个黑暗水域环绕之内。

E 解释太阳和群星的运行规律。旬星“出生”后在东边天空活动 80 天，之后在中部天空“工作”120 天，然后在西部天空“居上”（tpy）90 天，最后在*dw3t* 停留 70 天（无法在夜空看见）。每个夜晚可以看见 29 颗旬星在夜空中“活动和工作”，7 颗在*dw3t*中无法看见。③

F 以神话叙述的方式描绘太阳运行，日落时太阳进入努特之嘴，得坎群星尾随进入。当太阳从努特子宫出现时，恢复到他最初的年轻

① Stephen Quirk, *Exploring Religion in Ancient Egypt*, Wiley Blackwell, 2015, p. 139.

② O. Neugebauer, R. A. Parker, *Ancient Egyptian Astronomical Texts* Vol. I, London, 1969, pp. 36 – 38.

③ O. Neugebauer, R. A. Parker, *Ancient Egyptian Astronomical Texts* Vol. I, London, 1969, pp. 36 – 88.

样貌。此处再次描绘世界边界，西部边界即女神的头部外侧，有两个椭圆形的“冷水之巢”，那里栖居着人头、讲人类语言的群鸟。①

卡斯伯格纸草的第二部分非常特别，它是极少数保存下来的戏剧题材的文献。虽然这部分纸草残缺不全（可能是它所依据的蓝本本身就残缺），但主要情节还可以看到。它以戏剧对话的形式描述群星的运行，把它们进入努特之口描述为努特不断吞吃自己的孩子，而地神盖伯为此一直与努特争吵。每个夜晚有 7 颗旬星是看不见的，只能看到 29 颗。旬星进入杜阿特之后，在那里停留 70 天，它们在那里就像黑暗之湖的鱼，它们的眼泪也变成了鱼。但最终在盖伯的命令下它们脱离了杜阿特，重返天空。旬星会在天空消失 70 天又重现，正如月亮也会在消失 28 天之后重新出现，卡斯伯格纸草的作者在总结这些规律的同时，提及旬星、月亮都与太阳相关联，正是这种关联使得它们消失又再现。②

自拉美西斯四世开始，国王墓室的天花板开始以成对的天空女神努特的浮雕装饰，即两个努特的形象背对背构成对称的两个部分，与阿拜多斯一样，画面不仅表现太阳的行程，也有旬星等其他天体的轨迹。26 王朝的 Mutirdis 墓中，也有非常相似的《努特之书》。其后出现在墓室或者棺椁上的《努特之书》多数不完整。

（三）《法雍之书》

《法雍之书》现存的多数版本都发现于罗马时期的法雍，是在泰布图尼斯神庙的一个窖藏中发现的。最初的版本可能是写在纸草上的，有大量的插图，现在保存比较好的三个部分分别是本利希（Bein-

① O. Neugebauer, R. A. Parker, *Ancient Egyptian Astronomical Texts* Vol. I, London, 1969, pp. 38 – 42.

② O. Neugebauer, R. A. Parker, *Ancient Egyptian Astronomical Texts* Vol. I, London, 1969, pp. 67 – 80.

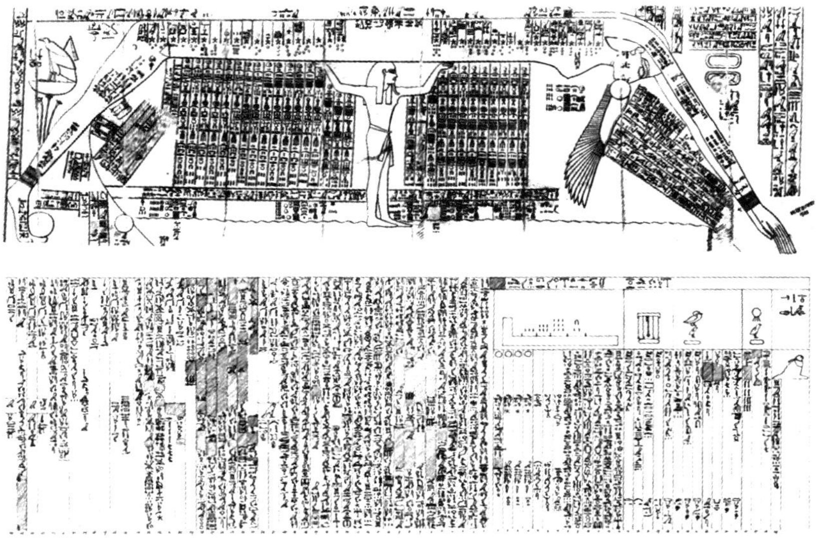

图2-5-2　《努特之书》

图片出处：H. Frankfort, *The cenotaph of Seti I at Abydos Plates*, The Egypt Exploration Society, 1934, Pl. LXXXI。

lich）纸草、布拉格纸草（Blag）、阿姆赫斯特（Amherst）纸草，这几份纸草上的文字都是圣书体。本利希认为最初完整的《法雍之书》应该有10米长，为了方便使用，它最开始就是分别写在两片纸草上的。①

在科翁伯神庙的墙上，雕刻着《法雍之书》的部分内容，没有任何插图，整个浮雕被分为两部分，一部分是供奉天牛的内容，另一部分是一些较短的段落。两部分是出自同一个粉本。科翁伯是法雍之外的第二大鳄鱼神的崇拜中心。最重要的是，《法雍之书》也出现在其他地方，而且是铭刻在神庙中。

此外，还有若干僧侣体的版本，大部分残缺严重，只有一份保存

① John Tait, The "Book of Fayum": Mystery in a Known Landscape, in David O'Connor and Stephen Quirck (ed.), *Mysterious Lands*, UCL Press, 2003, p. 183.

相对完好，有圣书体版本的六分之五的内容。①

法雍是开罗西南的一片低洼地，通过巴赫·约瑟夫河与尼罗河谷相连，该河注入法雍湖，现在湖区有233平方千米，古代时面积更大，自公元前2000年起开始的几次垦荒工程，为了获得农田，将注入湖中的支流切断，使得湖水大幅度缩减，该地有大量鳄鱼，因此鳄鱼神索贝克是当地的主神，在《法雍之书》中，太阳神在夜间是以鳄鱼的形象游向他第二天升起之处。而死神奥赛里斯则是法雍湖中之水，随着尼罗河泛滥而来，象征着繁殖，蕴含着太阳神每日复新的潜力。

《法雍之书》的地理描绘是从巴赫·约瑟夫河开始，向北展开表现法雍湖区，然后聚焦在三个城市：东南的塞迪特（Shedyet）、北边的巴赫亚斯（Bacchias）、西南的奈特神的阿卡西亚（Acacia）。图文穿插在一起，把法雍的地理特征、宗教中心及神话中的存着相互交织，这是按照古埃及人心目中最重要的地方构建的嵌套的神圣景观。古埃及人在各种层面上模仿和建构宇宙，小到房屋、宫殿，大到神庙、诺姆乃至整个国家。②

《法雍之书》的开头是一对象征山丘的符号，围绕着七条横向的画带，延伸约1米长。中间的画带是空白的，上下三条画带由内到外依次描绘的是鱼类、鸟类、树木，再向外侧，则是一系列神祇的形象，旁边的铭文写着他们所在的地方。第二部分是巨大的女神迈赫特乌瑞特（Mehetweret）的形象，从她的臂肘蔓延出两条曲折的运河，代表法雍南北两条注入湖水的运河，是托勒密时期修建的，因此该文献的年代应该是托勒密时期或者之后的。第三部分是拉神的形象，他的身体一半浸

① John Tait, The "Book of Fayum": Mystery in a Known Landscape, in David O'Connor and Stephen Quirck (ed.), *Mysterious Lands*, UCL Press, 2003, p. 184.

② David O'Connor, "From Topography to Cosmos: Ancient Egypt's Multiple Maps", in R. J. A. Talbert (ed.), *Ancient Perspectives: Maps and their Place in Mesopotamia, Egypt, Greece and Rome*, Chicago: University of Chicago Press, 2012, pp. 68 – 69.

没在水中，然后是两个载着鳄鱼神索贝克的船，上下相对，呈镜像状态。这三个部分表现的是法雍湖的景观。接下来是一个长长的椭圆形地带，表现的是法雍地区的陆地，如前边的画面一样，在两侧有神祇形象及描述其所在地的铭文。之后是一系列鳄鱼神的形象，最后的画面是一个岛屿，上面有奈斯女神的祠堂、创世八神的祠堂，以及鳄鱼神的祠堂，全书的结尾是一个巨大的王名圈，里面的文字内容是“法雍是拉神、奥赛里斯、荷鲁斯和法老的领地”。鳄鱼神祠堂的外观是古老的样式，由三个表示庄园的符号 hwt 组成，两侧各有一个旗杆，这是塞迪特神庙的象征，因此此处又将人们的视线引回法雍主城。①

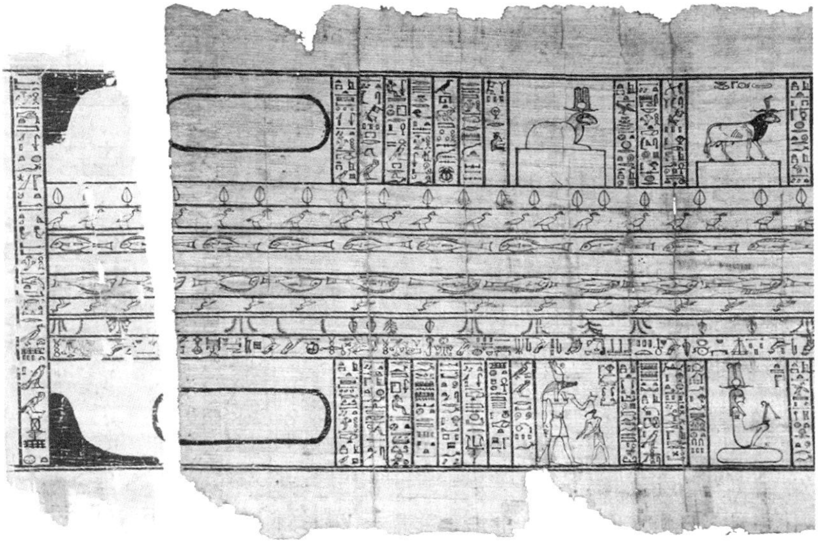

图 2－5－3　《法雍之书》开头

图片出处：John Baines, *High Culture and Experience in Ancient Egypt*, Equinox Publishing Ltd, 2013, p. 126。

① John Tait, The "Book of Fayum": Mystery in a Known Landscape, in David O'Connor and Stephen Quirck (ed.), *Mysterious Lands*, UCL Press, 2003, pp. 188－195.

图 2-5-4 《法雍之书》结尾

图片出处：John Baines, *High Culture and Experience in Ancient Egypt*, Equinox Publishing Ltd, 2013, p. 127。

泰特认为，从内容看，《法雍之书》与辞书是一种类型的，只不过辞书没有插图而已。二者的基本逻辑和结构是一致的，只不过《法雍之书》近一半的内容是图表，又以地图的形式结合了地貌背景。① 笔者认为，从其表现形式看，《法雍之书》最接近新王国时期帝王谷的《冥世之书》系列，是创造性地以传统的体裁表现托勒密时期法雍地区宗教地位的尝试。

《法雍之书》的创作者和使用者无疑是祭司群体。大部分版本都是在神庙的窖藏中发现的，是一批弃用的文献中的一部分。此外，现存主要版本是圣书体，这是只有祭司阶层才能掌握的高级知识，在希

① John Tait, The "Book of Fayum": Mystery in a Known Landscape, in David O'Connor and Stephen Quirck (ed.), *Mysterious Lands*, UCL Press, 2003, pp. 188 - 195.

腊罗马时期更是这样。

《法雍之书》如何使用，在学界一直有争议。圣书体的版本极其复杂，插图出自不同的画匠的手笔。有的文字方向是颠倒的，从阅读的角度看极其不方便。作为地图式的资料，查阅也非常困难。长达10米的卷轴，如果展开阅读，相对小的画面还可以，但较大的画面如表现法雍陆地的部分，是不可能一个人可以持卷打开、尽收眼底的。有的学者认为这种文献是仪式用的，在特定仪式上悬挂在神庙中，大部分时候是收藏在神庙圣所的。也有的学者认为这是祭司训练用的，除了几个主要版本，还有僧侣体的抄本，这些都没有图像，其内容类似神庙仪式中的祷文，可能是祭司日常使用的。其中一个僧侣体抄本的最后有这样一段话：

> 这份文献由帕－盖伯（Pa-geb）完成，他是为贝亨（Bekhen）之主索贝克－拉神的第一预言师写的，他也是泰布图尼斯和盖伯之主索贝克神的第一预言师，众神的王子。他的名字是拉－索贝克，他也是在贝特努（Betenu）主持仪式的瓦布祭司。哈德良在位20年，泛滥季第一个月，第8天。[1]

从目前发现的多种抄本来看，很可能当时一些神庙高级祭司想有自己的一份《法雍之书》。而这个作品从文字到艺术的精湛程度足以使它成为祭司训练的模本。

最值得注意的是，刻写在科翁坡神庙墙上的《法雍之书》，铭文分为两个部分，中间有分界线，其中一半的内容是奉献给天牛，另一半是其他段落的汇集。这个版本没有任何图像，只有铭文部分。[2] 而

① John Tait, The "Book of Fayum": Mystery in a Known Landscape, in David O'Connor and Stephen Quirck (ed.), *Mysterious Lands*, UCL Press, 2003, p. 201.

② John Tait, The "Book of Fayum": Mystery in a Known Landscape, in David O'Connor and Stephen Quirck (ed.), *Mysterious Lands*, UCL Press, 2003, p. 183.

现存的圣书体纸草版本共有三个部分，分别收藏在三个博物馆，其中最长的两个很可能最初就是故意写在两个纸草卷上的，《法雍之书》总长 10 米多，在膝盖上展开一个纸草卷的极限长度应该是 5 米左右。科翁坡是法雍之外的第二大鳄鱼神崇拜中心，《法雍之书》在此出现绝非偶然。根据这种分为两部分的结构，以及相关正字法的研究，科翁坡神庙墙上的《法雍之书》，所依据的模本应该是泰布图尼斯的纸草版。因此，《法雍之书》在作为祭司训练用的范本之外，还是使用该类文献装饰神庙及其他相关场所使用的模本。

四　神庙图书馆与“秘传”知识体系

自 4 王朝开始，古埃及神庙就有收藏管理文献和典籍的机构，这个传统一直延续到希腊 - 罗马时期，考古发现的神庙图书馆遗址极少，主要有 19 王朝拉美西斯二世祭庙、罗马时期的纳戈·马第图书馆、塔布图尼斯图书馆、底比斯图书馆等。其中的文献分为管理类和典籍类，前者主要是经济文书等管理档案，后者包括宗教祭仪、天文、文学等经典，这些经典既是一种知识库，也是高级文化的呈现，秉承着古老的传统，在收集、选择基础上编订而成，其主要作用是：为祭司、司法和医学活动提供知识储备，规范日常生活和品行的基本准则，体现社会精英的文化身份。与亚历山大图书馆这类国家图书馆不同的是，神庙图书馆的基本原则是保存经典和遵循知识等级制度，其中的“生命之屋”就是整理、保存经典的核心机构，也就是前文提及的神秘知识的产生和传承之地。

发现于 20 世纪 30 年代的罗马 - 埃及时期的大型图书馆——泰布图尼斯图书馆，目前已发现 2500 份纸草文献，由哥本哈根大学凯茨伯格纸草国际学术委员会主持整理，阿克塞尔·维尔滕（Aksel Volten）和吉塞佩·伯蒂（Giuseppe Botti）两位学者对这批文献进行了将近三十年的整理工作，完成了分类、编目和部分识读。瑞霍尔特则将泰布图尼斯神庙图书馆所存的叙述体文献进行了细致的研究，其专著《来自泰布图尼斯神庙图书馆的叙述类文学》（*Narrative Literature from the Tebtunis Temple Library*）有对这些作品的完整转写、翻译和注释，并剖析了文本保存、故事背景、人物与历史事实的关联性等问题。①

与其他神庙图书馆相比，泰布图尼斯神庙图书馆是保存图书最多的。虽然艾德福神庙的“生命之屋”的墙上留下了此处曾经收藏的书的目录，但文献没有保存下来。此外，泰布图尼斯神庙图书馆的藏书风格相对保守，迪米（dime）图书馆的很多藏书是世俗体的，奥克西林库斯图书馆甚至有很多藏书是译成希腊文的，目的是为了保证发音的正确。而泰布图尼斯的藏书多数是僧侣体的，而且它们或者早于其他地方的图书，或者是依据了更古老的版本。

泰布图尼斯神庙图书馆绝大多数纸草文献的成文年代约为公元1至2世纪的罗马－埃及时期，少量为公元前1世纪和公元3世纪。纸草文献按内容分为三类：宗教仪式110篇（50%）、科学文献60篇（25%）和叙述文学60篇（25%）。

宗教仪式类文献又细分为五类：祭司知识手册、仪式手册、宗教赞美诗、魔法文献和祭司教育文献。其中祭司知识手册是祭仪类文献中最重要的一个子类，其中有六部作品尤其重要，已发现的这六部作品的手稿数量约有50多份，即祭仪类文献手稿总数的将近一半。②

1.《神庙之书》（*The Book of the Temple*），约有50多个手册抄本；

2.《图特之书》（*The Book of Thoth*），约10篇文献，为“爱学习之人（mr-rx）”与智慧之神的对话；

---

① Kim Ryholt, “On the Contents and Nature of the Tebtunis Temple Library: A Status Report”, in Sandra Lippert and Maren Schentuleit (Herausgegeben von), *Tebtynis und Soknopaiu Nesos, Leben im römerzeitlichen Fajum*, *Akten des Internationalen Symposions*, Vol. 11. 2005, p. 142.

② Kim Ryholt, “On the Contents and Nature of the Tebtunis Temple Library: A Status Report”, in Sandra Lippert and Maren Schentuleit (Herausgegeben von), *Tebtynis und Soknopaiu Nesos, Leben im römerzeitlichen Fajum*, *Akten des Internationalen Symposions*, Vol. 11. 2005, p. 148.

3. 《法雍之书》(*The Book of Fayum*), 约有 8—10 篇, 以鳄鱼神索贝克崇拜中心法雍为原型的神话地理;

4. 《努特之书》(*The Book of Nut*), 5 篇僧侣体纸草文献, 描述来世的神话地理;

5. 神话手册 (*the Mythological Manual*), 4 份僧侣体手稿, 叙述埃及各地的神话传统;

6. 祭司手册 (*the Priestly Manual*), 3 份手稿, 其中一份为圣书体, 另外两份为僧侣体。即“塔尼斯地理纸草”, 包括天文地理、地方区划、神圣知识、神庙历法以及礼仪制度等十个方面的内容。[①]

祭司教育文献是神庙祭司接受训练的主要内容, 包括圣书体文字的语法和词汇, 以及词典和词汇表。其中以僧侣体写的专有名词词典长达 10 米多, 其前半部分为按主题排列的动词和名词组成的中埃及语“词典”, 后半部分为祭司知识手册和日历。[②] 教育文献还包括古王国时期的国王敕令、中王国时期墓葬铭文的抄本, 应该是祭司们学习写作的范本。[③]

如果把前文考察的三种文献传统——祭司手册、《努特之书》《法雍之书》放在泰布图尼斯神庙图书馆收藏的整体背景中, 可以看出这些作品都有悠久的流传过程, 而且在泰布图尼斯神庙图书馆以外有多种抄本, 既是王室专用的墓葬文献, 也是官员彰显社会地位的标签, 它们作为经典和秘传知识的传承脉络, 在数千年的历史长河中以各种形式出现。

---

① Kim Ryholt, "On the Contents and Nature of the Tebtunis Temple Library: A Status Report", in Sandra Lippert and Maren Schentuleit (Herausgegeben von), *Tebtynis und Soknopaiu Nesos, Leben im römerzeitlichen Fajum, Akten des Internationalen Symposions*, Vol. 11. 2005, p. 149.

② Kim Ryholt, "On the Contents and Nature of the Tebtunis Temple Library: A Status Report", in Sandra Lippert and Maren Schentuleit (Herausgegeben von), *Tebtynis und Soknopaiu Nesos, Leben im römerzeitlichen Fajum, Akten des Internationalen Symposions*, Vol. 11. 2005, p. 151.

③ Kim Ryholt, "On the Contents and Nature of the Tebtunis Temple Library: A Status Report", in Sandra Lippert and Maren Schentuleit (Herausgegeben von), *Tebtynis und Soknopaiu Nesos, Leben im römerzeitlichen Fajum, Akten des Internationalen Symposions*, Vol. 11. 2005, pp. 151 – 152.

从古埃及秘传知识的内容和流传过程看，宗教经典和仪式指南是并重的，掌握经典是基础，但更关键的是通过对仪式的参与，在宗教实践中体悟经典的真谛，这是学习的两个阶段。古埃及人用两个不同的动词表达这两个阶段的学习：rekh 和 sia。rekh 是指掌握技术和现实层面的知识，即语言和文字交流中所必须使用的概念；sia 则是一种绝对的直觉或者综合的知识，不能归于合乎逻辑的知识。具备完整的 sia 的只有创世主，其他的神则或多或少具备一点，对于人类而言，rekh 和 sia 之间的距离为他们提供了一个开放的空间，让他们不断地探寻，但是人永远无法进入神的境界。①

如前所述，古埃及语中表达“神秘”的词中，最常用的是*sšt3*，其词根的意思是“困难的”，在世俗文学中这个词也是表达这个意思的，特别是在数学纸草中，用这个词来表示“难懂的”“艰深的”。这个基本含义与上述第二阶段的感悟式学习 rekh 所强调的是一致的：真理的最高境界是“知行合一”。

贝恩斯以知识等级解释神秘知识的形成及其在社会礼制中的作用，以及阿斯曼等人强调神秘知识与古埃及人宇宙观的联系，都没有充分强调古埃及高级文化传承中“知”与“行”的统一。这种高级文化不是自然演变的结果，而是统治手段的核心部分，通过节日庆典、贵族自传、墓葬文学等辐射到整个社会，特别是自中王国时期开始，到后期埃及发展到极致的来世信仰的大众化，使得核心文化日渐普及。但作为一种以生命哲学为核心的综合性知识，唯有少数社会精英在神庙的特定仪式环境中，以特定的生活方式，得以浸濡其中，克服认知的障碍，进入感悟（sia）的境界。

对神庙典籍的内容及源流的考察证明，祭司教育中各个门类的知识之外，作为仪式指南的祭司手册有着指导实践的重要作用，而神庙

---

① Edward F. Wente, “Mysticism in Pharaonic Egypt?”, *Journal of Near Eastern Studies*, Vol 41, No. 3 (Jul., 1982), pp. 166–167.

典籍中的核心文献，如作为仪式引导的诸神列表和辞书字典，作为神庙及墓葬装饰蓝本的《努特之书》《法雍之书》，在后世被评注、传抄，并出现在多种纪念性建筑之中，更证明了这类知识的实践性。所谓的神秘知识，其门槛不仅是对内容的掌握，更主要表现在实践中体悟的资质和能力。即使对于体验到这种知识的祭司来说，也不会是一劳永逸的，需要一次次重新建立连接。而关于普通人不可僭越神秘知识限制的提法，多数出现在大众文学中，因为不可企及而增加了其神秘色彩。

第六章

《来世之书》与复活仪式

爱德华·泰勒说：“关于埃及宗教我们知道得很多，却也很少——‘很多’只限于神庙、仪式、神祇的名字、礼拜程式等方面，而对这些外在表象背后那秘传的宗教理念却几乎一无所知。”①

《来世之书》原名《密室之书》（*sš ny ʿt imnt*），学者们通常用Amduat（m *dw3t*，意为在来世之中）称之，此即《来世之书》。最早的《来世之书》发现于新王国时期帝王谷的王陵中，以墓室壁画的形式出现，描绘太阳神在来世经历的12个小时的旅途，在新王国时期，这是国王专用的墓葬文献，其他王室成员墓中都没有，到了后期埃及，《来世之书》逐渐流传到民间，甚至有写在纸草上的版本。

与写在纸草上的大众版本的墓葬经典文献《亡灵书》相比，《来世之书》高度体系化、抽象化，较少有操作指南之类的提示，是古埃及死亡哲学的浓缩表达。也正因如此，学术界对其内容和含义无法做出解

---

① Edward B. Tylor: *Primitive Culture: Researches into the Development of Mythology, Philosophy, Religion, Language, Art and Custom*, London, 1913, Vol. II, p. 294.

释。赫尔农（Erik Hornung）为代表的一批学者从心理学的角度来解读这份文献，认为这是对人类内在世界的探索，表现的是人的意识通向集体无意识的过程和集体人格重生、新的原型观念产生的过程。① 本书试图结合古埃及墓葬文献及反映丧葬仪式的图像资料，对《来世之书》中的现实元素进行发掘，探讨古埃及人观念与习俗之间的互动关系。

一 《来世之书》的整理与研究

古埃及的墓葬文献有着悠久的传统，古王国时期的《金字塔铭文》为国王专用，到中王国时期演变为贵族官员也可使用的《石棺铭文》，新王国时期则出现了写在纸草上的大众版的《亡灵书》，而帝王谷的王陵墙壁上，除了绘有《亡灵书》之外，还有一系列叫作《冥世之书》的咒语，《天之书》《地之书》《门之书》《天牛之书》《洞之书》《来世之书》等，这些是王室专有的，连王后的墓中都不能使用。《亡灵书》侧重引导和操作，而《冥世之书》系列则对来世有详细的图像文字描述，内容更加晦涩隐秘，是高度符号化的象征体系。其中《来世之书》和《门之书》年代相对较早，突出的特点是把太阳神在来世的旅程分为12个小时的阶段，相比之下，《来世之书》侧重神学知识，《门之书》侧重仪式，二者的内容是互补的。②

最早的《来世之书》发现于18王朝的图特摩斯一世墓中，虽然学者们在语言学考证的基础上推测《来世之书》有着更早的源头，但目前还没有考古学上的证据。最完备而系统的是图特摩斯三世墓室中的。自18王朝到19王朝的拉美西斯三世，帝王谷的王陵中一直在使

① Theodor Abt and Erik Hornung, *Knowledge for the Afterlife*, *The Egypitan Amduat—A Quest for Immortality*, Living Human Heritage Publications, Zurich, Switzerland, 2003, p. 148.

② Erik Hornung, *The Ancient Egyptian Books of the Afterlife*, translated from the German by David Lorton, Cornell University Press, Ithaca and London, 1999, p. 27.

用《来世之书》，不同之处在于，18 王朝时期它多数用于棺椁所在的墓室，而 19 王朝时期部分内容出现在墓室通道的墙上。[①]

21 王朝后，随着帝国的衰落，《来世之书》扩散到民间，载体也多样化，棺椁、纸草上都有。它一直流传到托勒密王朝，在希腊化时期的宗教融合过程中是不容忽视的传统。

商博良最早发现了阿蒙荷太普三世墓中的《来世之书》，此后，马斯伯乐（Gaston Maspero）、巴奇（E. A. Budge）、罗林（Gilles Roulin）等人陆续发表了部分内容，布赫（Paul Bucher）发表了图特摩斯三世和阿蒙荷太普二世墓中的铭文。1954 年皮安克夫（Alexandre Piankoff）发表了拉美西斯六世墓的完整铭文。目前为止，《来世之书》系统整理翻译的代表作是赫尔农 2007 年出版的专著 The Egyptian Amduat The Book of the Hidden Chamber。值得一提的是施韦特（A. Schweiter）1994 年出版的专著 The Sungod's Jounrney Through the Netherworld，此书从心理学的角度对《来世之书》进行了细致的解读，其视角和观点得到了赫尔农的高度肯定，并对后者的研究产生了很大的影响。[②]

在古埃及的典籍中，《来世之书》的内容是最系统化的，如贝恩斯（John Baines）所说，最具“学术性”：它有题目、前言、结束语，还有个类似内容提要的简本（*sḥwy*），图特摩斯三世墓中的甚至还有神名索引。[③] 每小时的铭文结构也非常标准化，有标题、主导神、这个小时的主题。铭文与图像内容互相呼应，高度吻合。文中反复强调它是关于来世的重要“知识”。也正因为如此，这篇文献从文本到图像都是高度抽象和隐喻的，其内涵的解读就成了研究难点。自整理发表工作完成之后，学术界的相关讨论相对冷寂。赫尔农等人从心理学角度进行的探

---

① Erik Hornung, *The Ancient Egyptian Books of the Afterlife*, translated from the German by David Lorton, Cornell University Press, Ithaca and London, 1999, pp. 27 – 30.

② Erik Hornung, *The Ancient Egyptian Books of the Afterlife*, translated from the German by David Lorton, Cornell University Press, Ithaca and London, 1999, p. 31.

③ John Baines, "Restricted Knowledge, Hierarchy, and Decorum: Modern Perceptions and Ancient Institutions", *Journal of the American Research Center in Egypt*, Vol. 27 (1990), p. 4.

讨，无法构建其历史发展脉络，以及与埃及葬仪习俗之间的关联。

在《来世之书》长篇版的第一个小时，就出现了这样的话：

这是按照来世隐秘之所的计划所设计的。绘制这些形象的人就像伟大的神祇本身一样。它对活着的人有益。[①]

“对活着的人有益”，这种表达反复出现。关于死后世界的典籍，为何强调对活人有益？是如赫尔农所理解的，《来世之书》反映了古埃及人对人类潜意识世界的认知，故而这种知识有助于活着的人？还是它与现实中的重要仪式及习俗相关，是古埃及社会上层所掌握的高端知识？下面我们将从文本分析展开，讨论这一问题。

二 《来世之书》中的“知识”

《来世之书》的题目是一段长长的话，中心内容是“知识”：

本书的内容关乎隐秘之处，那里是巴、众神、影子、已修成正身的阿赫所在之地。开始是西方的号角，西方地平线之门；结束是无尽的黑暗，西方地平线之门。知晓冥世的巴，以及如何操作；知晓拉神的变形，以及那些神秘的巴；知晓每个小时及其主导神，以及如何呼唤他们；知晓那些门，以及这位伟神所要经过的道路；知晓每个小时的流逝及其主导神；知晓那些冉冉升起的正在陨落的。[②]

---

① Edward FWente, “Mysticism in Pharaonic Egypt?”, Journal of Near Eastern Studies, Vol. 41, No. 3 (Jul., 1982), p. 163.

② Erik Hornung, *The Egyptian Amduat The Book of the Hidden Chamber*, translated by David Warburton, Living Human Heritage Publications, Zurich, Switzerland, 2007, pp. 11 - 13.

《来世之书》中出现频率最高的动词是*rḫ*，意为了解、知晓，温提（Edward F. Wente）指出，使用这个动词时最常出现的句式是*iw rḫ* + 直接宾语 + m 引导的谓语 + 名词词组：

iw rḫ nn (n) sšmw št3 m 3ḫ ꜥpr
iw.f pr.f h3.f m dw3t iw.f mdw.f n ꜥnḫw
šs m3ꜥ ḥḥ n sp

知晓这些秘密设计的人是修炼成功的阿赫。他可以出入冥府。他可以对阳世之人讲话——此方百万次灵验。①

这种句式通常表现的是现在时态。而且，在强调掌握这种知识的重要性时，句子中多次出现“对活着的人”，意思是对活着的人有益：

iw rḫ st tp t3 m iwty swr Nḫ3-ḥr mw.f

那个知晓这个知识的阳世之人，“怒面人”不会喝他的体液。

iw rḫ rnw.sn tp t3 rḫ nswt.sn im imnt m ḥtp nst.f
m dw3t ꜥḥꜥ mm nbw ḫrwt m m3ꜥt-ḫrw m ḏ3ḏ3t
ḥrw ḥsbt ꜥ3w
iw 3ḫ n.f tp t3

那些活着的人，如果知晓了他们（神祇）的名字和他们在西方的位置，这些人在来世就有一席之地，在审判之日，他们就会成为掌握要求（标准答案）的人，被判为正义者。它对阳世之人是有用的。②

这种句式最早见于《金字塔铭文》第 456 节：

那个知道拉神咒语的人，那个主持赫尔阿赫特（Harakhte）的魔法咒语的人，他将成为拉神所知道的人，他将成为赫尔阿赫

① Edward FWente, “Mysticism in Pharaonic Egypt?”, Journal of Near Eastern Studies, Vol. 41, No. 3 (Jul., 1982), p. 166.

② Edward FWente, “Mysticism in Pharaonic Egypt?”, *Journal of Near Eastern Studies*, Vol. 41, No. 3 (Jul., 1982), pp. 166 – 167.

特的随从。①

这种句式及关于知识的描绘，与几份神庙中祭祀太阳神的赞美诗有着惊人的相似，阿斯曼（Jan Assmann）曾对此多次论证，最典型的一段如下：

国王某某，他知道
东方众多的巴在赞美太阳神时所讲的神秘语言
当太阳升起时，当他出现在光之地时，
当他们为他打开光之地东边的门闩时，
当他在天空行进时。

他知道他们神秘的真实样貌和他们的化身，
他们在神之地的故乡，
他知道当拉神开始其旅程时，
他们的位置。

他知道两个船队舵手的语言
当他们拖拉地平线之主时所讲的语言。

他知道拉神的诞生过程，
以及它在水中的变形。
他知道伟大的神将要现身的神秘之门，
他知道是谁站在日船上，
以及夜船上的伟大形象是谁。
他知道你在光之地的泊船之处，

① John Baines, "Restricted Knowledge, Hierarchy, and Decorum: Modern Perceptions and Ancient Institutions", *Journal of the American Research Center in Egypt*, Vol. 27 (1990), p. 11.

以及你在天空女神怀抱中划行的装置。①

短短的一段话里，*rḫ*出现了七处，其中所指向的知识包括了13种：东方的巴，他们的语言，样貌，化身，故乡，所在位置；船队舵手的语言；太阳神的诞生过程，它的起源，它将通过的神秘之门，日船中的人，夜船中的人，停靠地，船上的装置。

由此看来，《来世之书》等墓葬文献所提及的知识与现世的神庙仪式有着密切的关联。那么为何这种知识对活着的人有益？以阿斯曼为代表的学者认为古埃及人有种“死亡预演”的神秘仪式，生前掌握了神秘知识，死后可以顺利超度。罗马作家卢修斯的《金驴记》记载了古埃及人的伊西斯秘仪。卢修斯由驴变回人后，要求祭司让他体验伊西斯秘仪，沐浴净身之后，他等待夜晚的降临，仪式过程的描绘是文学化的：

我进入了冥府，踏入冥府的门槛，我经历了所有种种，我返回人间。我在午夜时分看到闪耀的太阳，看到了天堂和地下的诸神，我与他们面对面，并向他们致意。②

阿斯曼列举了几个神庙中可能举行这些秘仪的场所，但目前并没有充分的考古证据来证明这个秘仪的存在。

本书作者倾向于认为，强调来世知识对活着的人有益，应该从更为实际的角度去理解：所谓的有益，是指对主持葬仪者——这些知识是需要他们熟记和熟练操作的。从古王国时期起，古埃及人的葬仪上就有种特别重要的角色——手持纸草卷的诵经师，对其职责的要求是，要一字

① Jan Assmann, *Death and Salvation in Ancient Egypt*, translated by D. Lorton, Cornell University Press, Ithaca and London, 2001, pp. 394 – 395.

② Jan Assmann, *Death and Salvation in Ancient Egypt*, translated by D. Lorton, Cornell University Press, Ithaca and London, 2001, pp. 205 – 206.

不差地按照经卷诵读。最早的墓葬文献——《金字塔铭文》就是演说体写成，最初的用途是在国王入葬以及随后在金字塔内举行的供奉仪式中由祭司诵读。

温提对收藏于开罗博物馆的图特摩斯一世墓中的《来世之书》进行辨析，他认为从铭文缺漏的规律看，墓室壁画是从纸草版本抄写的，因为竖行的缺漏很像是由于纸草卷磨损造成的。[①] 从文本的结构看，《来世之书》如神话剧一般，有大段的对白，如太阳神的指令、众神及死者的赞美祈祷等。

而这一用途的不明朗，是因为古埃及将重要知识神秘化的传统。在《来世之书》中，明确提到来世知识的神秘性，只有少数“被选择的人”才有资格知道：

> 这是在来世隐秘之处以如此方法完成，那里遥远而神秘，只有被选中的人才知道它。[②]

关于神秘知识，学术界已经有很多讨论。阿斯曼在他的《埃及人摩西》（*Moses the Egyptian*）一书中讨论到宗教的内部分离，他承袭瓦布顿（David Warburton）关于“以只有少数人能读懂的象形文字为手段而形成封闭小团体”的观点，认为埃及的传统宗教其实有两种：大众的和神秘的，大众信仰的宗教（即多神崇拜）并不是真正的宗教，真正的宗教和知识（即一神信仰）被一个小圈子里的人封闭住了。阿斯曼称这种现象为分割的宗教（split religion）。[③] 而摩西就属于这个掌握了神秘知识的小团体；他所传的宗教正脱胎于这个小圈子里的神秘

---

① Edward FWente, “Mysticism in Pharaonic Egypt?”, *Journal of Near Eastern Studies*, Vol. 41, No. 3 (Jul., 1982), p. 164.

② Edward FWente, “Mysticism in Pharaonic Egypt?”, *Journal of Near Eastern Studies*, Vol. 41, No. 3 (Jul., 1982), p. 167.

③ Jan Assmann: *Moses the Egyptian*: *The Memory of Egypt in Western Monotheism*, Cambridge, Mass.: Harvard University Press, 1997, p. 208.

教义。但他传给犹太人的并非“真教”（the True religion），因为他碰到了与埃及传统宗教同样的问题：一方面，以大众的理解能力，并不适合向他们揭示真正的宗教；另一方面，负有宗教使命的他又不能宣传任何假的教义。于是就需要一种变通，变通的方法便是信仰的单纯力量和严格的戒律。[①]

事实上，持此观点的并非只有阿斯曼一人，埃提恩·德力奥顿（Etienne Drioton）和约瑟夫·瓦尔高特（Jozef Vergote）[②] 都认为埃及的知识阶层是一神信仰者，却并未将自己的信仰公开，因而大众仍保留着多神信仰。布奇也同意此说，称“埃及任何时期的有教养阶层都从未将众神（gods）放到等同于神（God）的高度”[③]。

但正如约翰·贝因斯（John Baines）注意到的，这类观点在非天主教徒的埃及学家中极为罕见，[④] 因此这里面是否存在学者自身理念的强加，是值得商榷的。

对秘传知识问题论述最集中也最全面的是贝恩斯，他详尽论述了秘传知识的各个方面。他认为知识被作为一种权力的工具，同时也是加入某一团体的必要仪式。特别是太阳崇拜，分为许多层级，而秘传知识的限定范围与这个人在社会等级中的地位相关联，[⑤] 甚至可以将这种关系容纳到整个官僚体系中去考察。位于等级体系最高处的是国王，他知道的秘传知识也最多。

其中尤其有趣的是对书吏职衔*ḥry sštȝ*的论证，认为其普遍应用更从一个侧面说明了权力与知识的关系，即秘密的内容外人不知道，但

① Jan Assmann, *Moses the Egyptian: The Memory of Egypt in Western Monotheism*, Cambridge, Mass.: Harvard University Press, 1997, pp. 213 – 215.

② 两人观点参见 John Baines, “Restricted Knowledge, Hierarchy, and Decorum: Modern Perceptions and Ancient Institutions”, *Journal of the American Research Center in Egypt*, Vol. 27 (1990), p. 4.

③ Budge, *Egyptian Religion*, p. 84.

④ John Baines, “Restricted Knowledge, Hierarchy, and Decorum: Modern Perceptions and Ancient Institutions”, *Journal of the American Research Center in Egypt*, Vol. 27 (1990), p. 4.

⑤ John Baines, “Restricted Knowledge, Hierarchy, and Decorum: Modern Perceptions and Ancient Institutions”, *Journal of the American Research Center in Egypt*, Vol. 27 (1990), p. 18.

谁知道这些秘密却是完全公开的。[①]

由此，贝因斯认为封闭的关键不是知识，而是某一特定群体；[②] 封闭的意义也不在知识本身，而在通往知识的可能；将秘传知识放入社会大背景中，起实质作用的并非知道秘传的是什么，而是谁知道。

就《来世之书》而言，阿斯曼坚持其内容是王室专属的，与前文所引的太阳赞美诗一样，是国王的特权，因为它在新王国时期只出现在国王墓中（除一个大臣的墓是特例），后期王权式微，才流传到民间。而温提则不同意此观点，并列举民间类似的文体反驳阿斯曼。

本书作者认为，国王墓中专用，并不意味着只有国王才知晓这种知识的内容。作为仪式的执行者——高级祭司群体不仅需要掌握这类知识，而且也是将之转化为王陵装饰的推动者。

下面我们将结合考古和图像资料，分析《来世之书》的仪式原型。

三 《来世之书》中的王权象征

图特摩斯三世墓中的《来世之书》是最早的较完整的版本，与墓室建筑的对应也最严谨。其中1—4小时在西墙，描述太阳神的船队从西方地平线进入冥府之地，9—12小时在东墙，展现太阳神在最黑暗之处完成复活、从东方地平线跳升的情景，对应开篇语所说“以西方的号角开始，以浑浊的黑暗结束”。5—6小时在南墙，7—8小时在北墙，分别对应铭文中所说的在黑暗之屋的南面、北面的活动，而且1—4与9—12小时、5—6与7—8小时的方向是相反的，以转折来表现“时光逆转”。复活的核心元素——太阳神之墓出现在第5小时中，而12小时与它紧

① John Baines, “Restricted Knowledge, Hierarchy, and Decorum: Modern Perceptions and Ancient Institutions”, *Journal of the American Research Center in Egypt*, Vol. 27 (1990), p. 9.

② John Baines, “Restricted Knowledge, Hierarchy, and Decorum: Modern Perceptions and Ancient Institutions”, *Journal of the American Research Center in Egypt*, Vol. 27 (1990), p. 17.

邻。纵观整体布局，铭文中所说的黑暗之屋就是指整个墓室，在12小时的画面与铭文环绕下，整个墓室随着仪式内容的展开而转化成一个神圣时空。石棺位于墓室北侧，木乃伊头部朝向第12小时的方向，象征图特摩斯三世如太阳神一般复活。

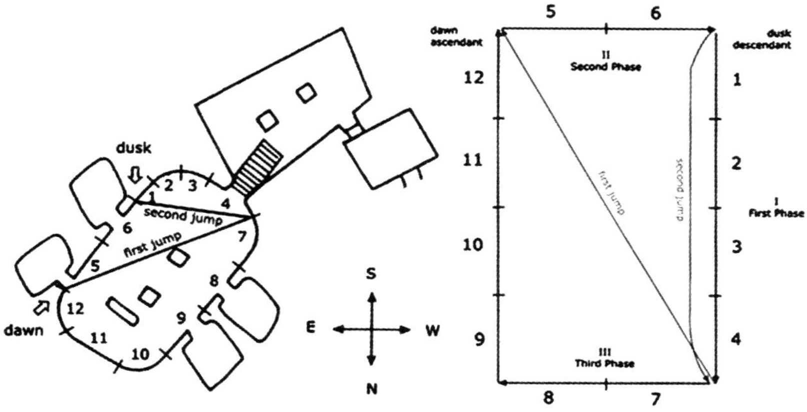

图2－6－1 图特摩斯三世墓

图片来源：Theodor Abt and Erik Hornung, *Knowledge for the Afterlife*, *The Egypitan Amduat—A Quest for Immortality*, Living Human Heritage Publications, Zurich, Switzerland, 2003, p. 18。

墓室的画面分为三个主要的格层，主要内容即太阳神乘船旅行在中间格层展开，最上层表现来世的一般画面，最下层的内容是该小时的具体地理特征。

第1个小时中，太阳神以羊头的形象出现，表明这是太阳神的巴，下方的一个船上是圣甲虫形状的太阳神，这是他完成复活后从东方升起时的样子，暗示着在旅程的开始，结局就已经写好。太阳神命令打开冥府之门，狒狒及每个小时的主导神象征着死者们为太阳神到来而发出的欢呼。①

① Erik Hornung, *The Egyptian Amduat The Book of the Hidden Chamber*, translated by David Warburton, Living Human Heritage Publications, Zurich, Switzerland, 2007, p. 17.

第2、3个小时都是水域，分别叫作“温尼斯”（Wernes）和“奥赛里斯之水”，在这两个小时中，太阳神都有船队随行，此后随行船队就消失了。太阳神声称在此给死者分配土地，有众多头顶或者手举麦穗的死者形象，奥赛里斯也现身并与太阳神正面相对。①

第4小时开始，太阳神进入叫作罗赛陶（Rosetau）的沙漠之域，道路弥漫着火焰，Z形斜道自上而下横亘，一道道门挡在前方。太阳神的船变为蛇形的，而且第一次靠绳子拖拉着前行（四个男子拉船）。②

第5个小时中，拖拉太阳神之船的是七个男子和七个女子，这个小时展现的是墓地的场景，上方是奥赛里斯之丘，鸟形的伊西斯和尼弗西斯趴在两侧哀哭，太阳神已化身为圣甲虫从这个墓中向下探头出来，下方是一对Akar-sphinx环成的Sokar之穴，Sokar在其中展开双翼，做好复活的准备。山丘形状的伊西斯覆盖在Sokar之穴上。③

第6、7个小时中，国王的各种象征元素出现，并且成为核心主题。第6小时的画面正好在墓室入口处，在门楣上方，五头蛇环绕着太阳神的尸体，后面紧跟着四排（每排四位）人物形象，一排头戴白色王冠，一排头戴红色王冠，中间以木乃伊形象的两排间隔开。后面是一名女神，把拿着太阳神眼睛的双手藏在身后，图特在面朝她，奉上朱鹭鸟。这层画面的上方，又有三排权杖（每排四个），上面分别是眼镜蛇、红冠、白冠，权杖的前方，是一头卧狮，头顶上是一对乌伽特眼，上方的文字称它为“吼叫之牛”，牛也是国王的象征。卧狮的前方，是三个匣子，里面分别是狮子的后部、圣甲虫的翅膀、人头。旁边的铭文写道：

① Erik Hornung, *The Egyptian Amduat The Book of the Hidden Chamber*, translated by David Warburton, Living Human Heritage Publications, Zurich, Switzerland, 2007, pp. 43 – 74.

② Erik Hornung, *The Egyptian Amduat The Book of the Hidden Chamber*, translated by David Warburton, Living Human Heritage Publications, Zurich, Switzerland, 2007, p. 111.

③ Erik Hornung, *The Egyptian Amduat The Book of the Hidden Chamber*, translated by David Warburton, Living Human Heritage Publications, Zurich, Switzerland, 2007, p. 138.

这位伟大的神（太阳神）说：照亮这黑暗之地！于是狮子吼叫，圣甲虫欢呼，人头说话。①

图 2-6-2 图特摩斯三世墓墓室壁画

图片来源：Erik Hornung, *The Egyptian Amduat The Book of the Hidden Chamber*, translated by David Warburton, Living Human Heritage Publications, Zurich, Switzerland, 2007, p. 175.

王冠形象上方的文字是：

伟神对那些享用供品的上埃及之王、下埃及之王以及众阿赫说：你们的王权属于你们，上埃及的国王们！接过白冠，戴到你们头上。你们得到了供品，你们是满足的。红冠属于你们，下埃及的国王们！你们的阿赫属于你们，阿赫们！你们的神圣供品属

① Erik Hornung, *The Egyptian Amduat The Book of the Hidden Chamber*, translated by David Warburton, Living Human Heritage Publications, Zurich, Switzerland, 2007, pp. 175-210.

> 于你们，你们应该满足。你们安置了你们的巴，你们应该是强大的。你们是你们领地的王，你们应该在你们的领地安居。你们把红冠与神秘力量融合，你们因掌握魔法而强大。[1]

从第 7 小时的主题是战胜阿波丕斯（Apopis），其中鸟状的巴头戴红白双冠，暗示这是国王的巴。

从第 6 小时开始，环绕太阳神的不再是祠堂形状，而是迈罕（Mehen）蛇，这种状态一致持续到最后一个小时。

综上所述，《来世之书》的核心主题是国王的复活。在古埃及，通过主持神庙的重要仪式、宣布自己是所有神的祭司，国王扮演着神与人之间沟通媒介的角色，以此提高自己的权威。同时，从 4 王朝开始，国王们称自己为“神之子”，这个称呼不仅说明（像其他许多文化中那样）国王就像孩子依靠父母一样依靠神。更重要的是，它表明国王是每个神在人间的短暂的化身，而神存在于永恒的世界里。国王为神举行祭拜仪式，就是在重复荷鲁斯为他的父亲奥赛里斯举行葬仪的活动，证明自己与神之间的特殊关系。这也说明神庙日常的仪式与墓葬仪式之间有着密切的联系。

《来世之书》描绘了太阳神通过冥界的夜间之旅，他在每个冥界之域只能停留一个小时。冥界的一个小时相当于尘世的一生，而在这个时间死者被创世之神唤醒。他们从棺材中站起来，接受衣服、食物和其他日用品，又能使用他们的四肢。在这个时候，死者可以看见太阳神甚至可以与他交谈。但是在这个小时的最后，当太阳神继续走向下一个冥界之域时，死者重又陷入死亡的睡眠中，他们的生命又一次结束。

在这个过程中，船的主要功能是“转换”，这个转换有两个层面的意思：一是象征着太阳神在来世旅途之中；其次是象征国王与太阳

---

① Erik Hornung, *The Egyptian Amduat The Book of the Hidden Chamber*, translated by David Warburton, Living Human Heritage Publications, Zurich, Switzerland, 2007, p. 185.

神的身份融合，即阿斯曼所说的“神话式合体”。伴随着太阳从东方升起，死去的国王也完成了到达永恒的循环。

自古王国时期起，《金字塔铭文》中就有对这种转换的明确表达：

> 乌纳斯会像鸟一样飞行，像圣甲虫一样发光。当它鸟一样飞行，圣甲虫一样发光时，他会在你船上的空座上，拉神。起来，离开，你这个不知道纸草的人，让乌纳斯坐在你的位置上。他会划着你的船穿越天空，拉神；乌纳斯会在你的船上离开陆地，拉神。当你从地平线上升起时，他，拿着他手中的指挥棒，会是那个划你船的人，拉神，并且会升到天空离开大地，离开他的妻子和短裙。①
>
> 变得洁净！天空中准备了两只纸草船作为太阳的日船，太阳能够通过它们去到地平线的荷鲁斯那里；天空中准备了两只纸草船作为地平线的荷鲁斯（奥赛里斯）的夜船，地平线的荷鲁斯能够通过它们去到太阳的所在，去地平线；为培比准备努特的两只纸草船作为日船，培比能去到太阳的所在，去地平线。这个培比能够在神的诞生之地——东方天空升起，因为培比已经成为荷鲁斯，地平线上的他。②

此外，当太阳神与奥赛里斯合体后，国王身份的合法性也再次得到了强调：

> 我将获得我的王座，它在神的船上，并且它不会颠覆我；我将占据我的王座，它在神的船上，并且它不会颠覆我。③

---

① James P Allen, *Ancient Egyptian Pyramid Texts*, Society of Biblical Literature, Atlanta, USA, 2005, p. 48.

② James P Allen, *Ancient Egyptian Pyramid Texts*, Society of Biblical Literature, Atlanta, USA, 2005, pp. 125 – 127, p. 221.

③ James P Allen, *Ancient Egyptian Pyramid Texts*, Society of Biblical Literature, Atlanta, USA, 2005, p. 332.

> 培比变得洁净。培比将获得他的桨并占据特德之位：这个培比将坐在双九柱神之船的船头。培比将太阳划到西方，并且他将培比的王座立在众卡之首，并立培比为人间之王。①

在《来世之书》中，这些内涵都抽象化了，如以真理女神的陪伴等来传递这类信息。但其内核是与金字塔时代的传统一致的：通过太阳神的来世之旅，以及太阳神与奥赛里斯神的合体，国王在死后世界同时实现了“复活”和“加冕”。这就是第6小时那些王冠的含义。

四 《来世之书》与复活仪式

希罗多德在他的《历史》第2卷第171章中说：

> 就是在这片湖上，埃及人举行夜间的仪式，以表现他的苦难——他的姓名我不能透露。这种表现被他们称为神秘仪式。我清楚这些仪式的每一个细节，但它们绝不会由我之口说出。同样，对于刻瑞斯的神秘仪式——希腊人称之为“忒斯莫佛里亚”——我知道，却不说，以免有渎神之嫌。②

这个“他”当指埃及传说中的神王奥赛里斯。他的死亡与复活是埃及宗教中最大的“神秘”，而他的死神形象（包裹起来的木乃伊）在《亡灵书》、各类护身符和坟墓雕像等带有宗教色彩的艺术表现中，也是出现率最高的。然而有趣的是，关于这段神话及神话相关仪式的

---

① James P Allen, *Ancient Egyptian Pyramid Texts*, Society of Biblical Literature, Atlanta, USA, 2005, p. 118.

② Herodotus, *Histories*, translated by George Rawlinson, Chatham, Kent, *Wordsworth*, 1996, pp. 189 – 190.

实际资料却相当少见。对此，品奇（Geraldine Pinch）、贝恩斯、布奇、戴维斯（A Rosaline Davis）等学者都曾作为重点问题在自己的作品中进行过论述。

品奇指出，在古埃及造型艺术中，奥赛里斯之死是从来不被表现的，因为这关乎信仰："即使只是表现邪恶或混乱的暂时性胜利，也可能使其在实际的世界里成真。"[①] 这也就是为什么埃及壁画表现正义战胜邪恶，如荷鲁斯（Horus）战胜塞特（Seth）时，通常会让正义的一方在比例上远大于邪恶的一方。品奇在这里描述的信仰逻辑与弗雷泽所总结出交感巫术中的模仿巫术相吻合，即所谓"同因必定同果"。

在菲莱（Philae）的伊西斯神庙中也有一系列表现奥赛里斯神话的图像，可以看到他被做成木乃伊，看到伊西斯和尼弗提斯（Nephtys）姐妹对他的守护，以及著名的从奥赛里斯尸身上长出谷物，但独独缺少死亡部分。

关于神话的文献资料，除了普鲁塔克的《伊西斯与奥赛里斯》（*Isis and Osiris*）外，主要是一些献给奥赛里斯和伊西斯的颂歌。[②] 普鲁塔克的记述虽然最详细，但却因其中过多的希腊因素而被认为史料价值有限。

奥赛里斯作为重生的大神，每年在阿拜多斯（Abydos）都会有纪念他的仪式，参与者不仅限于祭司，还有全国各地的百姓，他们被称作"图特的追随者"（Followers of Thoth），暗指图特神在奥赛里斯复活中所起的重要作用。仪式分为几层，有一部分在神庙外的场地举行，供大众欣赏；而最神圣的部分，即用以确保奥赛里斯及其追随者重生的部分，则在神庙中一处隐秘的场所由特定的祭司来完成。[③]

---

① Geraldine Pinch, *Magic In Ancient Egypt*, British Museum, London, 1994, p. 18.

② M. Lichtheim, *Ancient Egyptian literature*, Los Angles: University of California Press, 1980, pp. 128 –29 & 146.

③ A. Rosalie David: *The Ancient Egyptians: Religious Beliefs and Practices*, London; Boston: Routledge & Kegan Paul, 1982, p. 108.

有关仪式的描述，最长也最详细的文献有两个：

第一份文献是阿拜多斯纪念碑上的铭文，记录了塞索斯特里斯三世（Sesostris III）时期一位名叫伊荷诺弗瑞特（Ikhernofret）的大臣受王命前往准备奥赛里斯仪式的诸项事宜。其中一段集中描写了他在仪式中所做的事情：

> 我安排了（Wepwawet）为父报仇的行程；我将反对者自神船上赶下；我战胜了奥赛里斯的敌人；我庆贺伟大的仪式。我追随我的大神，令神船前行，由图特掌舵。我为船装点了一座神龛，确保（奥赛里斯）的佩卡（Peqer）之行体面风光。我为神前往佩卡前的墓地洒扫以待。我在那伟大的战斗中替温尼弗尔（Wennefer，指奥赛里斯）报了大仇；我在奈狄特（Nedyt）的沙岸上战胜了他所有的敌人；我令他顺利走入神船。这使他的美丽彰显，是我让东边沙漠中的人们/墓主开怀，给东边沙漠中的人们/墓主带来了欢愉；当船行至阿拜多斯时，他们见识了它的美丽；我随神来到他的居所，我主持了他的净化仪式，伸展了他的座椅，解决了他的住处问题［……并且在］他的随从之间。①

另一份文献是《孟菲斯神论》（*The Memphite Theology*），这是一份古老的文献，内容可能来自古王国时期，但出土的黑色花岗岩来自25王朝，文字是法老沙巴卡（Shabaka）命人抄刻上去的，因而又称“沙巴卡石碑”（Shabaka Stone）。铭文内容主要涉及普塔崇拜和孟菲斯作为上下埃及分界处的核心地位，里面几次提到奥赛里斯是在那里被淹死的。②

然而，正如贝因斯和李赫泰姆（Miriam Lichtheim）所指出的，

---

① James Henry Breasted, *Ancient records of Egypt*, University of Illinois Press, c2001, Vol. I, pp. 665 - 668.

② M. Lichtheim, *Ancient Egyptian Literature*, Los Angles, University of California Press, 1980, pp. 19, 62.

这份文献不同于普通铭文，有相当大的对话成分，更像一种宗教戏剧，因而有可能作为仪式引导之用。① 况且这座石碑最早立于孟菲斯普塔神的神庙里。考虑到其特殊性，《孟菲斯神论》透露的信息不但不妨碍奥赛里斯之死秘传的规律，反而进一步证明了奥赛里斯神话中秘传知识的存在，其中被掩藏最隐秘、最不被彰显的，乃是他的死亡。

《来世之书》自第5小时开始进入“复活”的关键时段，先是墓地场景、奥赛里斯之丘，之后是唤醒、复活、斩杀阿波丕斯（Apopis），但细节部分是高度隐喻的，在第6小时中，“太阳神的尸体”以环绕在五头蛇的人身圣甲虫头形象表现，三个匣子分别存放着吼狮之尾、人头、圣甲虫双翼。这里把死亡的核心部分——“毁形”做了最隐晦的处理。② 特别是第7小时中出现的鳄鱼、奥赛里斯之眼、奥赛里斯之头，令人想起神话中奥赛里斯的14块碎尸被扔进尼罗河，鳄鱼吞吃的情节。旁边的铭文说：“知道（这个故事）的人，他的巴不会被鳄鱼吞吃。”③

第8、9个小时以大幅的画面和文字描绘太阳神给死者提供衣物和供品。在第8小时的上层，描绘了五个带门的洞穴，里面各有三个神祇，都端坐在象形文字“亚麻布”这个符号上。上方的铭文描述当太阳神呼唤他们的巴时，他们以欢呼声来回应，有鸟鸣、动物吼叫、波浪声，等等。这段让我们想起前文提到的只有国王可以听懂“东方地平线的巴的声音”④。

在丹德拉神庙的奥赛里斯祠堂中，保存着最完整的表现奥赛里斯

① John Baines, “Restricted Knowledge, Hierarchy, and Decorum: Modern Perceptions and Ancient Institutions”, *Journal of the American Research Center in Egypt*, Vol. 27 (1990), p. 16.

② Erik Hornung, *The Egyptian Amduat The Book of the Hidden Chamber*, translated by David Warburton, Living Human Heritage Publications, Zurich, Switzerland, 2007, p. 190.

③ Erik Hornung, *The Egyptian Amduat The Book of the Hidden Chamber*, translated by David Warburton, Living Human Heritage Publications, Zurich, Switzerland, 2007, p. 241.

④ Erik Hornung, *The Egyptian Amduat The Book of the Hidden Chamber*, translated by David Warburton, Living Human Heritage Publications, Zurich, Switzerland, 2007, pp. 252 – 257.

复活的“荷阿克节”的全部细节。其中西侧最南边祠堂的浮雕刻画了仪式尾声的《圣湖航行仪式》：13艘船的船队，点燃365盏灯，图特左手执一份纸草，左上写着“保卫圣船之书”。太阳船航行的场所是天空。在天空女神弯曲身体所构成的空间中，13艘太阳船两两一排，分为七层，最上层的象征从夜晚到白天的最后一小时，最底层的则象征从夜晚过渡到白天的最后一小时。①

图2-6-3　奥赛里斯祠堂浮雕画面

① Sylvie Cauville, *Le temple de Dendera les chapelles osiriennes transcription et traduction*, Institut français d'archéologie orientale le Caire, 1997, p. 139.

图片来源：Sylvie Cauville, *Le temple de Dendera les chapelles osiriennes transcription et traduction*, Institut français d'archéologie orientale le Caire, 1997, p. 139。

丹德拉神庙的奥赛里斯祠堂里面光线幽暗，但浮雕的画面刻画细致，并涂有鲜艳的颜色。如果说黑暗可以起到隐藏和保护神灵的作用，那么，以鲜艳的壁画来装饰浮雕墙壁的必要性何在？这些画面只有在掌灯、点燃火把、反射门外或窗外光线的情况下才能看清。因此，在不同的节日或庆典中展示出隐藏装饰的不同部分甚为重要。墙壁的每一部分都要加以装饰，只有这样才不会浪费任何一道微弱的光线。为了尽可能利用每一道光线，神庙内部的墙壁均为凸雕，但沐浴在强烈阳光下的神庙外墙上则是凹雕。在神庙内举行仪式的过程中，每种仪式可能都包含用火把照亮、显示或“激活”神庙内各种浮雕装饰的环节，之后，随着光线的移走，浮雕便再度淹没在黑暗中，处于休眠状态，仿佛众神又归于隐蔽，积蓄力量，等待着再次的重生。这就像《来世之书》的描绘，太阳神所到之处，带来了光明，唤醒了死者，而他离去之后，一切又归于沉寂。

纵观《来世之书》的全部情节，与古埃及葬仪的主要环节也有着惊人的一致。第1个小时太阳神出现时，乘坐的是挂着芦苇帘的日船，对应葬礼开始时，从死者家里到河边的行程；其后太阳神下令打开西方地平线的冥府之门，从第2小时开始太阳神乘坐象征冥府旅程的纸草船，第2、3小时的水域象征着葬仪中载着死者木乃伊的葬船渡河的过程；第4小时进入沙漠之地，正是送葬队伍到达尼罗河西岸的写照；第5小时的墓地场景，对应送葬队伍从河边到达了墓地；第6、7小时的复活场景是象征性的，对应墓地举行的“开口典礼”“沐浴日光”等；第8、9小时的供奉亚麻布、食物等，对应下葬过程中的祭品入墓。

正如《来世之书》简本的题目一样：“以西方的号角开始，以浑浊的黑暗终结。”太阳神跳出东方地平线，完成了复活之旅；现实中，墓门永远封闭，成为黑暗隐蔽的居所。

作为新王国时期最早的墓葬文学经典，《来世之书》结构严谨，体系完备，充分展示了这个时期宗教的特点，即太阳神与奥赛里斯神的融合，生死一体、循环往复、生生不息的生命观。《来世之书》强调其中包含的知识不仅是死者的指南，也对在世之人非常有益，这可以理解为古埃及人已经有了死亡预演和死亡准备的尝试，但更反映了《来世之书》脱胎于现实生活中的神庙仪式和葬仪，是掌握仪式的祭司必须具备的知识，因为是王陵专用，其中的核心主题是国王与太阳神融合而实现永生，与奥赛里斯融合而再度加冕。王权如同生命一样可以穿越死亡的门槛，王权的合法性与相信来世的宗教信仰糅合在一起。这也是古埃及社会和精神世界最强大的稳定剂。

第七章

《冥世之书》与奥赛里斯秘仪

希罗多德说："就是在这片湖上，埃及人举行夜间的仪式，以表现他的苦难——他的姓名我不能透露。这种表现被他们称为神秘仪式。我清楚这些仪式的每一个细节，但它们绝不会由我之口说出……——我知道，却不说，以免有渎神之嫌。"①

奥赛里斯是古埃及的冥神，他死而复生的故事是古埃及王权理论的神学基础，是其文化记忆的奠基式神话。早在古王国时期的《金字塔铭文》中，就有了它的片段，其后经历几千年的流传，公元前2世纪普鲁塔克的《伊西斯与奥赛里斯》是最完整的叙述体版本。正如《荷马史诗》是古希腊戏剧与艺术的灵感源泉，奥赛里斯神话是古埃及众多仪式的核心。他的死神形象（包裹起来的木乃伊）在古埃及的艺术作品中高频出现，但是，他的死亡与复活的细节部分却是埃及宗教中最大的"神秘"，关于这段神话环节及相关仪式的文献资料极其

① 参见希罗多德《历史》第2卷第171章。"受苦"的那个"他"当指埃及传说中的神王奥赛里斯。

罕见。对此，学者们的观点大致有如下两类：一种认为古埃及人宇宙观中的互渗感及他们对魔法的笃信使得表现死亡细节成为禁忌。[①] 另一种观点则认为古埃及的等级社会决定了知识也是有门槛的，存在着一个垄断知识的上层社会精英圈层，一些核心宗教经典和仪式只对圈内人公开，对外秘而不宣，这是社会上层的最高特权。

本书从发现于帝王谷的新王国时期王室专用墓葬文献——《冥世之书》的分析入手，结合近年来在奥赛里斯崇拜中心——阿拜多斯的考古新发现，对奥赛里斯秘仪进行解读。

一　神秘知识传统与奥赛里斯秘仪

古埃及的神秘知识有着悠久的传统，古王国时期就有一种叫作“掌管秘密者”（*ḥry-sštꜣ*）的头衔，多为高级官员或祭司，如普塔祭司萨布（Sabu）等。中王国时期拥有这个头衔的官员自传中，有的提到神秘知识的内容，有的提到受国王委派到阿拜多斯参加奥赛里斯秘仪的过程。新王国时期的《亡灵书》里多次提到国王通晓一种别人都不知道的神秘文字，那种文字是东方神灵所说的话语。[②] 在民间传说中，这些秘传知识被称为《图特之书》，共42卷，古典晚期作家中，不止一位作家提到过它，如普鲁塔克、著名的基督教学者亚历山大的克莱门特（Clement of Alexander）和亚历山大的西里尔（Cyril of Alexandria）等。后世的各种神秘思潮如赫尔墨斯主义、诺斯替主义等，都与古埃及的神秘知识有着渊源关系。

理解古埃及的信仰世界，要从其宇宙观入手。古埃及人相信宇宙的一切存在及其等级秩序都是神创造的，人类要维持这种神定秩序。

① Geraldine Pinch: *Magic in Ancient Egypt*, British Museum Press, 1994, p. 18.

② J. Baines, “Restricted knowledge, hierarchy, and decorum: modern perceptions and ancient institutions”, *Journal of the American Research Center in Egypt*, vol. 27 (1990), pp. 1 – 23.

创作于托勒密晚期的智慧文学《因森格智慧文学》(*The Instruction of Papyrus Insinger*)系统地表述了这种宇宙观。这段箴言以师生问答的方式,论述了创世神不仅创造动态的、显现的太阳时间*nḥḥ*,也创造静态的、隐藏的奥赛里斯时间*ḏt*。神不仅是宇宙力量,影响着自然环境,他还成为无所不能的社会秩序的捍卫者,行使着审判、裁决、命令、惩罚以及拯救的职能。创世神创造性别完成人类的自我更新,此外,神与人间沟通交流的中介是神将自身神圣力量作用于现实世界的表现,魔法医疗疾病,睡眠结束困乏,食物结束饥饿,治愈结束痛苦,梦结束盲目,生死折磨不虔诚之人,伦理道德规范社会,等级系统负责社会分配,秩序与文化生活延续社会发展。①

在古埃及的观念中,宇宙的各种存在中有四种最为重要:神、阿胡(*ȝḫw*)、死者、人。更重要的是,他们认为这四者之间没有不可跨越的鸿沟,对四者关系最好的描述是连续统一体,而不是本质不同的等级体。死亡将人转换到死去的状态中去,但人人都有希望从死去的状态转换到阿赫(*ȝḫ*,复数是*ȝḫw*),某些阿赫可能成为神。最大的分界是死亡,死亡状态是生者与另外两种更高、更有潜力的存在之间的阈限。

在这个连续统一体中,人与其他三种存在的关系是互相需要的,互惠原则起着重要的作用:人需要它们,它们也需要人类,因为神与阿赫并非绝对意义上的永生;他们的永生取决于他们在神庙、祠堂或者其他可以进行沟通的阈限中得到供品、仪式和符咒。其次,埃及人相信,通过话语和仪式行为,他们有能力影响自己与神的关系以及在宇宙中的处境。同时,这种互惠关系是要长期维持的,死后的存在并非一劳永逸,而是要依赖生者维持。因此,古埃及人格外强调仪式知识和符咒的力量,以实现神与人、生者与死者的互动与互惠。

---

① M. Lichtheim, *Ancient Egyptian literature*, Los Angles: University of California Press, 1980, pp. 210 – 211.

托勒密埃及晚期的朱米哈克纸草文献（The Papyrus Jumihac），描述了古埃及宗教仪式活动与宇宙秩序之间的紧密关系："当祭坛上面包供品较少时，整个国家将陷入贫乏，不足以维持百姓的生计。当神庙浇祭仪式被打断时，尼罗河水的泛滥将减少，其源头乌龟的嘴被堵住。埃及大地饥荒遍野，生命之树没有果实。如果有人忽视神庙每年的奥赛里斯秘仪……则埃及大地将陷入无序的状态，下层人将赶走他们的主人，将不会再有命令……如果埃及人没有按照仪式要求杀死神像以及纸草和木板文献中描写的敌人，则异族将入侵埃及，整个国家陷入战争混乱之中。人们不再敬重皇宫内的国王，则埃及大地将失去保护。"①

从中王国时期开始，为追随奥赛里斯而前往阿拜多斯的朝圣活动日渐兴盛。中王国时期的国王们为加强自己的正统性而推动了"寻找奥赛里斯运动"，他们将乌姆·卡伯（Umm-el-Qab，意为陶罐之乡）的1王朝王陵——杰尔墓认定为奥赛里斯葬身之处，在其周围兴建一系列的纪念奥赛里斯的神庙、祠堂。每年的荷阿克月（11月），都有纪念奥赛里斯的仪式，参与者不仅限于主持仪式的祭司，还有全国各地的信徒，叫作"图特的追随者"（Followers of Thoth），暗指图特神在奥赛里斯复活中所起的重要作用。仪式分为几个层次，有一部分在神庙外的场地举行，供大众参与；而最神圣的部分，即用以确保奥赛里斯及其追随者重生的部分，则在神庙中一处隐秘的场所由特定的祭司来完成。②

有关仪式的描述，最长也最详细的文献是12王朝塞索斯特里斯三世（Sesostris III）时期的大臣伊荷诺弗瑞特（Ikhernofret）在阿拜多斯的纪念碑，铭文描述了他受王命前往主持奥赛里斯仪式的具体过程。

① J. Vandier, *Le Papyrus Jumilhac*, Paris: Centre National de la Recherche Scientifique, 1961, pp. 129 – 30.

② A. Rosalie David, *The Ancient Egyptians: Religious Beliefs and Practices*, London; Boston: Routledge & Kegan Paul, 1982, p. 108.

其中一段集中描写了他在仪式中所做的事情：

我安排了（Wepwawet）为父报仇的行程；我将反对者自神船上赶下；我战胜了奥赛里斯的敌人；我庆贺伟大的仪式。我追随我的大神，令神船前行，由图特掌舵。我为船装点了一座神龛，确保（奥赛里斯）的佩卡（Peqer）之行体面风光。我为神前往佩卡前的墓地洒扫以待。我在那伟大的战斗中替温尼弗尔（Wennefer，指奥赛里斯）报了大仇；我在奈狄特（Nedyt）的沙岸上战胜了他所有的敌人；我令他顺利走入神船。这使他的美丽彰显，是我让东边沙漠中的人们/墓主开怀，给东边沙漠中的人们/墓主带来了欢愉；当船行至阿拜多斯时，他们见识了它的美丽；我随神来到他的居所，我主持了他的净化仪式，伸展了他的座椅，解决了他的住处问题［……并且在］他的随从之间。①

另一个是18王朝图特摩斯三世时期大臣奈布瓦威（Nebwawy）在阿拜多斯的纪念碑，他的官衔之一是阿拜多斯奥赛里斯神庙的大祭司：

我被任命为这个神庙（指奥赛里斯神庙）的主持，代理神庙事务。

一天，国王给我的委任到达，

我要在黄金之屋的仪式中扮演“他所爱之子”（指荷鲁斯），

在阿拜多斯之主的秘仪中。

我是那个双手纯洁的塞姆祭司，为神呈上供品。

我是这个完美之神所信赖之人，

① James Henry Breasted, *Ancient records of Egypt*, University of Illinois Press, c2001, Vol. I, pp. 665 – 668.

因为我的指挥，每个船都顺利行进……

我没有出任何的差错……

作为见证奥赛里斯之人，达 11 年之久，

陛下因此喜爱我，我被任命为奥赛里斯的大祭司，

主管神庙一切事务，以王室仆人的身份得到信任。

我再次得到信任，

去往阿赫米姆（Akhmim）的敏神（Min）神庙，

将他的父亲荷尔恩多提斯（Harendotes，敏神的另一个名字）带来……

我主持了奈什麦特圣船的修缮，击退了那些反叛陛下之人。①

综合这些自传中的描述，奥赛里斯秘仪的主要过程是：

1. 将奥赛里斯的神像从神庙中抬出，放在奥赛里斯专用的奈什麦特圣船上，以各种宝石装饰船龛，极尽奢华。在奈布瓦威碑中提到了敏神雕像从阿赫米姆抬来。

2. 祭司们将船龛抬出，由开路者维普瓦维特（Wepwawet）开路，环绕神庙围墙一周后，游行队伍经过河谷前往派克尔，即乌姆·卡伯的奥赛里斯墓。②

3. 在游行途中，一群“奥赛里斯的敌人”会袭击圣船并杀死奥赛里斯，奥赛里斯的追随者一边保护着奥赛里斯，一边与奥赛里斯的敌人作战。参加节日的民众也参与进来。

4. 游行队伍到达奥赛里斯墓，开始入葬仪式，包括洁净、防腐、复活等环节。这一阶段只有高级祭司在场，朝圣的民众都不能参与。节日的高潮是奥赛里斯的复活。奥赛里斯的新神像会在黄金之屋

① Elizabeth Frood, Ritual Function and Priestly Narrative: The Stelae of the High Priest of Osiris, Nebwawy, *Journal of Egyptian Archaeology*, Vol. 89 (2003), pp. 65 – 66.

② K. J. Eaton, "The Festivals of Osiris and Sokar in the Month of Khoiak: The Evidence from Nineteenth Dynasty Royal Monuments at Abydos", *Studien zur Altägyptischen Kultur*, Bd. 35, 2006, pp. 75 – 101.

(House of the Gold) 中准备好，由扮演九神的祭司抬回。

5. 祭司向众人宣布奥赛里斯的复活。之后奥赛里斯神像离开帕克，再次登上奈沙麦特船，回到他的神庙，开始以盛宴和舞蹈为主的哈克节。①

这些仪式过程的描述，缺少了很多奥赛里斯神话的关键情节，比如伊西斯的角色，特别是奥赛里斯如何被害，等等。而这些，在墓葬文献中有隐喻的表达。下文将展开讨论。

二 《冥世之书》中的神圣时空

太阳神拉与奥赛里斯的融合，是新王国时期来世信仰的最大特点，这个融合不是一蹴而就的，而是有着漫长的演变过程，在各个时期的墓葬文献中可以发现一些轨迹。

早在古王国时期的《金字塔铭文》中，就有跟随太阳神到达来世的描述："那个知晓这个拉神咒语的人，那个表演荷尔阿赫特(Harakhte) 魔法咒语的人，他将成为知晓拉神者，他将成为荷尔阿赫特的同伴。"②

关于末日审判的描述在中王国时期的《石棺铭文》中已经出现，但天平称量心脏的环节最早是太阳神主导的，用象征玛阿特的羽毛来称量心脏等元素出现较晚，例如《石棺铭文》的第 452 节咒语："哦拉神！向您致敬！……因 N 是拉神用来称量真相的天平，N 获得了永恒……"③

---

① Lavier, Marie-Christine, "Les fêtes d'Osiris à Abydos au Moyen Empire et au Nouvel Empire", *Egypte Afrique & Orient*, 10, 1998, p. 2738.

② J. Baines, "Restricted knowledge, hierarchy, and decorum: modern perceptions and ancient institutions", *Journal of the American Research Center in Egypt*, Vol. 27 (1990), p. 11.

③ R. Faulkner, *The ancient Egyptian coffin texts*, Warminster (England): Aris & Phillips, 1994, p. 84.

《金字塔铭文》之后，至今没有发现中王国时期的王室墓葬文献，到了新王国时期，帝王谷的王陵中，除了绘有《亡灵书》之外，还有一系列叫作《冥世之书》的咒语，《天之书》《地之书》《门之书》《天牛之书》《洞之书》《来世之书》等，这些是王室专有的，连王后的墓中都不能使用。《亡灵书》并没有统一的版本，各个抄本选取咒语时会有自己的取舍，而《冥世之书》系列则有固定的内容，不管出现在哪个墓里的哪个位置，其章节可能不完整，但内容都是一致的。《冥世之书》没有《亡灵书》中那么具体的操作指南，内容晦涩隐秘，但却高度体系化，如其中的《来世之书》除了有题目、前言、结束语，还有个类似内容提要的简本（*sḥwy*），图特摩斯三世墓中的甚至还有神名索引。①

《冥世之书》的主线就是太阳神在冥界巡行，到达最隐秘的罗塞陶之地与奥赛里斯结合，完成复活，继而唤醒冥世的亡灵，最后从东方地平线再现。

最早的《冥世之书》发现于18王朝的图特摩斯一世墓中，21王朝后扩散到民间，载体也多样化，棺椁、纸草上都有。它一直流传到托勒密王朝。其中《来世之书》和《门之书》年代相对较早，突出的特点是把太阳神在来世的旅程分为12个小时的阶段，相比之下，《来世之书》侧重神学知识，《门之书》侧重仪式，二者的内容是互补的。《门之书》最早出现于18王朝最后的国王赫伦布墓中，特别是某些场景表现亚洲人、利比亚人等外国人形象，年代应略晚于《来世之书》。②

下面将对《门之书》和《来世之书》中与奥赛里斯秘仪相关的隐喻画面进行分析。

《门之书》最大的特点是“来世之门”这一超级符号得到系统、

---

① Erik Hornung, *The Ancient Egyptian Books of the Afterlife*, translated from the German by David Lorton, Cornell University Press, Ithaca and London, 1999, p. 26.

② Erik Hornung, *The Ancient Egyptian Books of the Afterlife*, translated from the German by David Lorton, Cornell University Press, Ithaca and London, 1999, p. 27.

抽象和准确的表现。早在《金字塔铭文》中，就有来世之门的意象，《来世之书》中设计了 12 个小时也即 12 道门的结构，但只是在第 4、5 小时表现出门的具体形象。在《门之书》中，每一道门上都有蛇形的门卫，进入之后有守门者，每个小时最后都有对门的描述。相比于《来世之书》，太阳神的船队更加抽象和写意，船上只有 Sia 和 Heka 两个神，Sia 的象形文字含义是"觉知"，Heka 的意思是魔法力量。《来世之书》中列出了每个神的名字，总数达 700 多个。而《门之书》中尽管众神与死者的数量更多，达到上千，但不再列出具体名字。[①]

《亡灵书》145 与《来世之书》中的门都写为 sbxt，而《亡灵书》144 与《门之书》中的门，则用 arrt。《亡灵书》145 和 144，更可能是《来世之书》和《门之书》的变体或者说是大众版本。[②]《亡灵书》历经几代学者整理、编订和翻译，但基本是基于 26 王朝时期的标准版，其实际的源流和使用情况更为复杂。

因此，从布局、文字与画面的搭配看，《门之书》结构清晰而严谨，更侧重仪式引导。

《门之书》是冥世之书中唯一表现末日审判的，而且其内容是用密码文字书写的。审判的场景出现在第 6 小时之前，法官奥赛里斯坐在王座上，接受审判的死者依次站在台阶上，拟人化的天平站在奥赛里斯面前。没有通过审判的人被遣至"湮灭之地"。以猪的形象出现的敌对势力也被驱逐。《门之书》接下来的第 6 小时，就是太阳神的"巴"与他的尸体的结合，因此通过审判是复活的必要条件。而第 8 小时下部格层则描述了木乃伊在棺中翻转过来，准备复活的样子。在他们旁边，还有陪审团保护着。[③]（图 2－7－1）

---

① Erik Hornung, *The Ancient Egyptian Books of the Afterlife*, translated from the German by David Lorton, Cornell University Press, Ithaca and London, 1999, p. 57.

② Erik Hornung, *The Ancient Egyptian Books of the Afterlife*, translated from the German by David Lorton, Cornell University Press, Ithaca and London, 1999, p. 58.

③ Erik Hornung, *The Ancient Egyptian Books of the Afterlife*, translated from the German by David Lorton, Cornell University Press, Ithaca and London, 1999, p. 58.

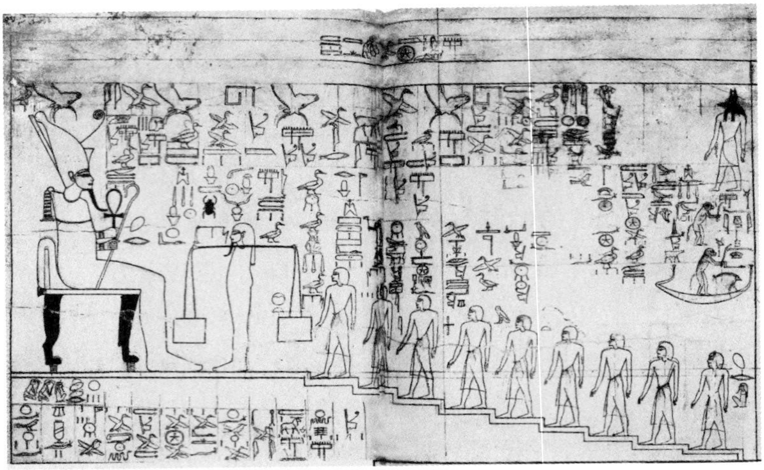

图 2-7-1 《门之书》第 6 小时之前，末日审判

资料来源：Erik Hornung, *The Egyptian Book of Gates*, Living Human Heritage Publications, Zurich, Switzerland, 2014, pp. 186 - 187。

《门之书》另外一个突出的特点是对时间的描绘。有两个象征时间的符号：蛇和缠绕的绳索。在第 4 小时中，以缠绕在一起的大蛇象征时间，它的两旁各站着六个“小时女神”。（图 2-7-2）在第 5 个小时中，出现了给死者分配空间和时间的主题，上部格层的神被拿着

图 2-7-2 《门之书》第 4 小时，“小时女神”

资料来源：Erik Hornung, *The Ancient Egyptian Books of the Afterlife*, translated from the German by David Lorton, Cornell University Press, Ithaca and London, 1999, p. 69。

测量绳准备给死者分配土地，而底部格层的神则托举着一条大蛇，旁边的象形文字写着“一生的时间”。第8小时再一次对时间进行描绘：象征时间的无尽的绳索缠绕着，像船上的缆绳，表现一个又一个小时不断涌现的意象，旁边的文字写着“产生神秘”。[①]（图2-7-3）

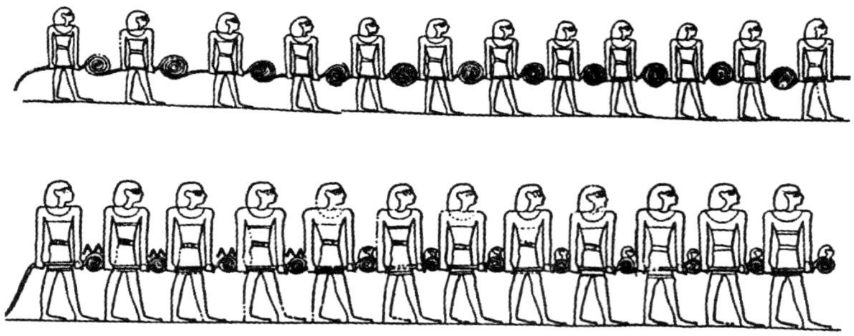

图2-7-3 《门之书》第五小时、第八小时中测量时间的画面

资料来源：Erik Hornung，*The Egyptian Book of Gates*，p. 278，p. 298。

按照出现的顺序，第4小时出现象征时间的大蛇及小时女神，第5小时为死者分配时间和空间、末日审判，第6小时复活，第7小时拯救溺水者，第10、11小时打败阿波菲斯（Apophis），第12小时太阳神跳出地平线，完成冥世巡行。

《门之书》明确地展现了末日审判的相关仪式在复活仪式之前，这为奥赛里斯秘仪的时间点提供了重要的线索。

来世12小时的描述中，开始都是经过水域，然后进入广袤的沙漠之地，那里遍布黑暗，巨蛇盘踞。统领这片沙漠的神叫索克尔（skr），该名字的意思是“在沙漠之上者”。在这里，太阳神的船只能拖曳而行。这是一片神秘的黑暗之地，即使是太阳神的光线也无

① Erik Hornung，*The Ancient Egyptian Books of the Afterlife*，translated from the German by David Lorton，Cornell University Press，Ithaca and London，1999，pp. 59-64.

法穿越它。《来世之书》第 4 小时的门上，写着这样一句话：“这道门的神是罗塞陶，这是他的密道，太阳神无法通过，虽然索克尔可以听见他的声音。”在这个小时里，有这样一个画面：智慧神图特把荷鲁斯的眼睛交给他（在神话中，图特把荷鲁斯被塞特打瞎的那只眼治好交还给他），眼睛的上方，写着“索克尔”的名字。[①]（图 2－7－4）

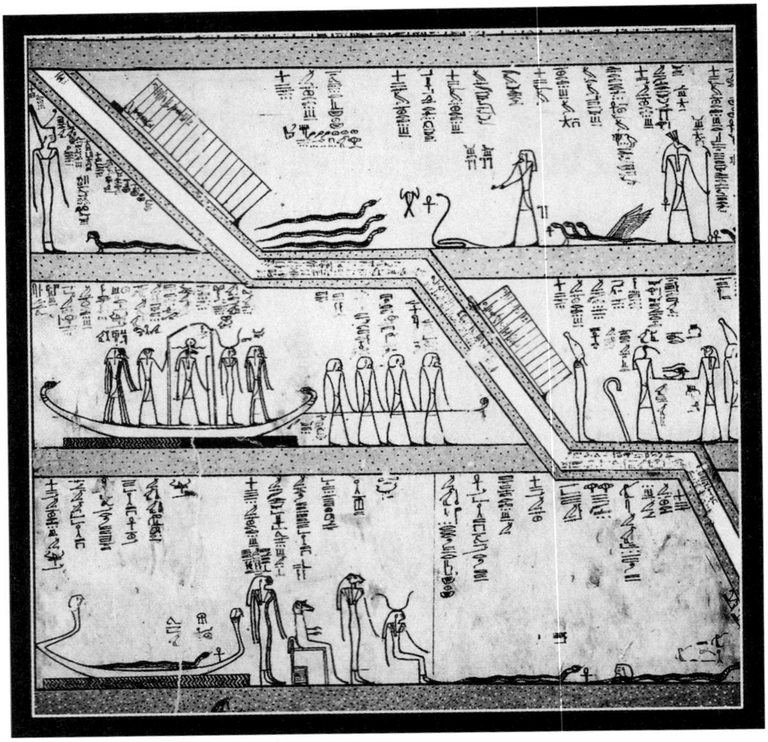

图 2－7－4　《来世之书》第 4 小时画面

资料来源：Erik Hornung, *The Egyptian Amduat The Book of the Hidden Chamber*, translated by David Warburton, Living Human Heritage Publications, Zurich, Switzerland, 2007, p. 116。

① Erik Hornung, *The Ancient Egyptian Books of the Afterlife*, translated from the German by David Lorton, Cornell University Press, Ithaca and London, 1999, p. 45.

在《来世之书》的第5个小时中，最核心的画面是索克尔，他在象征大地的双头斯芬克斯阿克尔的椭圆形洞穴中张开双翼，洞穴上方是巨大的山丘，伊西斯张开双臂趴在山丘之上。在她的上方是奥赛里斯之墓，两侧各有一只鸟，代表哀悼的伊西斯和奈弗西斯，太阳神从这里以圣甲虫的样子出现并重生。[①]（图2-7-5）

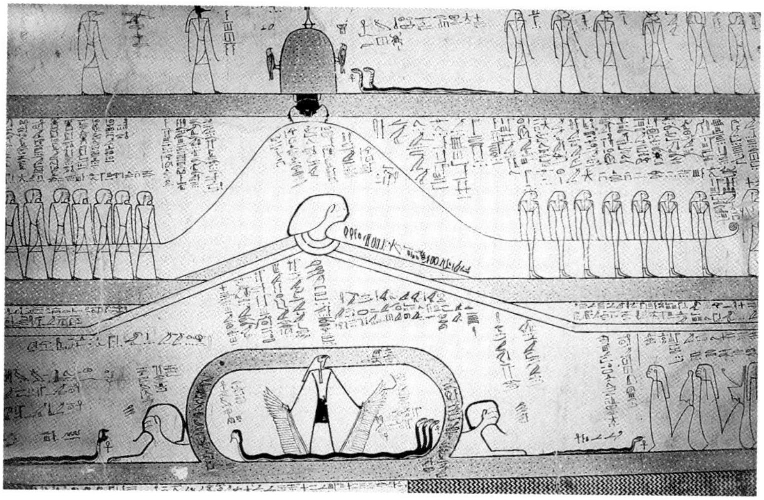

图2-7-5 《来世之书》第5小时画面

资料来源：Erik Hornung, *The Egyptian Amduat The Book of the Hidden Chamber*, pp. 136-137。

这些画面中，表现了奥赛里斯仪式高潮发生的地点及其特征：黑暗的沙漠之中，死亡之地。这个地方同时也是蕴含着复活潜力的，正如索克尔名字下面，荷鲁斯之眼的复明，奥赛里斯墓中，圣甲虫形象的太阳神的重生。

笔者在之前发表的《来世之书与复活仪式》一文中，已经论述了《来世之书》与葬礼相关仪式的关联。通过上述墓葬文献画面及其榜

① Erik Hornung, *The Ancient Egyptian Books of the Afterlife*, translated from the German by David Lorton, Cornell University Press, Ithaca and London, 1999, p. 46.

题的分析，对比前文大臣自传中对奥赛里斯秘仪的记述，我们可以再现自传中缺失的环节：在这个仪式中，奥赛里斯雕像在墓里度过一个夜晚，期间举办复活相关的仪式，内容包括末日审判，以及伊西斯与奥赛里斯的结合。自传中提到的“向下朝我飞来”，听到欢呼声的人可以开始庆祝，等等。

《冥世之书》的主题，是太阳神在冥世巡行、到达奥赛里斯之地、与之结合然后复活，这种设计的基本理念，是古埃及人两种表示永恒的时间——*nḥḥ*和*ḏt*的融合。古埃及人有两个表示永恒的时间概念，一个是*nḥḥ*，是指一种周而复始的循环，由天体运行而形成的，以太阳为主导；另一个是*ḏt*，是指一种静止不变、恒久稳定的状态，它的象形文字是土地的符号，奥赛里斯是*ḏt*之主，而奥赛里斯的名字是“在完美中延续者”。在*nḥḥ*的循环时间中，昨天与明天是相对的，生与死也是一体的。人类跟随太阳神完成这个融合的过程，就完成了生命的循环往复，融入了永恒的灵魂。①

在古埃及人的思维中，时间与空间是不可分离的、连续运动的。人与天地同参，与日月相应。正因为如此，帝王谷那些发现《冥世之书》的王陵，其结构和设计就是对文本最好的诠释。而对这种新型墓葬形制的追溯，把我们的目光引向进行奥赛里斯秘仪的阿拜多斯。

三　阿拜多斯的神庙墓

阿拜多斯的遗址最早可上溯到史前时期的涅伽达一期。这里是最早的王陵所在地。1900 年就在这里发现了 1 王朝的所有国王和 2 王朝

① Jan Assmann, *The mind of Egypt, History and Meaning in the Time of the Pharaohs*, Metropolitan Books, New York, 1997, p. 18.

的两个国王（Peribsen，Khasekhemwy）的王陵。近年来又在这里发现了0王朝的王陵。

阿拜多斯的地方神是墓地之神肯塔门提乌（Khentamentiu，意思是“西方最首者”）。在5、6王朝时，肯塔门提乌开始与起源于下埃及的繁殖之神奥赛里斯结合，奥赛里斯成为人们普遍崇拜的冥世之神。到中王国时期，阿拜多斯成为民间信仰的主要中心，这里每年举行模仿奥赛里斯死亡和复活的仪式，叫作“奥赛里斯的神秘”，这是当时最盛大的宗教节日之一，吸引了全国各地的信徒前来参加，成为古埃及最重要的朝圣之旅。人们在这里留下大量的纪念碑、祠堂，期望不错过任何一次的节日和庆典。

阿拜多斯古城的中心是一个叫库姆·苏坦（kom el-Sultan）的土墩，这里最早的神庙是供奉肯塔门提乌的，12王朝后成为奥赛里斯的神庙。该神庙是泥砖建成的，只有部分结构如旁柱和过梁是石头的。历朝历代的国王都在这里进行建筑和祭祀活动，几乎每个古王国时期国王的名字都在这里出现过。如1王朝国王阿哈的石瓶碎片，胡夫唯一的象牙雕像也是在这里发现的，现存开罗博物馆。11王朝的门图荷太普，18王朝的阿蒙荷太普一世、图特摩斯三世、阿蒙荷太普三世都曾修葺该神庙。后期埃及的阿普瑞斯（Apries）、阿玛西斯（Amasis）和尼克塔尼布一世也在此进行过建筑活动。奥赛里斯神庙一直使用到希腊－罗马时期。[①]（图2－7－6）

在阿拜多斯，有两个与奥赛里斯崇拜关系密切的墓，一个是12王朝的塞索斯特里斯三世在阿拜多斯建造的衣冠冢，一个是塞提一世在其神庙后面建造的奥赛里斯墓，是我们重点讨论的。

塞索斯特里斯三世在阿拜多斯建造的衣冠冢在库姆·苏坦南边约3千米处，最早发现于1901年，2005开始，韦格纳（Josef Wegner）率领

① Donald B. Redford edit, *The Oxford Encyclopedia of Ancient Egypt*, Oxford University Press, 2001, pp. 7－9.

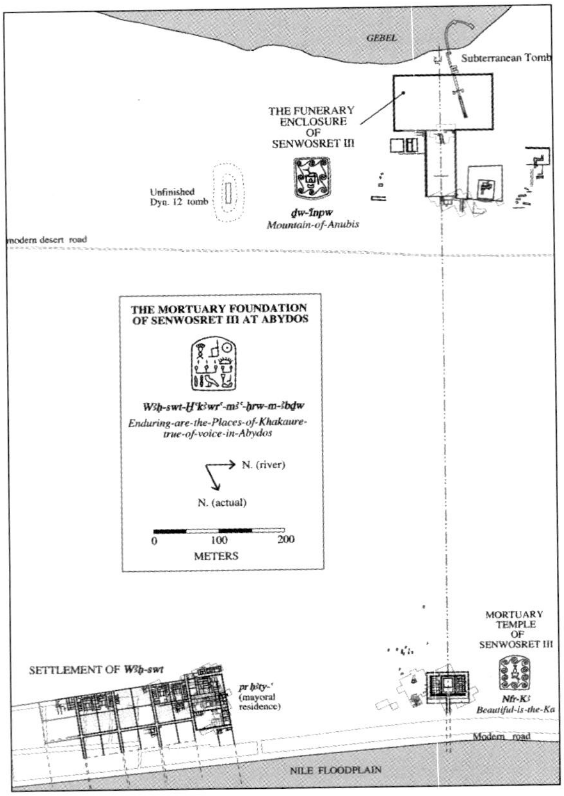

图 2－7－6　阿拜多斯塞索斯特里斯三世的祭庙及假墓

资料来源：Josef Wegner，The Tomb of Senwosret III at Abydos：Considerations on the Origins and Development of the Royal Amduat-Tomb，in*Archaism and Innovation*，*Studies in the Culture of Middle Kingdom Egypt*，p. 105。

的宾夕法尼亚大学考古队打开了墓室内部，进行了系统的发掘。韦格纳对这个墓与帝王谷早期的墓进行比较研究，提出了“Amduat 墓”理论，[①] 认为塞索斯特里斯三世在阿拜多斯的这个墓是这个类型的先驱，其特点是将《来世之书》作为建筑粉本，墓的构造是《来世之书》里

① 原名《密室之书》（*sš ny ʿt imnt*），学者们通常用 Amduat（m *dw3t*，意为在来世之中）称之，即《来世之书》。

展现的。其革新之处在于：放弃了此前中王国国王沿用的金字塔墓，改建地下墓，而且陵墓与旁边的祭庙没有连接通道。此前塞索斯特里斯二世在拉洪（Lahun）的金字塔，就已经与祭庙各自独立。这为新王国时期王陵与祭庙分开的设计开创了先河。另一个革新是，陵墓没有任何的地上建筑，但因为紧靠金字塔形状的峭壁，处在峭壁与平原的连接点，借用了天然金字塔的自然景观。新王国时期帝王谷也是在金字塔形状的山峰下面，二者异曲同工。韦格纳认为，塞索斯特里斯三世这个墓是新王国时期帝王谷王陵的模板。因为墓的内部有多处封闭墓室的机关，他认为这不是之前学者认为的衣冠冢，而是实际上的王陵。①

在陵墓的围墙内，发现了刻有 Dw-anubis 字样的印章，意思是阿努比斯之山，说明了旁边的金字塔形状山丘的象征意义。墓室的结构也含义丰富：墓是东西方向展开的，入口在东，进去是下行通道，与《来世之书》描述的朝西进入冥界吻合。下行通道之后，是一个前室，天花板以圆形石柱拼成，与乔塞尔金字塔入口处柱廊天花板一样，是一种复古风格。再向前，两个相连的竖井通向下面的一个墓室，这是象征奥赛里斯埋葬处的建筑，帝王谷的部分王陵有类似结构。最值得注意的是国王的墓室，它以红色石英岩建成，古埃及文献有明确的证据说明这是象征太阳神的石材，而且这个墓室就位于墓道的转折点上，墓道由此转变方向，以弧形展开，指向东方，正符合《来世之书》中太阳神船的巡行方向。②（图 2－7－7）

塞提一世的神庙结构很独特，整个建筑群呈 L 形，有两个塔门，每道塔门后都有一个庭院，再往里先后有两个立柱大厅，再后面是七个祠堂一字排开，从南边数起分别是供奉塞提一世、普塔、拉－荷尔阿赫提

---

① Josef Wegner, The Tomb of Senwosret III at Abydos: Considerations on the Origins and Development of the Royal Amduat-Tomb, in *Archaism and Innovation*, *Studies in the Culture of Middle Kingdom Egypt*, edited by D. Silverman etc, New Haven and Philadelphia, 2009, pp. 103－169.

② Josef Wegner, The Tomb of Senwosret III at Abydos: Considerations on the Origins and Development of the Royal Amduat-Tomb, in *Archaism and Innovation*, *Studies in the Culture of Middle Kingdom Egypt*, edited by D. Silverman etc, New Haven and Philadelphia, 2009, pp. 103－169.

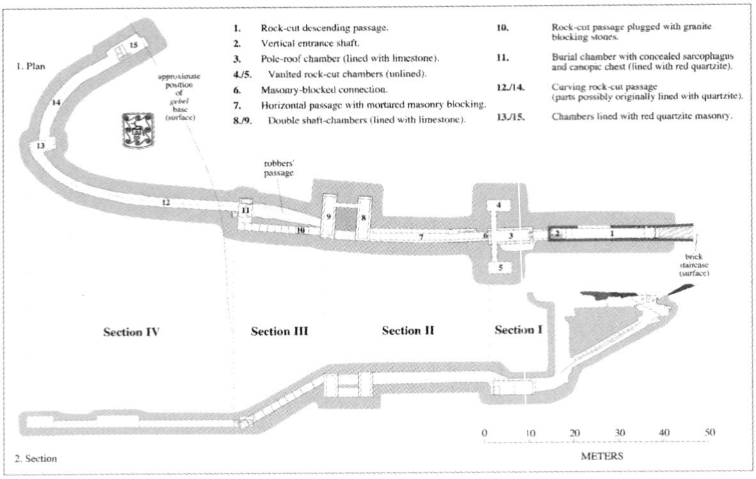

图 2－7－7　阿拜多斯塞索斯特里斯三世的假墓

资料来源：Josef Wegner, The Tomb of Senwosret III at Abydos: Considerations on the Origins and Development of the Royal Amduat-Tomb, in Archaism and Innovation, *Studies in the Culture of Middle Kingdom Egypt*, p. 116。

(Re-Harakhty)、阿蒙－拉、奥赛里斯、伊西斯和荷鲁斯的。其中奥赛里斯祠堂（第五个）后面连着一个很大的祠堂，宽度与神庙的宽度一样，这里是祭拜奥赛里斯的地方，有两个柱厅，两边还各有一套供奉奥赛里斯、伊西斯和荷鲁斯的神祠。最奇特的是第二个柱厅，里面有两根柱子，有壁龛，和一个从开始就设计成无法进入的小房间，有学者认为这是神庙内部的井，也有认为这是存放仪式用品的地方。这个柱厅的壁龛、冥世、位置等，非常像古埃及人传说中的“生命之屋”。至此我们描绘的是神庙的 L 结构的长端部分，从上述的七个祠堂向南就开始了 L 的短的部分，这里首先看到的是祭拜孟菲斯之神尼弗尔太姆（Nefertem）和普塔－索克尔（Ptah-Sokar）的大厅，旁边是一个长廊，长廊一侧的浮雕是塞提一世和拉美西斯二世正在套牛的生动画面，另一面则是著名的阿拜多斯王表，是祭拜祖先用的。长廊通向一套仓房，在仓房的前面有一个泥砖造的王宫，里面有一些厢房，这大概是国王在节日期间到访这里时用的。神庙内部的浮雕是塞提一世时期完成的，外墙上的浮雕包括第一个立柱大厅的，是拉美西斯二世时期完成的。[①]（图2-7-8）

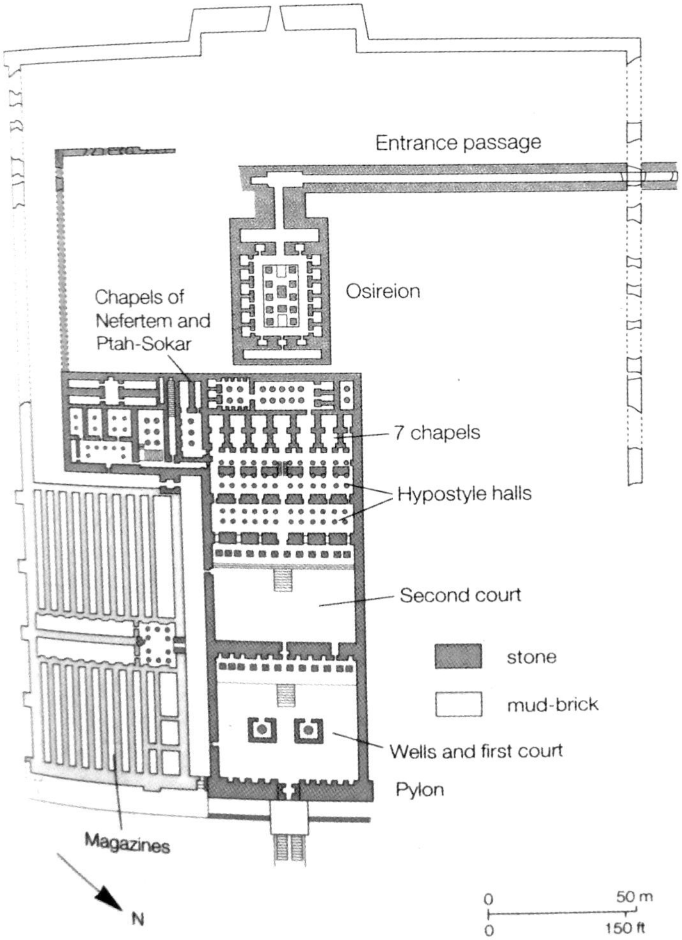

图2-7-8　阿拜多斯塞提一世的祭庙与奥赛里斯墓

资料来源：Richard Wilkinson, *The Complete Temples of Ancient Egypt*, Thames & Hudson, New York, 2000, p. 147。

① A. Rosalie David: *A Guide to Religious Ritual at Abydos*, Warminster (England): Aris & Phillips, 1982, pp. 7-10.

在塞提一世神庙的后面，沿着同一轴线，是奥赛里斯墓的所在，这部分主要是国王美尼普塔（Merneptah）建造的。建筑结构模仿了新王国时期陵墓建筑，内部有甬道、葬室和石棺模型，石棺周围有象征原初之水的水渠。它的入口在北边，有一道长长的下行通道，到尽头之后向左拐，分别是两个大厅，前边的大厅看起来像一个岛屿，另一个则建成外棺的样子，屋顶上是天象图案。岛屿状的大厅中间部分是露天的，它象征着创世之初的世界，岛屿是原初之山，周围是原初之水，岛中间曾种植大麦来象征奥赛里斯的复活。[①]

就在塞提一世神庙后面的奥赛里斯墓里，发现了大量的《冥世之书》的浮雕，这是墓葬之外的建筑中出现最多的例子。入口处西墙的浮雕是《门之书》、东墙是《洞之书》，柱厅有《赞美西方的拉神》，柱厅后面的横向房间，形状是一个巨大的外棺，象征着太阳神拉与奥赛里斯结合之处，这个房间的天花板上装饰着《努特之书》与《夜之书》，墙上是《创造日轮之书》。[②]

在塞提一世神庙的西北，拉美西斯二世建造了一个小神庙，其浮雕保存得非常好，该神庙的结构与麦迪奈特·哈布（Medinet Habu）的神庙非常相似。在与神庙柱廊相连的一个祠堂里，发现了《赞美西方的拉神》中的“拉神之名”部分的简版。卡纳克神庙对应的位置也发现了相似的内容。

在麦迪奈特·哈布神庙的太阳神祠堂中，有著名的《作为太阳祭司的国王》，旁边就是《日之书》与《夜之书》，门楣上，国王跪着，与四个狒狒一起崇拜圣船上的太阳神，这个场景与《门之书》第 12 小时的画面非常相似。而这个神庙与上述阿拜多斯小神庙的结构非常相似。[③]

---

① A. Rosalie David, *A Guide to Religious Ritual at Abydos*, Warminster (England): Aris & Phillips, 1982, pp. 7 - 10.

② John Coleman Darnell and Colleen Manassa, The Ancient Egyptian Netherworld Books, in *Writings from the Ancient World*, Vol. 39, 2018, pp. 33 - 34.

③ John Coleman Darnell and Colleen Manassa, The Ancient Egyptian Netherworld Books, in *Writings from the Ancient World*, Vol. 39, 2018, p. 35.

奥赛里斯与塞提神庙在建筑上有惊人的相似之处：都是 L 形状的；奥赛里斯墓的下行通道的长度与神庙塔门到七个神祠的距离是一样，由此我们可以想象同样的仪式巡行道路。而两个建筑的 L 形状的短翼部分，总体面积、排列方向及内部比例，也是一致的。在神庙中，索克尔和尼弗尔太姆的祠堂是仪式的核心地点，而在对应的奥赛里斯墓中，这个位置是奥赛里斯的墓室，也就是索克尔之洞，太阳神复活之处。

《冥世之书》与帝王谷王陵在结构上有巧妙的对应之处，18 王朝晚期到 19 王朝初期（从图特摩斯三世到拉美西斯一世），墓室都是椭圆形的，如王名圈的形状，与《来世之书》第 4 小时索克尔隐身的椭圆墓穴一致。19 王朝早期的王陵（从塞提到拉美西斯三世），下行通道到达两个竖井之间的墓室——象征奥赛里斯墓，对应《来世之书》的第 4、5 个小时中索克尔统领的罗塞陶。

四 神圣时空与文化记忆

自古王国时期开始，古埃及人就把陵墓想象成冥世（duat）本身，将陵墓当作另一个世界的小宇宙。最特别的是古埃及人同时赋予这个想象的冥世以时间的概念，时空的结合是古埃及人来世观念的最大特点。金字塔石的四面刻写着太阳神的四种形象：早晨的荷普尔（*ḥpr*），中午的拉、傍晚的荷尔阿赫提（*ḥr-3ḫty*）和夜晚的阿蒙－拉，是在告诉我们：这个空间是以时间构成的，或者说，时间是我们可以看得见的天空。[①]

这个观念到新王国时期有了更明确的表达。这个想象的冥世在帝王谷的《冥世之书》系列中，展现的是时间和空间的合体。首先，

---

① Joshua Roberson, The Ancient Egyptian Books of the Earth, *Wilbour Studies in Egypt and Ancient Western Asia* 1, Atlanta: Lockwood Press, 2012, p. 18.

《来世之书》与《门之书》等都是把冥世划分为12个小时来描述的，而《来世之书》中有些小时会有具体的长度和宽度，比如第1个小时的长度是120伊特鲁（itrw，直译为河，约10.5千米），[①] 而第2、第3小时的长度都是309伊特鲁，宽度是120伊特鲁。[②]

前文论及自传描述的奥赛里斯秘仪与《冥世之书》第4、5小时内容的对应关系，恰恰从第4小时开始，就不再有长度和宽度的数字出现，恰恰在这个小时开始，太阳神的船队进入了黑暗的沙漠之中的罗塞陶，“拖曳之地的神秘道路”，也就是太阳神与奥赛里斯结合、复活进行的时空。

在拉美西斯二世王后尼弗尔塔丽的墓中，有一个墓室画面描绘了拉神与奥赛里斯的合体——羊头加木乃伊的身躯，旁边的铭文写道：“拉神在奥赛里斯之中，奥赛里斯在拉神之中。”[③] 这个最精练地表达了古埃及人来世信仰的核心：象征光明和时间的太阳与象征生命复活的奥赛里斯的结合，是到达永恒来世的希望。

塞索斯特里斯三世、塞提一世在阿拜多斯所建造的空墓，以建筑的形式表现了《冥世之书》描述的世界，最重要的是，塞提一世的奥赛里斯之墓与其毗邻的神庙一起，构成一个完整的仪式空间：奥赛里斯秘仪的高潮部分，在奥赛里斯祠堂后面的第二个奥赛里斯厅及其左侧的索克尔和尼弗尔太姆厅，而这两个部分，正对着奥赛里斯墓的第二祠堂，也就是岛屿状的环绕着水的奥赛里斯外棺样子的建筑。

根据自传文献描述，奥赛里斯秘仪开始于神庙，神像抬出后巡行到奥赛里斯墓，在那里度过一个夜晚，第二天返回神庙。从塞提神庙与后面的奥赛里斯墓的位置关系、铭文内容来看，奥赛里斯墓就是这

---

① Erik Hornung, *The Egyptian Amduat The Book of the Hidden Chamber*, translated by David Warburton, Living Human Heritage Publications, Zurich, Switzerland, 2007, p. 28.

② Erik Hornung, *The Egyptian Amduat The Book of the Hidden Chamber*, translated by David Warburton, Living Human Heritage Publications, Zurich, Switzerland, 2007, p. 38.

③ A. Piankoff and N. Rambova, *The tomb of Ramesses VI*, New York: Bollingen Foundation, 1954, p. 150.

个夜间仪式进行的地方，也就是说，仪式中最神秘的环节就在此进行。塞提神庙的索克尔祠堂的对面是停放船形神轿的房间，这两个建筑的中间是上行的台阶，右侧墙上是著名的阿拜多斯王表，以及塞提带领拉美西斯二世套牛，台阶和奥赛里斯墓之间，还有围墙的残迹。祖先崇拜的浮雕内容，以及上行的台阶，围墙圈定的台阶后的道路方向，明确地把神庙与后面的奥赛里斯墓联系起来。奥赛里斯仪式在神庙内部的过程，依次是前面七个祠堂的仪式之后，进入后面的奥赛里斯祠堂、第二奥赛里斯祠堂，最后进入索克尔和尼弗尔太姆祠堂，然后奥赛里斯神像被放在台阶左侧房间的神轿上，由祭司抬着，拾阶而上，前往奥赛里斯墓。

进入奥赛里斯墓之后，按照入口到柱厅到第一祠堂也就是外棺形状建筑，依次出现的是《门之书》与《洞之书》《赞美西方的拉神》《努特之书》与《夜之书》《创造日轮之书》。

在塞提一世的石棺上，《门之书》各个小时是按照连贯的顺序，从足挡外侧开始，到头挡内部结束，因此总结性的场景会直接出现在死者头部后方。而在奥赛里斯墓中，也是这样依序出现的。

罗马作家卢修斯的《金驴记》记载了古埃及人的伊西斯秘仪。卢修斯由驴变回人后，要求祭司让他体验伊西斯秘仪，沐浴净身之后，他等待夜晚的降临，仪式过程的描绘是文学化的：

> 我进入了冥府，踏入冥府的门槛，我经历了所有种种，我返回人间。我在午夜时分看到闪耀的太阳，看到了天堂和地下的诸神，我与他们面对面，并向他们致意。[①]

这段描述，完全符合进入奥赛里斯墓之后看到的铭文的内容。

---

① Jan Assmann, *Death and Salvation in Ancient Egypt*, translated by D. Lorton, Cornell University Press, Ithaca and London, 2001, pp. 394 –395.

塞索斯特里斯三世的金字塔在达舒尔（Dashur），塞提一世的墓在帝王谷，而他们都在阿拜多斯建造了规模巨大的“假墓”。在整个埃及历史上，衣冠冢只有这两个。

《来世之书》是《冥世之书》中唯一一种铭文以僧侣体呈现的，图特摩斯三世墓中的《来世之书》最为完整，看起来像纸草卷在墓室的四面墙上展开，甚至有的部分写着“此处纸草破损”，它最初的粉本是纸草文献是确定无疑的。从语法和词汇特点看，它也是古典中埃及语。中王国时期的王陵内部没有任何装饰，迄今为止，除了阿蒙涅姆赫特（Amenemhet）和肯杰尔（Khendjer）的金字塔石上有简短的咒语之外，没有发现中王国时期王陵所使用的墓葬文献，学者们推测这个时期王陵所使用的是纸草或者其他不易保存的载体。①

对比之下，《来世之书》仿佛是把塞索斯特里斯三世在阿拜多斯的墓临摹到了纸草上，或者说，这个墓仿佛是按照《来世之书》为图纸而建造的。其后 18 王朝的第一个国王阿赫摩斯也在阿拜多斯建造王陵，而且建造了一个金字塔形状的祭庙。整体的设计与塞索斯特里斯三世的极其相似。

因此，阿拜多斯成为理解奥赛里斯崇拜与太阳神崇拜结合的聚集点，奥赛里斯秘仪的神圣空间也得以完整展现。古王国末期是太阳神崇拜的一个高峰，5 王朝的太阳神庙即是证明，自中王国早期的国王在阿拜多斯建造奥赛里斯神庙，开启围绕奥赛里斯仪式为中心的朝圣活动，到塞索斯特里斯三世以假墓的形式表现太阳神崇拜与奥赛里斯崇拜的融合——金字塔形状的山丘下面修建 Amduat 样式的陵墓，到 19 王朝塞提一世重返阿拜多斯，在此建造了神庙墓，成为太阳神与奥赛里斯神融合的纪念碑。

中王国时期和 19 王朝对阿拜多斯的回归，是以文化记忆巩固传统、

---

① Josef Wegner, The Tomb of Senwosret III at Abydos: Considerations on the Origins and Development of the Royal Amduat-Tomb, in *Archaism and Innovation*, *Studies in the Culture of Middle Kingdom Egypt*, p. 144.

修复政治创伤的成功案例。第一中间期之后，重新完成统一的底比斯王朝，始终面临地方离心力的挑战，进行行政改革、开发法雍、恢复商贸、在努比亚地区修建军事堡垒、迁都北方伊什塔维（*iṯ-tȝwy*）等一系列措施的同时，文化复兴的措施也在逐步推行，阿拜多斯的奥赛里斯崇拜成为核心的举措。如前文所述，中王国时期的国王开始推动奥赛里斯和太阳神信仰的融合。人们在奥赛里斯身上寄托着复活和永生的希望，将国王死而复生的神话以更为具体的仪式和节日庆典来呈现，产生了巨大的凝聚力，成为国王合法性和正统性的有力支持。奥赛里斯仪式和庆典的部分环节的公开化，也推动了魔法的盛行。到场的普通人立下纪念碑，希望以此让仪式每年再现，实现不断重复参加的愿望，而更多身处远方不能到场的人则通过在阿拜多斯立碑、建祠堂来达成追随奥赛里斯的心愿。作为沟通神、人和冥界的魔法，有了更多的用途。神学理论和宗教实践两方面的发展，使得奥赛里斯信仰更加深入人心。

19 王朝则面临着埃赫那吞宗教改革留下的集体创伤，埃赫那吞主张独尊太阳神阿吞，并破坏部分阿蒙神庙等纪念物，对传统的多神信仰体系造成了巨大的冲击。虽然在埃赫那吞去世后不久，传统宗教就得到恢复，但这场宗教改革触及的是神人关系中国王的角色和地位，国王作为神在人间的代理，维护神定秩序作为对神的回报，如果造成秩序混乱的是国王本身，人们对这个角色的信任就开始动摇。19 王朝开始，神—国王—民众的模式发生了变化，人们普遍开始寻求与神的直接交流，虽然还有作为众神之王的国神阿蒙，但更多的人有自己的保护神，崇拜方式也更为多元化。

当塞提一世在阿拜多斯建造集神庙及奥赛里斯墓于一体的建筑时，始于中王国时期的奥赛里斯与太阳神的融合达到了顶点，可以说此时已经出现了一个更超然的新神：拉－奥赛里斯，太阳神与奥赛里斯神分享彼此的神格。

而就是在阿拜多斯的塞提神庙最深处的索克尔和尼弗尔柱厅的墙上，刻写着“诸神列表”，也就是前文提到的秘传知识的重要线索，这个列表最早出现在古王国时期两个大臣的自传里，4 王朝的普塔塞普西斯（Ptahshepses）和 6 王朝的萨布（Sabu），他们都有“掌握神秘知识者”这一头衔。阿拜多斯神庙浮雕的铭文中有很多对话，更像某种宗教戏剧，这个神表有可能作为仪式引导之用。①

如果把这些线索联系起来，在墓碑上展示“诸神列表”的古王国时期官员就是拥有“掌握神秘知识”头衔的人，本书列举的两个在自传中描述奥赛里斯秘仪的官员都是阿拜多斯奥赛里斯神庙的大祭司，其中伊荷诺弗瑞特生活在 12 王朝塞索斯特里斯三世（Sesostris III）时期，奈布瓦威生活在 18 王朝图特摩斯三世时期。塞索斯特里斯三世在阿拜多斯建造了奥赛里斯神庙以及纪念奥赛里斯的假墓，图特摩斯三世墓中发现了最完整的《来世之书》。

作为神秘知识和秘仪，本没有向外传播的渠道，之所以留下了这些线索，恰恰是因为阿拜多斯作为古埃及人打造文化记忆的圣地，留下了各个时代的宗教实践和仪式庆典的轨迹。

奥赛里斯及其相关仪式，是古埃及数千年文化记忆的符号，如果没有历代国王特别是中王国时期的塞索斯特里斯三世、新王国时期的塞提一世等对这个远古文化记忆的追溯、再造和传承，上述的各种线索不可能存在。奥赛里斯是一个传说，也是一段回忆，更是在这二者基础上一段真实的思想史。他在不同的历史时期，给人们带来相同的希望。这也是文化记忆对我们的意义。

---

① J. Baines, “Restricted knowledge, hierarchy, and decorum: modern perceptions and ancient institutions”, *Journal of the American Research Center in Egypt*, Vol. 27 (1990), pp. 7 – 9.

第八章

墓葬文学中的黄道十二宫

古埃及黄道十二宫图像多数出现于希腊－罗马时期的神庙或者墓室中，保存比较完整的有丹德拉、艾什纳、什胡尔、阿赫米姆神庙的浮雕，底比斯等地墓葬出土的六个棺盖上的，以及部分墓室天花板上的，共计十几个，自19世纪以来，学术界主流观点认为埃及的黄道十二宫是古代两河流域和希腊影响的产物，[1] 一些天文学背景的学者如纽伯格（O. Neaugebauer）、帕克（R. A. Parker）等用现代天文学的概念和方法来判断这些资料，一些错误的结论传播甚广，却少有人纠正，如语言学家考维尔（Sylvie Cauville）虽然整理出版了丹德拉神庙的所有铭文，但在年代问题上却完全依赖天文学家阿尔伯格（Erik Albourg）的判断。[2] 19世纪法国人把丹德拉神庙顶层天花板上的圆形黄道十二宫浮雕切割下来，运到了卢浮宫，这似乎是其后一个多世纪学者们对它的研究状况的写照：割裂了材料的背景，天文学家一味用现代软件搜寻它是哪一天的

① O. Neugebauer, R. A. Parker, *Ancient Egyptian Astronomical Texts* Vol. III, London, 1969, pp. 203－213.

② Sylvie Cauville, *Le Temple de Dendera: Guide archéologique*, Institut français d'archéologie orientale le Caire, 1990.

“星图”，埃及学家则往往强调宗教仪式，忽略其与自然界的客观联系。除卡纳克的水钟外，与时间观测和天文记录相关的所有资料都来自与葬仪相关的场所（墓葬或神庙），只有再现其时的仪式场景，才能正确界定古埃及人的时间概念。本章将结合墓葬文献及考古资料，分析黄道十二宫图像与古埃及人来世观念中的12小时之间的传承关系，唯有理清黄道十二宫图像在神庙及墓葬习俗中的独特作用，才能真正解读其内涵。

一　古埃及黄道十二宫的主要资料及研究状况

19世纪末，拿破仑远征埃及期间德萨伊上将（général Desaix）发现了丹德拉神庙的圆形黄道十二宫，由此引发了学者们的狂热兴趣，法国人甚至将它从神庙天花板上强行切割下来运到了卢浮宫。（图2-8-1和图2-8-2）当时的天文学家、数学家、语言学家纷纷卷入研究和争论的热潮。法国在战场上败给英国之后，英法两国学者围绕着罗塞达石碑展开解读古埃及文字的激烈竞争，最终法国学者商博良胜出，从此法国学术界的“东方热”又多了浪漫的想象：也许丹德拉的黄道十二宫图，也是古埃及人留给法国人的密码。巴拉维（Charles Hippolyte Paravey）、物理学家毕奥（Jean-Baptiste Biot）和天文学家阿拉戈（Francois Aragó）等都坚信可以用科学推算的方法找到它所指的日期，[①] 以莱特伦尼（A. J. Letronne）为代表的学者则认为它不具备天文学的价值。布鲁赫（H. Brugsh）依据世俗体文献辨认出了五个行星的名字。1822年，埃及学的奠基人商博良也加入了这场讨论，他辨认出十二宫浮雕所在墙上的王名圈内是罗马皇帝的名字，暂时平息了这场争论。但几十年后，商博良的哥哥在整理出版他的日记时，披露出

① Jed Z. Buchwald, Diane Greco Josefowicz, *The Zodiac of Paris: How an Improbable Controversy over an Ancient Egyptian Artifact Provoked a Modern Debate between Religion and Science*, pp. 286-289.

商博良后来带领远征队考察埃及时，亲自到丹德拉神庙，发现他当时靠拓片读出的王名圈内，其实是空的，自己犯下了一个极大的错误，但他在生前一直没有公开此事。丹德拉黄道图的年代，又成了一个悬念。①

目前研究丹德拉神庙最权威的学者依然是法国人考维尔，自20世纪以来，她已经陆续整理和发表了丹德拉神庙的所有铭文，对相关的宗教仪式进行了详细的叙述，对于丹德拉黄道图，她则与天文学家阿尔伯格合作，断定其年代是公元前52年。

除丹德拉神庙之外，艾什纳、什胡尔、阿赫米姆神庙也发现了黄道十二宫浮雕，都是罗马时期的。此外还有些比较残缺的资料，只有一两个星座。②（图2-8-3）

图2-8-1 丹德拉圆形黄道十二宫浮雕

① Jed Z. Buchwald, Diane Greco Josefowicz, *The Zodiac of Paris: How an Improbable Controversy over an Ancient Egyptian Artifact Provoked a Modern Debate between Religion and Science*, pp. 286-289.

② O. Neugebauer, R. A. Parker, *Ancient Egyptian Astronomical Texts* Vol. III, London, 1969, p. 203.

迄今为止，古埃及黄道十二宫的图像仅发现于神庙和墓室。在墓室发现的主要是底比斯的六个棺盖，及1901年皮特里在阿特里比斯（Athribis）发现的两个墓室壁画，这些也都是罗马时期的。（图2－8－4）

图2－8－2　丹德拉长形黄道十二宫浮雕

图2－8－3　艾什纳黄道十二宫浮雕

图2－8－4　阿特里比斯黄道十二宫浮雕

以统计学方法对所有埃及黄道十二宫资料进行系统研究的是俄罗斯学派，20世纪20年代，数学家莫洛佐夫（Nikolai A. Morozov）进行了开创性的研究，在尚无计算机软件的年代，他的大量演算都是在纸上进行，很多数据至今仍是准确的。在他之后，科林（N. S. Kellin）、德尼申科（D. V. Denisenko）、弗明格（Anatoly T. Fomenko）等人继续完善他的方法和数据，该学派最新的成果是弗明格、诺索斯基（Gleb V. Nosovskiy）和威士洛（Wieslaw Z. Krawcewicz）合著的《古埃及黄道十二宫》（*Ancient Egyptian Zodiacs*），该书对考维利、纽伯格等埃及学家的研究进行了批判，以类型学、统计学方法进行了综合计算，[①]其方法和角度值得关注。

对古埃及所有天文资料进行集大成研究的是天文学背景的埃及学家纽伯格、帕克，他们整理出版了三卷本的资料集，界定了许多重要概念，示范了许多基本方法，如旬星运行规律的计算、星表的分析，等等。但他们对黄道十二宫图像的天文价值基本持否定态度，局限于自身的学术背景，对其史料价值也没有深入探讨。

近年来，康曼（Joanne Conman）、塞蒙斯（Sarah Symons）等学者对于纽伯格的许多重大结论进行了连篇累牍的批判，指出他对猎户星座、北斗星座的判断都是错误的，他们设想的旬星运行轨道也是子虚乌有，并呼吁埃及学家抛开对天文学家权威性的盲目信任，对黄道十二宫图像进行重新审视。[②]康曼是人类学博士，但广泛涉猎天文学家、数学家、埃及学家的相关研究成果，并提出独到的见解，充分说明打破学科碎片化、跨学科研究的时代已经到来。以古埃及历史和宗教背景为出发点，既要避免以现代天文学的概念和方法去研究古代资料，也要在宗教的面纱下看到古埃及人发达的、自成体系的天文知识体系，这将是未来研究的主流方向。

---

① Anatoly T. Fomeko, Tatiana N. Fomenko, Wieslaw Z. Krawcewicz, Gleb V. Nosovskiy, *Ancient Egyptian Zodiacs*, Moscow, 2012.

② Joanne Conman, *Ancient Egyptian Sky Lore*, Lexington, KY, 2014.

二　旬星

自中王国时期开始，古埃及墓葬中就出现“星表”，这是古埃及人独特的观测天象的记录，他们选定36颗与天狼星有相似运行规律的星星（每年在夜空消失70天），即旬星（decans），把10天分为一个“星期”，记录36颗旬星在一年的运行，每10天一颗旬星会消失，而一颗新的旬星会出现，360天后所有的旬星都出现并消失一次，其余的五天再以其他星星记录。旬星运行的轨迹和日期配合形成了“星表”。公元2世纪的世俗体文献卡斯伯格纸草（P. Carlsberg）对《努特之书》（Book of Nut，发现于阿拜多斯塞提一世神庙及拉美西斯四世的墓中）进行了评注，这是古埃及人自己对其千年之前的天文资料的解释，对现代学者的研究弥足珍贵。卡斯伯格纸草如此解释旬星运行的模式：旬星“出生”后在东边天空活动80天，之后在中部天空“工作”120天，然后在西部天空“居上”（tpy）90天，最后在*dwꜣt*停留70天（无法在夜空看见）。每个夜晚可以看见29颗旬星在夜空中“活动和工作”，7颗在*dwꜣt*中无法看见。[①] 学者们对这段描述的含义展开了长期的争论，争论的核心是“出生”和“居上”的意思，究竟哪个是偕日升，哪个是日落升起。纽伯格和帕克最早建构了旬星运行模式的图表，但受到康曼、塞蒙斯等人的质疑。[②]

目前发现的50多个星表，多数出现在墓室天花板或者棺盖内侧。古埃及人观测旬星的一个主要目的是与葬仪相关的：死者从去世到下葬的间隔时间是70天，星表应该是用来确定在死者去世那天从夜空中

---

① O. Neugebauer, R. A. Parker, *Ancient Egyptian Astronomical Texts* Vol. I, London, 1969, pp. 36 – 88.

② Joanne Conman, *Ancient Egyptian Sky Lore*, Lexington, KY, 2014, pp. 87 – 111.

“消失”的旬星，并相信这颗旬星 70 天后的再次升起与死者的再生息息相关。

目前发现的黄道图中丹德拉和艾什纳神庙的黄道图环绕着 36 个旬星，每个旬星旁边标注着它的名称。下面是丹德拉的旬星名称：①

1:		1. *Knm*	2:	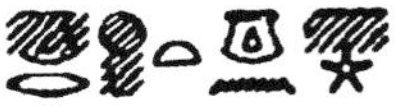	2. *Ḥry-ḫpd-knm*
3:		3. *Ḥ3t-ḏ3t*	4:		4. *Ḏ3t*
5:	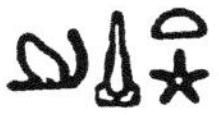	5. *Pḥwy-ḏ3t*	6:		6. *Tm*
7:		7. *Ws3ty*	8:		8. *B3kt*
9:	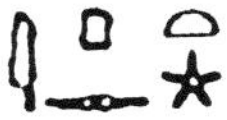	9. *ipst*	10:		10. *Ḫs*
11:		11. *Tpy-ʿ-ḫnt*	12:		12. *Ḥry-ib-wi3*
13:		13. *Spd-[. . .]*	14:		14. *Sšm*
		15.	16:		16. *Knm-sšm*
17:		17. *Tpy-ʿ-smd*	18:		18. *Sb3-wʿty*
19:	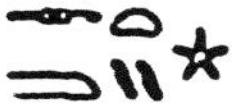	19. *Sm(d)*	20:	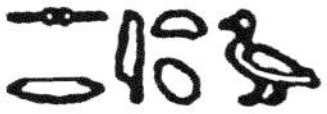	20. *Srt*
21:	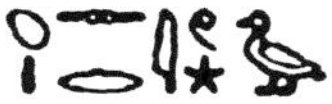	21. *S3-sr*	22:		22. *Tpy-ʿ-3ḫw*
23:		23. *3ḫw*	24:		24. *Tpy-ʿ-b3w*

① Sylvie Cauville, *Le temple de Dendera les chapelles osiriennes transcription et traduction*, Institut français d'archéologie orientale le Caire, 1997, p. 173.

续表

25:		25. *Bʿw*	26:		26. *Ḫnt-ḥry*
27:		27. *Ḥʿ*-(sic)-*ḥry*	28:		28. *Ḳd*
29:		29. *Sꜣ-ḳd*			30.
31:		31. *ʿryt*	32:	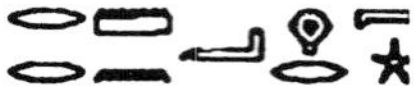	32. *Rmn-ḥry*
33:		33. *Ṯs ʿrk*	34:		34. *Rmn*
35:	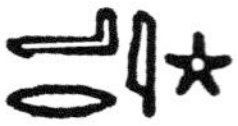	35. *ʿryt*	36:		36. *Pḥwy-ḥry*

根据纽伯格和帕克对星表的分类，丹德拉、艾什纳黄道的旬星属于塔尼斯类型，有3个新的旬星出现，及若干微小变化，主要内容与其他类型的星表大同小异。①

希腊化时期的学者托勒密（Claudius Ptolemy）将十二宫划分为日、夜两半球，从水瓶宫到巨蟹宫在夜半球，从狮子宫到摩羯宫在日半球。夜半球对应着长形黄道图的“南方天空”和东方，日半球对应着长形黄道图的“北方天空”和西方。②

以丹德拉圆形黄道图为例，36旬星的分布可以分为东（19到36个旬星）、西（1到18个旬星）两组，东边的是希腊化时期黄道图的夜半球，西边的是日半球，这与中王国时期开始一直延续下来的传统是一致的，即冬至到夏至期间的天空为“南方天空”，对应19到36个旬星；而夏至到冬至期间的天空是“北方天空”，对应1到18个旬星。③

① O. Neugebauer, R. A. Parker, *Ancient Egyptian Astronomical Texts* Vol. I, London, 1969, p. 95.
② O. Neugebauer, R. A. Parker, *Ancient Egyptian Astronomical Texts* Vol. III, London, 1969, p. 204.
③ O. Neugebauer, R. A. Parker, *Ancient Egyptian Astronomical Texts* Vol. III, London, 1969, p. 204.

从旬星在黄道图上的出现来看，不管是名称还是分布，都与中王国时期开始的星表传统是一致的。这充分说明了埃及的黄道十二宫尽管有外来的元素，但本质上是本土的。

丹德拉圆形黄道图中，旬星的环绕不是等分的，而是根据长形黄道图上的内容留出足够的间隔，足够圆形内侧对应位置的图像插入旬星之间。

三　冬至与夏至

作为女神哈托尔的圣所，丹德拉神庙建造时以天狼星为核准点，而不是正向南北。黄道图所在的建筑从图像到铭文完整叙述了荷阿克节的过程，这个节日的核心是奥赛里斯的复活和再生，在这个背景下，黄道图的作用应该是表达与该仪式相关的重要时间概念，整个祠堂的图像和文字风格是隐喻式的，那么黄道图在象征什么时间？

目前发现的十几个黄道图，很多是对称出现的，丹德拉最为典型，在神庙顶层的奥赛里斯祠堂天花板上是圆形黄道图，而同样的内容以两个对称的长形黄道图出现在神庙一层的天花板上，如果把两个长形的黄道图环成一圈，画面与圆形的基本吻合。长形的两个图面对面分布，画面的上部和底部各有天空女神努特的身躯环绕着，女神的头部在不同的方向。中间一条带翼日轮的装饰带分开两条黄道，太阳运行的图案装饰着西侧的黄道图（狮子到摩羯，西侧，秋分，日半球），月亮运行的图案装饰着东侧的黄道图（水瓶到巨蟹，东侧，春分，夜半球）。西侧黄道图的起点是夏至，而东侧黄道图的起点是冬至。

除丹德拉长形黄道图之外，其他长形黄道图也多数是以夏至和冬至点划分成对称的两部分，而且两部分分别以狮子宫和水瓶宫为起点。[①]

① O. Neugebauer, R. A. Parker, *Ancient Egyptian Astronomical Texts* Vol. III, London, 1969, p. 206.

如上所述，自中王国时期开始，古埃及人就把夏至到冬至这半年的天空称为“北方天空”，与1到18个旬星对应，对应着西边的地平线（秋分时太阳在日落时通过赤道），而冬至到夏至这半年的天空叫作“南方天空”，与19到36个旬星对应，对应着东边的地平线（春分时太阳在日升时通过赤道）。

按照托勒密日、夜两半球的划分，从水瓶宫到巨蟹宫在夜半球，从狮子宫到摩羯宫在日半球。夜半球对应着长形黄道图的“南方天空”和东方，日半球对应着长形黄道图的“北方天空”和西方。

因此，无论是天空的南北或者日夜两分，还是旬星的两组对应，黄道图与传统的埃及天空概念是一致的。

古埃及人同时使用几种历法，并且以天狼星偕日升的日期来推算春分与秋分、夏至与冬至的日期。公元前1世纪的一份纸草文献描述了以这些节点来推算特定日期（Parker，1981），如“最长的一天，收获季第3个月的第10天……最短的一天，泛滥季第1个月的第16天往后90天……最短的一天，泛滥季第4个月的第16天……”①

俄罗斯学派的诺索斯基最早提出古埃及黄道图上有春分、秋分、夏至、冬至的象征画面，并且做了细致的归纳分析，他的判断主要依据图像的位置以及天文数据的计算。比如，他认为在公元2世纪后，双鱼宫旁会有与春分相关的图像；公元元年后，双子宫旁会有与夏至相关的图像；公元前1世纪后，处女宫旁会有与秋分相关的图像；公元元年后，人马宫旁会有与冬至相关的图像。② 本书在他的数据基础上，结合墓葬图像中的图像资料，选择出几种典型，值得进一步考证：

夏至：右手上扬的男子形象，通常出现在芦苇船上，同时出现的还有芦苇船上的牛。

---

① R. A. Parker, Karl-Th Zauzich, The seasons in First Century B. C., in *Studies Presented to Hans Jakob Polotsky*, edited by D. W. Young, East Gloucester, pp. 472 – 479.

② Anatoly T. Fomeko, Tatiana N. Fomenko, Wieslaw Z. Krawcewicz, Gleb V. Nosovskiy, *Ancient Egyptian Zodiacs*, pp. 52 – 58.

冬至：持矛刺牛，牛的形象永远是缺一条前腿。

春分：湖，面对面牵手。

秋分：双面人或神，多头动物，面对面牵手。

这些形象中，如缺前腿的牛、双头或者四头动物、双面神，等等，在墓葬图像及文献中是频繁出现的主题，尤其是牛的形象，自中王国时期开始直到希腊－罗马时期一直在墓葬画面中出现，是核心母题，中王国时期一直是直观的牛前腿，新王国时期开始有了变化，有时是牛前腿加上牛头，有时是缺了前腿的牛，这个形象读作*msẖtyw*，在神话中，它是塞特的前腿，在与荷鲁斯的争斗中，被荷鲁斯撕掉扔向天空。以纽伯格和帕克等为代表的学者长期认定这是北斗七星，但目前此观点受到质疑。牛腿形象的另一个词是 hpš，一种词义是“强壮的手臂”，是国王力量的象征，还有一个词义是“牛腿供品”，是古埃及最高等级的供品，墓室壁画中常常细致地表现宰牛、呈奉等细节，牛腿是供品单上必不可缺的。与此关联的是著名的“开口典礼”，死者下葬前要对木乃伊举行法事，用牛腿形状的法器碰触木乃伊的五官，同时念诵咒语，帮助死者的五官恢复功能。在这个仪式中，要宰杀一头小牛，砍下一条前腿，挖出心脏，由两个祭司捧着它们迅速跑到木乃伊面前，用仍在颤抖的心脏和牛腿碰触木乃伊的五官，象征着生命活力的注入。①

在古埃及文字中，牛的形象读作*kꜣ*，与表示灵魂的概念之一“卡”是同音字。卡与巴是两个表示精神存在的概念，古埃及人对卡的定义是：“力量，财富，养料，繁盛，效力，永恒，创造性，神秘力量。”也有人称之为“身体之外的灵魂肉体”“物质与精神世界之间的桥梁”。卡是所有的生命体，它既是生命的活力也是生命的欢乐。不仅肉体有卡，雕像也可以承载卡。如果没有了卡，就意味着生命的消失。卡需要物质供给，需要吸取营养；同时所有的养分中都有卡，古

---

① Jan Assemann, *Death and Salvation in ancient Egypt*, Cornell University Press, 2005, p. 310.

埃及人互相敬酒时说："为你的卡。"为确保来世和现世的结合，古埃及人为死者献祭的同时，也供奉死者的卡。亡者死后必须重建与他们的卡之间的联系。

在这一系列与牛的形象展开的各种关联中，我们发现古埃及的文字、图像在基本功能之外，有一个系统的象征体系，表达着他们的核心宗教概念。

下面我们从画面和构图上考察黄道图与古埃及墓葬浮雕壁画的关系。

就在丹德拉圆形黄道图所在的东 2 祠堂的对面，西 2 祠堂的浮雕和铭文有《亡灵书》第 144—149 章的内容，其中有来世的神话地理和 12 小时的旅程，描述奥赛里斯在夜间死去、黎明重生，期间每个小时都有一位神祇保护。描述来世 12 小时是新王国时期帝王谷王陵中出现的一系列《冥世之书》的重要主题。而丹德拉神庙黄道图旁边的天空女神形象下，以经典的来世 12 小时主题展现了太阳神复活的过程，与旁边的黄道十二宫形成对应。[①]

新王国时期，随着来世信仰的大众化，由古王国时期的《金字塔铭文》和中王国时期的《木棺铭文》演变而来的墓葬文学产生了分流：写在纸草上的《亡灵书》大量出现在贵族以及平民的墓中，而帝王谷的王陵中则出现了国王专有的一系列叫作《冥世之书》的咒语，《天之书》《地之书》《门之书》《天牛之书》《洞之书》《Amduat 之书》等，这些是国王专有的，连王后的墓中都不能使用。《亡灵书》侧重引导和操作，而《冥世之书》则对来世有详细的图像文字描述，内容更加晦涩隐秘，是高度符号化的象征体系。而拉美西斯六世墓室天花板上《天之书》《地之书》的对称分布，与丹德拉长形黄道图的构图非常相似：以装饰带分开，两边各以努特女神的身躯环绕画面，

① Sylvie Cauville, *Le temple de Dendera les chapelles osiriennes transcription et traduction*, Institut français d'archéologie orientale le Caire, 1997, pp. 165 - 176.

西侧《地之书》以太阳装饰，东侧《天之书》以星星装饰。在丹德拉黄道图中河马及牛腿的画面，出现在第 11 宫（天花板西侧），而在拉美西斯六世墓中的《天之书》中，这个画面出现在第 11 小时（天花板西侧）。这绝非巧合，而是同一墓葬艺术风格的延续。[①]

四　《冥世之书》

古埃及墓葬中，图像与文字紧密结合，形成一套严密的体系，《冥世之书》的内容如来世 12 小时等，在帝王谷多个王陵中出现，而基本结构和内容、书写位置等都保持着一致，与陵墓的建筑语言融合在一起，遵循着特定的象征法则，整个帝王谷处于象征金字塔的山体之下，陵墓的南北走向与尼罗河流向一致，以尼罗河的周而复始、循环往复作为永恒时间的象征；墓室及通道的东西延伸象征着太阳的旅程，每个陵墓成为通往来世的小宇宙，其中的图像与铭文起到将陵墓转换为神圣时空的作用。也正因如此，《冥世之书》中反复出现“此为良方，百万次灵验”的话。

古埃及的墓葬文学是高度隐喻的文本，《亡灵书》《冥世之书》等都已经翻译发表，学者们从语言学、心理学、宗教学等多种角度对其内涵进行阐发，但至今仍然没有明确而一致的认识。如来世 12 小时的标题为“以西方之角开始，以浑浊的黑暗终结”，开篇是：

> 密室里的文章，
> 巴的驻足之处，
> 神灵们，
> 影子们，

① Erik Hornung, *The Ancient Egyptian Books of Afterlife*, Cornell Uni, 1999, pp. 112 – 116.

阿赫的灵魂们，

还有那些已发生之事。

以西方的号角为开始，

西地平线的大门，

以浑浊的黑暗作终结，

认识杜阿特的巴，

认识已发生之事，

认识他们为拉净化灵魂，

认识神秘的巴，

认识时间的奥秘和他们的神灵们，

认识他怎样呼唤他们，

认识那些大门，和那些路

这位伟大的神灵从路上通过，

认识时间的轨迹和他们的神，

认识繁盛的和被消灭的。

结语：

以光明开始，

以黑暗终结。

拉在西方的旅程，

这位伟大神灵展示的秘密计划中，

这杰出的引导，用杜阿特书写的秘密，

不被任何人知晓，拯救少数的人。

这个形象如此完成，

在杜阿特的秘密中，

既看不见也无法察觉。

任何知道这个神秘形象的人将成为一个被妥善供养的阿赫灵魂。

他将总是再次出入杜阿特。

并且说与生者听。

一服真正的良药，已经百万次证明！①

在12个部分中，有些固定的表达反复出现，如“此地的名字是……”“此地的门的名字是……”“引导此地的神是……”，有些小时还有地理范围的描述：“此地有……腕尺长，……腕尺宽”等。这类宗教文本有着独特的背景，是复杂的墓葬仪式的一个环节，如不了解葬仪的完整过程及背后的理念，对文本的解读只能停留在假设的层面。

黄道图与《冥世之书》的关联，引导我们思考古埃及人来世观念的核心问题：时间的概念。古埃及人对来世的想象，是以其宇宙观为基础的，对天象的观测与他们对生死的思考密不可分。公元2世纪的卡斯伯格纸草是罕见的古埃及人对其宇宙观的解释。在古埃及，这类宗教知识是封闭在少数社会精英阶层，不对大众公开的，我们将在下文分析为何到古代晚期会出现这种直接的解说。

卡斯伯格文献的作者在纸草上以拉美西斯四世等墓中的《努特之书》为原型画出了努特女神的形象，然后进行了详细的注解，虽然写作该纸草文献的书吏生活在拉美西斯时代的千年之后，但他的注解仍然可以给我们极大的启示。作者如此描述天空女神努特的形象：“她的头部是西方，后部是东方，北方天空……”太阳神从努特的嘴里进入，经历12个小时的旅程，最后从她的双腿之间重新诞生。努特女神头的前方有鹰神荷鲁斯（象征北部埃及），身体后方则是秃鹫女神（象征南部埃及），当描绘太阳神的起源时，作者写道：“这个伟大的神在蓬特（今非洲最南边的索马里）后面的最南方。”最可贵的是，

---

① Erik Hornung, Theodor, Abt, *The Egyptian Amduat*, *the Book of the Hidden Chamber*, Zurich, 2014, pp. 381 – 424.

作者在努特图上标出了36个旬星的位置，并且明确说明这些旬星跟随着太阳的轨迹完成它们在天空的巡行："这位伟大的神去往*dw3t*，在*msḳt*区域众星跟随着他前往；这位伟大的神自*dw3t*升起，在*msḳt*区域众星随他升起。"①（图2－8－5）

由此我们看到，古埃及人对夏至的观察在其宇宙观中至关重要，夏至时太阳在天空最南端，这被看成是太阳的起源地，这也说明了为何黄道图以夏至为起点。

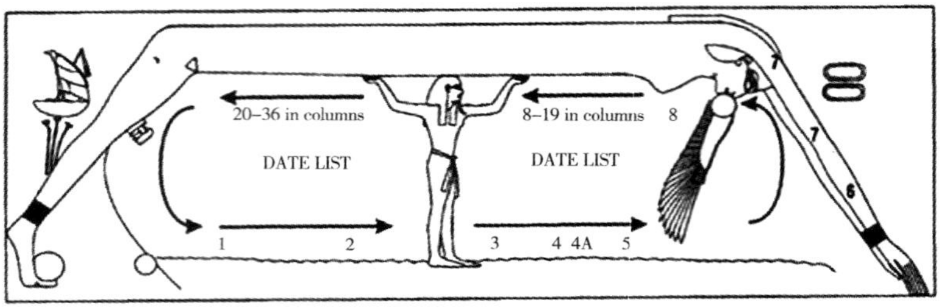

图2－8－5　卡斯伯格纸草中的《努特之书》

对旬星与太阳轨迹的描述，更明确了古埃及人是从黎明和傍晚的地平线两个起点来观察旬星的。日升日落，星起星灭，都与他们对生命轮回的思考结合在一起。新王国时期，墓葬文学对来世的描绘以太阳神的复活为主题，在黑暗的夜空太阳神与死神奥赛里斯结合，完成复活后太阳重新升起而奥赛里斯留在冥界。对此过程最经典的表达是19王朝尼弗尔塔丽墓里的壁画：木乃伊身躯、羊头的奥赛里斯头顶日轮，旁边的文字是"太阳神拉在奥赛里斯之中，奥赛里斯在太阳神拉之中"，表现二神的合体。② 新王国时期墓葬壁画及文本反复描绘的来世之旅，太阳神与奥赛里斯永远是主角。

---

① O. Neugebauer, R. A. Parker, *Ancient Egyptian Astronomical Texts* Vol. I, London, 1969, pp. 36－88.

② Jacobus van Dijk, Myth and Myth Making in Ancient Egypt, in *Civilizations of Ancient Near East* Vol. III, Jack M. Sasson (editor in Chief), New York, 1995, p. 1706.

从古埃及人的角度去思考，出现在墓室和神庙中的黄道图、旬星，必定关乎他们的来世。塞蒙斯指出，观测旬星的主要目的是计算死者去世后下葬的日子，[1] 如果70天是天狼星以及36旬星在夜空"消失"的日子，只需在死者去世后70天举行葬礼即可，观测及记录的必要何在呢？精细的星表以及不定期的调整，都说明还有更深层的原因。

按照卡斯伯格纸草的描述，每个夜晚可以看见29颗旬星（其他7颗在黑暗的*dw3t*中），其中东边8颗"出生"的，西边9颗"居上"的，中间的12颗才是"工作"的，意思是以中间的12颗来记录120天的轨迹，当它们到达天空的最高点，就成为"居上"星，不再"工作"。每10天一颗旬星消失，一颗旬星出现，星表在移动中。

当有人去世，需要发现在那天消失的"旬星"，目的是追寻它的再次出现，对于笃信复活的古埃及人来说，这颗旬星是复活过程中的关键环节，也许它是死者灵魂的寄托，也许它是死者与宇宙之间联系的纽带，不管是哪种情况，我们可以确定的是，葬仪中的咒语，烦琐的仪式，都需要它的名字。旬星的观测、星表的制定，以及这种古老知识的千年传承，不是计算夜晚的时间，而是要根据旬星在夜空中出现的序列，锁定那些伴随死者"消失"的旬星。

因此，古埃及的黄道十二宫不是为了预测和防范灾祸，而是通过仪式激活与宇宙的联系，确保复活的完成。从这个意义上说，古埃及黄道十二宫的确与两河和希腊的不是一个系统。

五　丹德拉黄道图的仪式环境

诺索斯基总结出古埃及黄道图的一些图像提示：

---

① Sarah Symons, The "Transit Star Clock" from Book of Nut, in *Under One Sky*, *Astronomy and Mathematics in Ancient Near East*, J. M. Steele, A. Imhausen (edit.), Munster, 2002, pp. 429 – 447.

1. 图像有两个层次，主要图像及次要辅助提示性的图像，辅助性的图像以在船上、在蛇上或者在纸草、柱子上等来标识。

2. 以星星来标识可以看得见的星体，以日轮标识看不见的。①

在这个结论的基础上，对照丹德拉圆形和长形黄道图，我们发现：

1. 圆形黄道图的图像并没有严格按照同心圆的结构布置画面，中间的图像没有按照由外及内的层次安排。

2. 36 旬星环绕着圆形黄道图，而在长形黄道图中，它们每 3 个一组穿插进十二宫及行星等的图像中。

3. 圆形黄道图外环的 36 旬星的排列有稀有密，是根据长形黄道图的顺序来与里面的十二宫图像对应。

4. 在长形黄道图中出现了刺杀公牛的画面，公牛没有前腿；而圆形黄道图中出现的是公牛前腿，没有持矛人；长形黄道图有无头人的形象，圆形黄道图中则是无头动物。长形黄道图在秋分位置出现环形蛇，而圆形黄道图则是坐在椅子上的女子手托婴儿。

对比之下，长形黄道图更像是详细的说明，或者说是选择性的答案，圆形黄道图则完全可以用来作为学习天文知识的辅助。那么，为何只有托勒密时期的神庙中才出现这种传授天文知识的“模型”呢?

除了黄道图上之外，36 旬星以及夜晚 12 小时的名称，在丹德拉顶层的奥赛里斯祠堂几次出现，配合着关于仪式内容的图像及文字说明。下面通过对丹德拉“荷阿克节”的介绍，分析其中时间概念的表达和运用。

现存的丹德拉神庙建于公元前 52 年，到公元前 47 年举行了完工庆典。是供奉女神哈托尔的，与南方艾德福的荷鲁斯神庙遥遥相对，神话中，哈托尔是荷鲁斯的配偶，每年历时 15 天的“美丽相会之

---

① Anatoly T. Fomeko, Tatiana N. Fomenko, Wieslaw Z. Krawcewicz, Gleb V. Nosovskiy, *Ancient Egyptian Zodiacs*, pp. 102 – 105.

节”，哈托尔神像要到60千米外的艾德福与荷鲁斯“相会”，是当时的盛会。哈托尔神庙顶层的奥赛里斯祠堂，保存了最为完整的纪念奥赛里斯复活的“荷阿克节”的图像和铭文。

在古埃及语中，“荷阿克节”的意思是“卡在卡之上”，从泛滥季第四个月的第12天开始，延续18天。主要内容是重现奥赛里斯复活的过程。这个仪式在新王国时期之后逐渐成为最为盛行的仪式，各地的神庙都会举行。具体过程由“谷物奥赛里斯”的制作展开，由祭司用谷物和泥在模具中制作两个完整的奥赛里斯神像，再制作42个碎片，象征神话中奥赛里斯被分解的尸体。这些都放入石制的容器中，每天浇水，直到第22天取出晒干，把碎片拼合包裹起来。其后，要在神庙的圣湖中举行由34个船的船队组成的航行仪式，点燃365盏灯，最后，为完成的谷物奥赛里斯举行“开口仪式”，把去年的谷物奥赛里斯取出，把刚完成的埋葬。再举行“竖起杰德柱”（象征奥赛里斯的脊椎）以及宰杀象征塞特的红色公牛的仪式。整个节日就结束了。①

上述过程在奥赛里斯祠堂的六个配殿里细致完整地展现出来：浮雕表现了仪式的全过程，铭文说明每个小时应该念诵的咒语，参与的神祇的名称、对话，置身其间，就如观看一场浩大的神话剧。按照科维利的编号，祠堂分为东1、东2、东3，以及西1、西2、西3，仪式的内容由东1开始，到西1结束。东1配殿系统介绍了“荷阿克节”的日程以及具体要求，包括参与的神祇的名称，所需物品的清单，雕像的制作方法、标准尺寸。

东2配殿的天花板是圆形黄道图所在，这里是制作谷物奥赛里斯、每日浇水、最后拼合的地方，浮雕的内容表现的是女神取种子，众人抬大麦、油膏等场景，最底层有77个神祇保护着这个过程。顶层刻有24小时念诵的咒语，白天12小时的在西侧，夜晚的在东侧。

---

① Sylvie Cauville, *Le Temple de Dendera: Guide archéologique*, Institut français d'archéologie orientale le Caire, 1990, pp. 68–75.

东3配殿表现的是奥赛里斯的复活，画面中有存放奥赛里斯尸身的圣柜及8位哀悼中的女神，34个船、365盏灯的航行仪式，这个配殿最特别的是天花板的中间开出一个天窗，其内侧四面刻着平躺的奥赛里斯，铭文描述的是太阳神拉与奥赛里斯的结合。每年的春分，阳光直射到奥赛里斯身上，是“复活”的最好象征。天窗东侧的天花板是天空女神努特的身躯，太阳神在其中穿过，头部上方是18个旬星、猎户座和天狼星，天窗西侧的天花板是另外18个旬星、5个行星，以及象征满月前的14天的14个神祇。东3配殿天花板上的天空与东2配殿的黄道图互相呼应，产生浩渺夜空无限延伸的视觉效果。①

西3配殿的主题是制作木乃伊，阿努比斯在制作木乃伊，伊西斯与奈弗西斯在哀哭，还列出了制作木乃伊的各种材料，以及护身符等。天花板的西侧是天空女神努特的三个逐渐升高的形象，东侧是14个神祇攀登台阶走向满月的画面，与东3配殿天花板西侧的类似画面对应。

西2配殿是存放谷物奥赛里斯之处，也是举行“开口仪式”的地方，浮雕和铭文大量出现《亡灵书》第144—147节及149节的内容，如通往来世的21个通道、7道门、14个土丘等神话地理方面的内容，以及来世12个小时的名称，每个小时的守护神的名字。

西1配殿是仪式的最高潮，奥赛里斯复活化身为鹰神荷鲁斯，与此同时象征塞特的红牛被宰杀分割，头部奉献给奈弗西斯，其余部分分给7个守门人；这里还有图特手持“保护圣船之书”的画面，确保仪式最后阶段的圣船航行的完成。天花板上是图特守护荷鲁斯之眼、满月及14个神祇的形象。②

六间配殿的天花板都有天空、星辰、月亮盈亏的画面，36旬星的名称出现在东2、东3配殿，整个“荷阿克”节日的过程中，时间的概念

---

① Sylvie Cauville, *Le Temple de Dendera*: *Guide archéologique*, Institut français d'archéologie orientale le Caire, 1990, pp. 68 – 75.

② Sylvie Cauville, *Le Temple de Dendera*: *Guide archéologique*, Institut français d'archéologie orientale le Caire, 1990, pp. 68 – 75.

贯穿始终。此外，大量的地名、神名、诺姆名称，多达上千，每个画面都有对应的铭文，整个祠堂犹如一部浩大的百科全书。（图2－8－6）

位于东2配殿的圆形黄道十二宫浮雕环绕的文字内容是：

> 诵读的话：奥赛里斯的高贵灵魂，在月初出现在天空，他的身躯变得年轻，他的名字在天空众神中最为显贵，他拥有全国的权威。天空中的猎户座，每天活着，从不在天空深处消失。你的面容在新月之日复新，你在月亮中是年轻的。塞麦德星（Smd）跟随着你，你以奥赛里斯——猎户星的名义成为众星之主。你的妹妹——闪亮的天狼星掌控你的步伐，驱赶你的敌人。请你把天狼星之年赐予你的儿子，上下埃及之王，永恒的（荷鲁斯）。[1]

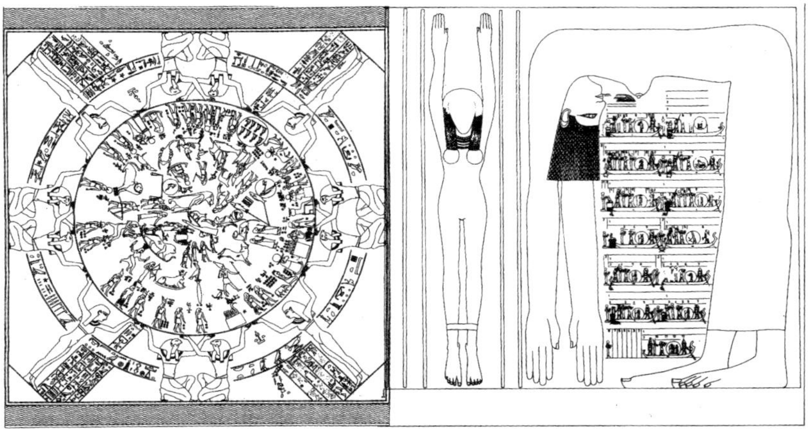

图2－8－6　丹德拉神庙奥赛里斯祠堂东2配殿浮雕

开篇这句“诵读的话”，已然说明了丹德拉黄道图的仪式功能，其后围绕着奥赛里斯的复活、荷鲁斯诞生的祈祷，完全吻合“荷阿

① Sylvie Cauville, *Le temple de Dendera les chapelles osiriennes transcription et traduction*, Institut français d'archéologie orientale le Caire, 1997, p. 175.

克”节的内容。埃及的黄道十二宫图，无关占卜，是古埃及复活仪式的重要环节。

托勒密时期，古埃及文化领域进入了独特的“正典化”阶段，出于“被遗忘的恐惧”，古埃及祭司开始大量整理汇编传统文化的内容，一种方式是把各种文集收藏在特定的图书馆中，如泰布图尼斯神庙图书馆（Tebtunis）等，另一种独特的方式是把神庙当作文化记忆的载体，把他们认为最重要的知识刻写在神庙墙上，如各种仪式、节日表、名录等等，正因如此，传统文化的最后壁垒——南部埃及的各大神庙的墙壁上几乎没有留白之处。这种历史背景下，我们才会有丹德拉神庙这种烦琐冗长的仪式记录，上文提到的解释古埃及天文的卡斯伯格纸草，也是这种动机下的作品——该纸草发现于泰布图尼斯神庙图书馆，该图书馆即是出于保存传统文化目的建成的。

丹德拉神庙的黄道图，是保存传统知识过程中的产物，古埃及祭司在离开历史舞台之前，把原来口口相传的技艺，费尽心机地表述出来。黄道图展现的是一年当中最重要的时间节点：春分、秋分、夏至、冬至，他们相信人与宇宙密切联系着，每个时辰都有着主导的力量，上千的神祇、离奇的神话，蕴含的是古埃及人眼中的星辰及其彼此的联系，通过烦琐的仪式，他们过着心灵充实、充满秩序感的生活。

法老时代的古埃及社会一直有着封闭“高级知识”的传统，其中最核心的是来世观念中的“复活”与“再生”，甚至同时代的希腊人也无法了解其真谛。本章通过对黄道十二宫图的考证，一方面说明古埃及的黄道图传承自本土的旬星观测及宗教仪式，另一方面试图揭示古埃及人的复活观念是在对日月星辰等宇宙现象观测、思考基础上发展出来的独特的生命哲学，是个庞大严密的知识体系。

年 代 表*

前王朝时期　约公元前 5300—前 3000 年

下埃及

新石器时期　约公元前 5300—前 4000 年（或约距今 6400—5200 年）

玛阿迪文化群 Maadi Cultural Complex　约公元前 4000—前 3200 年

上埃及

巴达里时期 Badarian Period　约公元前 4400—前 4000 年

阿姆拉特时期（涅伽达一期）Amratian/Naqada I
约公元前 4000—前 3500 年

格尔津时期（涅伽达二期） Gerzean/Naqada II
约公元前 3500—前 3200 年

涅伽达三期/0 王朝 Naqada III/Dynasty 0　约公元前 3200—前 3000 年

早王朝时期　约公元前 3000—前 2686 年

* Ian Shaw, *The Oxford History of Ancient Egypt*, Oxford University Press, 2000, pp. 480 –489.

1 王朝	约公元前 3000—前 2890 年
阿哈 Aha	
杰尔 Djer	
杰特 Djet	
丹 Den	
梅尔奈斯王后 Queen Merneith	
安尼杰布 Anedjib	
塞姆尔赫特 Semerkhet	
卡阿 Qa'a	
2 王朝	公元前 2890—前 2686 年
荷太普塞赫姆威 Hetepsekhemwy	
拉尼布 Raneb	
尼奈特杰尔 Nynetjer	
温奈格 Weneg	
塞奈德 Sened	
帕瑞布森 Peribsen	
哈塞赫姆威 Khasekhemwy	
古王国	公元前 2686—前 2160 年
3 王朝	公元前 2686—前 2613 年
奈布卡 Nebka	公元前 2686—前 2667 年
乔赛尔 Djoser（Netjerikhet）	公元前 2667—前 2648 年
塞赫姆赫特 Sekhemkhet	公元前 2647—前 2640 年
哈巴 Khaba	公元前 2640—前 2637 年
萨纳赫特？Sanakht？	
胡尼 Huni	公元前 2637—前 2613 年
4 王朝	公元前 2613—前 2494 年
斯奈夫鲁 Sneferu	公元前 2613—前 2589 年

胡夫 Khufu（Cheops）	公元前 2589—前 2566 年
杰德夫拉 Djedefra（Radjedef）	公元前 2566—前 2558 年
哈夫拉 Khafra（Chephren）	公元前 2558—前 2532 年
门卡拉 Menkaura（Mycerinus）	公元前 2532—前 2503 年
塞普塞斯卡夫 Shepseskaf	公元前 2503—前 2498 年
5 王朝	公元前 2494—前 2345 年
乌塞尔卡夫 Userkaf	公元前 2494—前 2487 年
萨胡拉 Sahura	公元前 2487—前 2475 年
奈弗尔瑞卡拉 Neferirkara	公元前 2475—前 2455 年
塞普塞斯卡拉 Shepseskara	公元前 2455—前 2448 年
拉尼夫瑞夫 Raneferef	公元前 2448—前 2445 年
纽塞拉 Nyuserra	公元前 2445—前 2421 年
门卡荷尔 Menkauhor	公元前 2421—前 2414 年
杰德卡拉 Djedkara	公元前 2414—前 2375 年
乌纳斯 Unas	公元前 2375—前 2345 年
6 王朝	公元前 2345—前 2181 年
太提 Teti	公元前 2345—前 2323 年
乌塞尔卡拉 Userkara	公元前 2323—前 2321 年
培比一世 Pepy I（Meryra）	公元前 2321—前 2287 年
美瑞拉 Merenra	公元前 2287—前 2278 年
培比二世 Pepy II（Neferkara）	公元前 2278—前 2184 年
尼提克瑞特 Nitiqret	公元前 2184—前 2181 年
7、8 王朝	公元前 2181—前 2160 年
第一中间期	公元前 2160—前 2055 年
9、10 王朝（赫拉克里奥波利斯）（Herakleopolitan）	公元前 2160—前 2025 年
赫提 Khety（Meryibra）	

赫提 Khety（Nebkaura）

赫提 Khety（Wahkara）

美瑞卡拉 Merykara

11 王朝（底比斯）（Thebes only） 公元前 2125—前 2055 年

门图荷太普一世/英泰夫一世 Mentuhotep I/Intef I（Sehertawy） 公元前 2125—前 2112 年

英泰夫二世 Intef II（Wahankh） 公元前 2112—前 2063 年

英泰夫三世 Intef III（Nakhtnebtepnefer） 公元前 2063—前 2055 年

中王国 公元前 2055—前 1650 年

11 王朝（统一埃及之后） 公元前 2055—前 1985 年

门图荷太普二世 Mentuhotep II（Nebhepetra） 公元前 2055—前 2004 年

门图荷太普三世 Mentuhotep III（Sankhkara） 公元前 2004—前 1992 年

门图荷太普四世 Mentuhotep IV（Nebtawyra） 公元前 1992—前 1985 年

12 王朝 公元前 1985—前 1773 年

阿蒙涅姆赫特一世 Amenemhat I（Sehetepibra） 公元前 1985—前 1956 年

塞索斯特里斯一世 Senusret I（Kheperkara） 公元前 1956—前 1911 年

阿蒙涅姆赫特二世 Amenemhat II（Nubkaura） 公元前 1911—前 1877 年

塞索斯特里斯二世 Senusret II（Khakheperra） 公元前 1877—前 1870 年

塞索斯特里斯三世 Senusret III（Khakaura） 公元前 1870—前 1831 年

阿蒙涅姆赫特三世 Amenemhat III（Nimaatra） 公元前 1831—前 1786 年

阿蒙涅姆赫特四世 Amenemhat IV（Maakherura） 公元前 1786—前 1777 年

王后索贝克奈弗尔 Queen Sobekneferu（Sobekkara） 公元前 1777—前 1773 年

13 王朝 公元前 1773—前 1650 年

温加夫 Wegaf（Khutawyra）

索贝克荷太普二世 Sobekhotep II（Sekhemra-khutawy）

伊赫尔奈弗尔特·奈弗尔荷太普 Iykhernefert Neferhotep（Sankhtawy-sekhemra）

阿蒙尼－英泰夫－阿蒙涅姆赫特 Ameny-intef-amenemhat（Sankhibra）

霍尔 Hor（Awibra）

肯杰尔 Khendjer（Userkara）

索贝克荷太普三世 Sobekhotep III（Sekhemra-sewadjtawy）

奈弗尔霍太普一世 Neferhotep I（Khasekhemra）

萨哈托尔 Sahathor

索贝克荷太普四世 Sobekhotep IV（Khaneferra）

索贝克荷太普五世 Sobekhotep V

阿伊 Ay（Merneferra）

14 王朝 公元前 1773—前 1650 年

第二中间期 公元前 1650—前 1550 年

15 王朝（喜克索斯）（Hyksos） 公元前 1650—前 1550 年

萨利提斯 Salitis/Sekerher

赫伊安 Khyan（Seuserenra） 约公元前 1600 年

阿培比 Apepi（Aauserra） 约公元前 1555 年

哈姆第 Khamudi

16 王朝 公元前 1650—前 1580 年

17 王朝 约公元前 1580—前 1550 年

拉荷太普 Rahotep

索贝克姆萨夫一世 Sobekemsaf I

英泰夫六世 Intef VI（Sekhemra）

英泰夫七世 Intef VII（Nubkheperra）

英泰夫八世 Intef VIII（Sekhemraherhermaat）
索贝克姆萨夫二世 Sobekemsaf II
西阿蒙（?）Siamun（?）
塔阿 Taa（Senakhtenra/Seqenenra） 约公元前 1560 年
卡摩斯 Kamose（Wadjkheperra） 公元前 1555—前 1550 年

新王国 公元前 1550—前 1069 年
18 王朝 公元前 1550—前 1295 年
阿赫摩斯 Ahmose（Nebpehtyra） 公元前 1550—前 1525 年
阿蒙荷太普一世 Amenhotep I（Djeserkara） 公元前 1525—前 1504 年
图特摩斯一世 Thutmose I（Aakheperkara） 公元前 1504—前 1492 年
图特摩斯二世 Thutmose II（Aakheperenra） 公元前 1492—前 1479 年
图特摩斯三世 Thutmose III（Menkheperra） 公元前 1479—前 1425 年
哈特谢普苏特 Queen Hatshepsut（Maatkara） 公元前 1473—前 1458 年
阿蒙荷太普二世 Amenhotep II（Aakheperura）
公元前 1427—前 1400 年
图特摩斯四世 Thutmose IV（Menkheperura） 公元前 1400—前 1390 年
阿蒙荷太普三世 Amenhotep III（Nebmaatra） 公元前 1390—前 1352 年
阿蒙荷太普四世/埃赫那吞 Amenhotep IV/Akhenaten
公元前 1352—前 1336 年
奈弗尔奈弗尔阿吞 Neferneferuaten（Smenkhkara）
公元前 1338—前 1336 年
图坦卡蒙 Tutankhamun（Nebkheperura） 公元前 1336—前 1327 年
阿伊 Ay（Kheperkheperura） 公元前 1327—前 1323 年
荷伦布 Horemheb（Djeserkheperura） 公元前 1323—前 1295 年
19 王朝 公元前 1295—前 1186 年
拉美西斯一世 Rameses I（Menpehtyra） 公元前 1295—前 1294 年
谢提一世 Sety I（Menmaatra） 公元前 1294—前 1279 年

拉美西斯二世 Rameses II（Usermaatra Setepenra）
公元前 1279—前 1213 年
美内普塔 Merenptah（Baenra） 公元前 1213—前 1203 年
阿蒙美苏 Amenmessu（Menmira） 公元前 1203—前 1200 年?
谢提二世 Sety II（Userkheperura Setepenra） 公元前 1200—前 1194 年
萨普塔 Saptah（Akehnrasetepenra） 公元前 1194—前 1188 年
王后塔斯沃特 Queen Tausret（Sitrameritamun）
公元前 1188—前 1186 年
20 王朝 公元前 1186—前 1069 年
塞特纳赫特 Sekhnakht（Userkhaura Meryamun）
公元前 1186—前 1184 年
拉美西斯三世 Rameses III（Usermaatra Meryamun）
公元前 1184—前 1153 年
拉美西斯四世 Rameses IV（Heqamaatra Setepenamun）
公元前 1153—前 1147 年
拉美西斯五世 Rameses V（Usermaatra Sekheperenra）
公元前 1147—前 1143 年
拉美西斯六世 Rameses VI（Nebmaatra Meryamun）
公元前 1143—前 1136 年
拉美西斯七世 Rameses VII（Usermaatra Setepenra Meryamun）
公元前 1136—前 1129 年
拉美西斯八世 Rameses VIII（Usermaatra Akhenamun）
公元前 1129—前 1126 年
拉美西斯九世 Rameses IX（Neferkara Setepenra）
公元前 1126—前 1108 年
拉美西斯十世 Rameses X（Khepermaatra Setepenra）
公元前 1108—前 1099 年

拉美西斯十一世 Rameses XI（Menmaatra Setepenptah）
公元前1099—前1069年

第三中间期 公元前1069—前664年
21王朝 公元前1069—前945年
塞门底斯 Smendes（Hedjkheperra Setepenra） 公元前1069—前1043年
阿蒙尼姆尼苏 Amenemnisu（Neferkara） 公元前1043—前1039年
普苏塞尼斯一世 Psusennes I（Akheperra Setepenamun）
公元前1039—前991年
阿蒙尼蒙普 Amenemope（Usermaatra Setepenamun）
公元前993—前984年
老奥索尔孔 Osorkon the Elder（Akheperra setepenra）
公元前984—前978年
西阿蒙 Siamun（Netjerkheperra Setepenamun） 公元前978—前959年
普苏塞尼斯二世 Psusennes II（Titkheperura Setepenra）
公元前959—前945年
22王朝 公元前945—前715年
舍尚克一世 Sheshonq I（Hedjkheperra）
奥索尔孔一世 Osorkon I（Sekhemkheperra）
塔克洛特一世 Takelot I
奥索尔孔二世 Osorkon II（Usermaatra）
塔克洛特二世 Takelot II（Hedjkheperra）
舍尚克三世 Sheshonq III（Usermaatra）
皮玛伊 Pimay（Usermaatra）
舍尚克五世 Sheshonq V（Aakheperra）
奥索尔孔四世 Osorkon IV
23王朝 公元前818—前715年
派杜巴斯提斯一世 Pedubastis I（Usermaatra）

尤普特一世 Iuput I

舍尚克四世 Sheshonq IV

奥索尔孔三世 Osorkon III （Usermaatra）

塔克洛特三世 Takelot III

鲁达蒙 Rudamon

帕夫杰阿维巴斯特 Peftjauawybast

尤普特二世 Iuput II

24 王朝	公元前 727—前 715 年
巴肯瑞耐奈夫 Bakenrenef （Bocchoris）	公元前 720—前 715 年
25 王朝	公元前 747—前 656 年
皮伊 Piy （Menkheperra）	公元前 747—前 716 年
沙巴克 Shabaqo （Neferkara）	公元前 716—前 702 年
沙比特克 Shabitqo （Djedkaura）	公元前 702—前 690 年
塔哈克 Taharqo （Khunefertemra）	公元前 690—前 664 年
塔努塔玛尼 Tanutamani （Bakara）	公元前 664—前 656 年

后期埃及	公元前 664—前 332 年
26 王朝	公元前 664—前 525 年
尼科一世 Nekau I	公元前 672—前 664 年
普萨姆提克一世 Psamtek I （Wahibra）	公元前 774—前 610 年
尼科二世 Nekau II （Wehemibra）	公元前 610—前 595 年
普萨姆提克二世 Psamtek II （Neferibra）	公元前 595—前 589 年
阿普瑞斯 Apries （Haaibra）	公元前 589—前 570 年
阿赫摩斯二世 Ahmose II ［Amasis］ （Khnemibra）	公元前 570—前 526 年
普萨姆提克三世 Psamtek III （Ankhkaenra）	公元前 526—前 525 年
27 王朝（波斯第一次统治埃及时期）	公元前 525—前 404 年
冈比西斯 Cambyses	公元前 525—前 522 年

大流士一世 Darius I	公元前522—前486年
薛西斯一世 Xerxes I	公元前486—前465年
阿塔薛西斯一世 Artaxerxes I	公元前465—前424年
大流士二世 Darius II	公元前424—前405年
阿塔薛西斯二世 Artaxerxes II	公元前405—前359年
28王朝	公元前404—前399年
阿米尔太奥斯 Amyrtaios	公元前404—前399年
29王朝	公元前399—前380年
奈弗瑞提斯一世 Nepherites I [Nefaarud]	公元前399—前393年
哈克尔 Hakor [Achoris] (Khnemmaatra)	公元前393—前380年
奈弗瑞提斯二世 Nepherites II	约公元前380年
30王朝	公元前380—前343年
尼克塔尼布一世 Nectanebo I (Kheperkara)	公元前380—前362年
提奥斯 Teos	公元前362—前360年
尼克塔尼布二世 Nectanebo II (Senedjemibra setepenanhur)	公元前360—前343年
波斯第二次统治埃及时期	公元前343—前332年
阿塔薛西斯三世 Artaxerxes III Ochus	公元前343—前338年
阿尔西斯 Arses	公元前338—前336年
大流士三世 Darius III Codoman	公元前336—前332年

托勒密埃及时期	公元前332—前30年
马其顿王朝 Macedonian Dynasty	公元前332—前305年
亚历山大大帝 Alexander the Great	公元前332—前323年
菲利普·阿尔赫达乌斯 Philip Arrhidaeus	公元前323—前317年
亚历山大四世 Alexander IV	公元前317—前310年
托勒密王朝 Ptolemaic Dyansty	
托勒密一世　索特尔一世 Ptolemy I Soter I	公元前305—前285年

托勒密二世　菲莱戴菲斯 Ptolemy II Philadelphus
公元前 285—前 246 年
托勒密三世　厄尔盖提斯一世 Ptolemy III Euergetes I
公元前 246—前 221 年
托勒密四世　菲罗帕特 Ptolemy IV Philopator　公元前 221—前 205 年
托勒密五世　埃皮范尼斯 Ptolemy V Epiphanes　公元前 205—前 180 年
托勒密六世　菲罗米特 Ptolemy VI Philometor　公元前 180—前 145 年
托勒密七世　尼奥斯·菲罗帕特 Ptolemy VII Neos Philopator
公元前 145 年
托勒密八世　厄尔盖提斯二世 Ptolemy VIII Euergetes II
公元前 170—前 116 年
托勒密九世　索特尔二世 Ptolemy IX Soter II　公元前 116—前 107 年
托勒密十世　亚历山大一世 Ptolemy X Alexander I
公元前 107—前 88 年
托勒密九世　索特尔二世（复位）Ptolemy IX Soter II（restored）
公元前 88—前 80 年
托勒密十一世 亚历山大二世 Ptolemy XI Alexander II　公元前 80 年
托勒密十二世　尼奥斯·狄奥尼索斯 Ptolemy XII Neos Dionysos（Auletes）　公元前 80—前 51 年
克里奥帕特拉七世　菲罗帕特 Cleopatra VII Philopator
公元前 51—前 30 年
托勒密十三世　Ptolemy XIII　公元前 51—前 47 年
托勒密十四世　Ptolemy XIV　公元前 47—前 44 年
托勒密十五世　凯撒里昂 Ptolemy XV Caesarion　公元前 44—前 30 年

罗马埃及时期　公元前 30 年—公元 395 年

参考书目

Allen, James P., 2005, *The Ancient Egyptian Pyramid Texts*, Atlanta: Society of Biblical Literature.

Allen, James P, 2013, *A New Concordance of the Pyramid Texts* (*Vol.* 1): *Introduction*, *Occurences*, *Transcription*, Providence: RI Brown University.

Allen, James P., 1989, *Religion and Philosophy in Ancient Egypt*, New Haven: Yale University.

Allen, Thomas George, 1974, *The Book of the Dead or Going forth by Day*: *Ideas of the Ancient Egyptians Concerning the Hereafter as Expressed in Their Own Terms*, Chicago: Oriental Institute of the University of Chicago.

Assmann, J., 1995, *Egyptian Solar Religion in the New Kingdom*: *Re*, *Amun and The Crisis of Polytheism*, translated by A. Alcock, London and New York: Kegan Paul International.

Assmann, J., 2001a, *The Search for God in Ancient Egypt*, translated by D. Lorton, Ithaca and London: Cornell University Press.

Assmann, J., 2001b, *Death and Salvation in Ancient Egypt*, translated by D. Lorton, Ithaca and London: Cornell University Press.

Assmann, J., 2001c, "Libraries in the Ancient World—with Special Reference to Ancient Egypt", in S. Bieri and W. Fuchs (ed.), *Building* *for Books: traditions and visions*, Basel and Boston: Birkhäuser, pp. 50 – 67.

Assmann, J., 2002, *The Mind of Egypt: History and Meaning in the Time of the Pharaohs*, translated by A. Jenkins, New York: Metropolitan Press.

Assmann, J., 2006a, *Religion and Cultural Memory: Ten Studies*, Stanford: Stanford University Press.

Assmann, J., 2011, *Cultural Memory and Early Civilization: Writing, Remembrance, and Political Imagination*, New York: Cambridge University Press.

Baer, K., 1960, *Rank and Title in the Old Kingdom: The Structure of the Egyptian Administration in the fifth and sixth Dynasties*, Chicago: University Press.

Bagnall, R. S. and P. Derow, 1981, *The Hellenistic Period: Historical Sources in Translation*, Oxford: Blackwell.

Baines, J. and J. Malek, 2000, *The Cultural Atlas of Ancient Egypt*, Cairo and New York: The American University in Cairo Press.

Baines, J., 1990, "Restricted Knowledge, Hierarchy, and Decorum: Modern Perceptions and Ancient Institutions", *Journal of the American Research Center in Egypt* 27, pp. 1 – 23.

Baines, J., 1991, "Egyptian Myth and Discourse: Myth, God, and the Early Written and Iconographic Record", *Journal of Near Eastern Studies* 50, No. 2, pp. 81 – 105.

Baines, J., 1997, "Temples as Symbols, guarantors, and participants in Egyptian Civilization", in S. Quirke (ed.), *The Temple in Ancient Egypt: New Discoveries and Recent Research*, Oxford: British Museum Press, pp. 216 – 241.

Baines, J., 1998, "An Abydos List of Gods and an Old Kingdom Use of

Texts", in J. Baines, T. G. H. James, A. Leathy and A. F. Shore (ed.), *Pyramid Studies and Other Essays presented to I. E. S. Edwards*, London: The Egypt Exploration Society.

Baines, **J.**, 2004a, "Egyptian Elite Self-Presentation in the Context of Ptolemaic Rule", in W. V. Harris and G. Ruffini (ed.), *Ancient Alexandria between Egypt and Greece*, Leiden and Boston: Brill, pp. 33–63.

Baines, **J.**, 2006, "Public Ceremonial Performance in Ancient Egypt: Exclusion and Integration", in T. Inomata and L. S. Coben (ed.), *Archaeology of Performance: Theaters of Powers, Community, and Politics*, Lanham, New York, Toronto and Oxford: A Division of Rowman and Littlefield Publishers, Inc., pp. 261–303.

Baines, **J.**, 2007, *Visual and written culture in ancient Egypt*. Oxford: Oxford University Press.

Baines, **J.**, 2013, *High Culture and Experience in Ancient Egypt*, London: Equinox Publishing Ltd.

Betz, **H. D.**, 1986, *The Greek Magical Papyri in Translation including the Demotic Spells*, Chicago & London: The University of Chicago Press.

Bleeker, **C. J.**, 1967, *Egyptian Festivals: Enactments of Religious Renewal*, Leiden: E. J. Brill.

Bleeker, **C. J.**, 1973, *Hathor and Thoth: Two Key Figures of the ancient Egyptian Religion*, Leiden: E. J. Brill.

Cauville, **S.**, 1997, **Dendara. Les chapelles osiriennes** 2, commentaire, BE 118, Cairo, *pp.* 33–45.

Chauveau, **M.**, 2000, *Egypt in the Age of Cleopatra: History and Society under the Ptolemies*, Ithaca and London: Cornell University Press.

Clarysse, **W.**, 2009, *Papyrology and the Multicultural Society in Egypt*, Leuven: Peeters.

Copenhaver, **B. P.**, 1992, *Hermetica: The Greek Corpus Hermeticum and* *the Latin Asclepius in a new English translation, with notes and introduction*, New York: Cambridge University Press.

Coppens, F., 2007, *The Wabet: Tradition and Innovation in Temples of the Ptolemaic and Roman Period*, Prague: Czech Institute of Egyptology.

Cusumano, N., V. Gasparini, A. Mastrocinque and J., Rüpke, 2013, *Memory and Religious Experience in the Greco-Roman World*, Stuttgart: Franz Steiner Verlag.

Dack, E. van' T., P. van Dessel and W. Van Gucht, 1983, *Egypt and the Hellenistic World: Proceedings of the International Colloquium, Leuven*, 24 – 26 *May* 1982, Lovani: Orientaliste.

Darnell, J. C., 1995, *The Enigmatic Netherworld Books of the Solar-Osirian Unity: Cryptographic Compositions in the Tombs of Tutankhamun, Ramesses VI, and Ramesses IX*, (PhD diss., University of Chicago).

Darnell, J. C. and Darnell, Colleen Manassa, 2018, *The Ancient Egypt Netherworld Books*, Atlanta: SBL Press.

Dieleman, J, 2005, *Priests, Tongues, and Rites: The London-Leiden Magical Manuscripts and Translation in Egyptian Ritual* (100 – 300 *CE*), Leiden and Boston: Brill.

Dodson. A., Ikrem S, 2008, *The Tomb in Ancient Egypt*, the American University in Cairo Press, Thames & Hudson Ltd., London, 2008.

Dodson, A., 2016, *The royal tombs of ancient Egypt*, Pen & Sword Archaeology, an imprint of Pen & Sword Books Ltd, 2016.

Dunand, F., and C. Zivie-Coache, 2005, *Gods and Men in Egypt* 3000 *BCE to* 395 *CE*, translated by D. Lorton, Ithaca; London: Cornell University Press.

Eaton, K., 2013, *Ancient Egyptian Temple Ritual: Performance, Pattern, and Practice*, New York and London: Routledge.

Ebeling, F., 2005, *The Secret History of Hermes Trismegistus: Hermeticism* *from Ancient to Modern Times*, Ithaca and London: Cornell University Press.

Faulkner, R. O., 1969, *The Ancient Egyptian Pyramid Texts*, Oxford: Oxford University Press.

Faulkner, R. O., 1973 – 1978, *The Ancient Egyptian Coffin Texts*, 3 vols, Warminster: Aris & Phillips.

Faulkner, R. O., 1985, *The Ancient Egyptian Book of the Dead*, London: British Museum Publication.

Finnestad, R. B., 1985, *Image of the World and Symbol of the Creator: On the Cosmological and Iconological Values of the Temple of Edfu*, Wiesbaden: Harrassowitz.

Forman, W. and S. Quirke, 1996, *Hieroglyphs and the Afterlife in Ancient Egypt*, London: British Museum Press.

Freed, Rita E., 1996, "Stela Workshops of Early Dynasty 12", In *Studies in Honor of William Kelly Simpson*, edited by Peter Der Manuelian, Boston: Museum of Fine Arts, Boston, I: 297 –336.

Frood, E. A., and J Baines, 2011, "Piety, Change and Display in the New Kingdom." In *Ramesside Studies in Honour of K. A. Kitchen*, edited by M Collier and SR Snape Rutherford Pr Ltd.

Frood, E., and R. Raja, 2014, *Redefining the Sacred: Religious Architecture and Text in the Near East and Egypt* 1000 *BC-AD* 300, Turnhout: Brepols Publishers.

Fukaya, Masashi, 2007, Distribution of Life Force in the Festival of the Valley: A Comparative Study with the Opet Festival, *Orient*, Vol. XLll, pp. 95 –124.

Gardiner, A. H., 1938a, "The House of Life", *The Journal of Egyptian Archaeology*24, no. 2, pp. 157 –179.

Gardiner, A. H., 1938b, "The Mansion of Life and the Master of the

King's Largess", *The Journal of Egyptian Archaeology*24, no. 1, pp. 83 – 91.

Gee, J., 1998, *The Requirements of Ritual Purity in Ancient Egypt*, PhD diss., Yale University.

Gee, J. and P. Ghalioungui, 1973, *The House of Life (Per Ankh). Magic and Medical Science in Ancient Egypt*, Israel: Amsterdam.

Gillam, R., 2005, *Performance and Drama in Ancient Egypt*, London: Duckworth.

Gillam, R., 2012, The Daily Cult: Space, Continuity and Change, in K. Muhlestein, *Evolving Egypt: Innovation, Appropriation, and Reinterpretation in Ancient Egypt*, Oxford: Archaeopress.

Gunnels, Naomi L., 2003, "The Ikrenofret Stela as Theatre: A Cross-cultural Comparison", *Studia Antiqua* 2, no. 2.

Harrington, N., 2013, *Living with the Dead: Ancestor Worship and Mortuary Ritual in Ancient Egypt*, Oxford: Oxbow.

Hays, Harold M., 2006, *The Typological Structure of the Pyramid Texts and its Continuities with Middle Kingdom Mortuary Literature*, Doctoral Thesis, The University of Chicago.

Hornung, E., 1982, *Conceptions of God. The One and the Many*, translated by J. Baines, London: Melbourne and Henley.

Hornung, E., 1991, *The Tomb of Pharaoh Seti I/ Das Grab Sethos'I*, Zurich and Munich: Artemis Verlag.

Hornung, E., 1992, *Idea into Image: Essays on Ancient Egyptian Thought*, New York: Timken.

Hornung, E., 1999, *The Ancient Egyptian Books of the Afterlife*, translated by David Lorton, Ithaca; London: Cornell University Press.

Hornung, E., 2001, *Time in the Egyptian Netherworld*, Lisboa: Instituto Oriental da Universidade de Lisboa, pp. 7 – 14.

Hornung, E., and T. Abt, 2007, *The Egyptian Amduat: The Book of the Hidden Chamber*, translated by D. Warburton, Zurich: Living Human Heritage Publications.

Hornung, E., and T. Abt, 2014, *The Egyptian Book of Gates, Zurich: Living Human Heritage.*

Jasnow, R., and K-Th. Zauzich, 2005, *The Ancient Egyptian Book of Thoth: A Demotic Discourse on Knowledge and Pendant to the Classical Hermetica*, Wiesbaden: Harrasowitz Verlag.

Jasnow, R., and K-Th. Zauzich, 2014, *Conversations in the House of Life: A New Translation of the Ancient Egyptian Book of Thoth*, Wiesbaden: Harrassowitz.

Jorgensen, J. K. B., 2014, *Egyptian Mythological Manuals: Mythological Structures and interpretative techniques in the Tebtunis Mythological manual, the manual of the Delta and related texts*, PhD diss., Copenhengen University.

Lichtheim, M., 1980, *Ancient Egyptian Literature: a book of readings I: The Old and Middle Kingdom*, Los Angles: University of California Press.

Lichtheim, M., 1980, *Ancient Egyptian Literature: a book of readings II: The New Kingdom*, Los Angles: University of California Press.

Lichtheim, M., 1980, *Ancient Egyptian literature: a book of readings III: The Late Period*, Los Angles: University of California Press.

Lichtheim, M., 1983, *Late Egyptian Wisdom Literature in the International Context: A Study of Demotic Instructions*, Göttingen: Vandenhoeck & Ruprecht Göttingen; Freiburg: Universitätsverlag.

Lichtheim, M., 1988, *Ancient Egyptian Autobiographies, Chiefly of the Middle Kingdom: A Study and an Anthology*, Freiburg, Switzerland / Göttingen, Germany: Universitätsverlag / Vandenhoeck Ruprecht.

Lichtheim, M., 1992, *Maat in Egyptian Autobiographies and Related*

Studies, Freiburg: Universitätsverlag; Göttingen: Vandenhoeck & Ruprecht.

Loprieno, A. (ed.), 1996, *Ancient Egyptian literature: history and forms*, Leiden: Brill, 1996.

Magli, G., 2013, Architecture, *Astronomy and Sacred Landscape in Ancient Egypt*, New York: Oxford University Press.

Manassa, C. M., 2013, *Imaging the Past: Historical Fiction in New Kingdom Egypt*, New York: Cambridge University Press.

Manuelian, P. der., 1994, *Living in the Past: Studies in Archaism of the Egyptian Twenty-sixth Dynasty*, London and New York: Kegan Paul International.

Matthews, R. and Cornelia Roemer, 2003, *Ancient perspectives on Egypt. Encounters with Ancient Egypt.* London: UCL Press, Institute of archaeology.

Mirecki, P., M. Meyer edited, 2015, *Magic and ritual in the ancient world*, Leiden: Brill, 2015.

Nordh, K., 1996, *Aspects of Ancient Egyptian Curses and Blessings: Conceptual Background and Transmission*, Uppsala: Acta Universitatis Upsaliensis; Stockholm: Distributor, Almquist & International.

O'Connor, D., 2009, *Abydos: Egypt's First Pharaohs and the Cult of Osiris*, London: Thames and Hudson, 2009.

O' Connor, D., and D. P. Silverman, 1995, *Ancient Egyptian Kingship*, Leiden: E. J. Brill.

Parkinson, R. B., 1991, *Voices from ancient Egypt: an anthology of Middle Kingdom writings.* London: British Museum.

Parkinson, R. B., 1999, *Cracking Codes: The Rosetta Stone and Decipherment*, London: British Museum Press.

Porter, Bertha, and Rosalind L. B. Moss, 2004, *Topographical bibliog-*

raphy of ancient Egyptian hieroglyphic texts, reliefs, and paintings, Vol. 1. Oxford: Griffith Institute/Ashmolean Museum Oxford.

Porter, Bertha, 1927, *Topographical Bibliography of Ancient Egyptian Hieroglyphic Texts, Reliefs, and Paintings Vol.* 3, Oxford: Oxford University Press.

Quirke, S., 1990, *Who were the Pharaohs? A History of their Names with a List of Cartouches*, London: British Museum Publication.

Quirke, S., 1992, *Ancient Egyptian Religion*, New York: Dover Publications, Inc.

Quirke, S., 2013, *Going out in Daylight: Prt M Hrw—the Ancient Egyptian Book of the Dead: Translations, Sources, Meanings*, London: Golden House Publications.

Quirke, S., 2015, *Exploring Religion in Ancient Egypt*, Oxford: Wiley-Blackwell.

Ragavan. D. (ed.), 2013, *Heaven on Earth: Temples, Ritual, and Cosmic Symbolism in the Ancient World*, Chicago: University of Chicago,

Ray, J. D., 1976, *The Archive of Hor*, London: Egypt Exploration Society.

Redford, D. B., 1986, *Pharaonic King-Lists, Annals and Day-Books: A Contribution to the Study of the Egyptian Sense of History*, Mississauga: Benben Publications.

Ritner, R. K., 1993, *The Mechanics of Ancient Egyptian Magical Practice*, Chicago: University of Chicago Press.

Ryholt, K., 2012, *Narrative Literature from the Tebtunis Temple Library*, The Carlsberg Papyri 10, Copenhagen: Museum Tusculanum Press.

Rosalie, D., 1981, *A Guide to Religious Ritual at Abydos*, Warminster: Aris & Philips, 1981.

Sadek, Ashraf Iskander, 1987, *Popular religion in Egypt during the New*

Kingdom, Hildesheim: Gerstenberg.

Shafer, **B. E.**, 1991, *Religion in Ancient Egypt: Gods, Myths, and Personal Practice*, Ithaca and London: Cornell University Press.

Shaw, **G. J.**, 2014, *The Egyptian Myths: A Guide to the ancient Gods and Legends*, London: Thames& Hudson.

Silverman, **D. P.**, 1997, *Ancient Egypt*, Oxford: Oxford University Press.

Simpson, **W. K.**, 1974, *The Terrace of the Great God at Abydos: the offering chapels of dynasties* 12 *and* 13, New Haven: Peabody Museum of Natural History of Yale University.

Simpson, **W. K.**, 2003, *The Literature of Ancient Egypt: An Anthology of Stories, Instructions, Stelae, Autobiographies, and Poetry*, 3rd Edition, New Heaven, London: Yale University Press.

Smith, **M.**, 1993, *The Liturgy of Opening the Mouth for Breathing*, Oxford: Griffith Institute.

Smith, **M.**, 1987, *Catalogue of Demotic Papyri in the British Museum: The Mortuary Texts of BM* 10507, London: British Museum Publication.

Smith, **M.**, 2009, "Democratization of the Afterlife", In Jacco Dieleman, Willeke Wendrich (eds.), *UCLA Encyclopedia of Egyptology*, Los Angeles.

Smith, **M.**, 2002, *The Carlsberg Papyri* 5 *On the Primaeval Ocean*, Copenhagen: Museum Tusculanum Press.

Smith, **M.**, 2017, *Following Osiris: Perspectives on the Osirian Afterlife from Four Millenia*. Oxford: Oxford University Press.

Spencer, **P.**, 1984, *The Egyptian Temple: a Lexicographical Study*, London; Boston: Kegan Paul International.

Taylor, **J. H.**, 2001, *Death and the afterlife in ancient Egypt*, London: British Museum Press.

Teeter, **E.**, 2011, *Religion and Ritual in Ancient Egypt*, Cambridge University Press.

Thompson, **D. J.**, 1988. *Memphis under the Ptolemies*, Princeton: Princeton University Press.

Vandorpe, **K.**, **and W. Clarysse**, 2011, *Edfu*, *an Egyptian Provincial Capital in the Ptolemaic Period*, Wetteren: Universa Press.

Vassilika, **E.**, 1989, *Ptolemaic Philae*, Leuven: Peeters.

Watterson, **B.**, 1998, *The House of Horus at Edfu*: *Ritual in an Ancient Egyptian Temple*, Stroud: Tempus.

Wegner, **Mary-Ann. P.**, 2002, "The cult of Osiris at Abydos: An archaeological investigation of the development of an ancient Egyptian sacred center during the eighteenth dynasty", PhD dissertation: University of Pennsylvania.

Wegner, **Josef M.**, 2004, *The mortuary complex of Senwosret III*: *a study of Middle Kingdom state activity and the cult of Osiris at Abydos*, Ann Arbor, MI: UMI.

Wegner, **Mary-Ann P.**, 2007, "Wepwawet in Context: A Reconsideration of the Jackal Deity and Its Role in the Spatial Organization of the North Abydos Landscape", *Journal of the American Research Center in Egypt*, Vol. 43, pp. 139 – 150.

Wilkinson, **Richard H.**, 1992, *Reading Egyptian Art*: *A Hieroglyphic Guide to Ancient Egyptian Painting and Sculpture*, London: Thames & Hudson.

Wilkinson, **Richard H.**, 1994, *Symbol & Magic in Egyptian Art*, London: Thames and Hudson.

戴鸿慈:《出使九国日记》，湖南人民出版社 1992 年版。

李长林、杨俊明:《国人对古埃及象形文字的早期研究》，载《世界历史》1995 年第2 期。
潘崇:《清末端方的古物收藏及藏品著述》，载《中国国家博物馆馆刊》2011 年第7 期。
余太山:《古代地中海和中国关系史研究》，商务印书馆2012 年版。
余太山:《两汉魏晋南北朝与西域关系史研究》，商务印书馆2011 年版。
张星烺:《中西交通史料汇编》第二册，中华书局2003 年版。
张德彝:《航海述奇》卷一，收在《稿本航海述奇汇编》，北京图书馆出版社1997 年版。

后　记

笔者花费了十年的时间，对这批中国收藏的古埃及文物进行了搜集和研究，期间曾得到很多学术界前辈及其同事的大力支持，特别要感谢北京大学历史学系的朱凤瀚先生、北京大学考古文博学院的赵辉先生、曹宏女士；比利时鲁汶大学的 Willy Clarysse 教授。还要感谢中国国家图书馆的张彦博老师、北京大学图书馆的汤燕老师，为笔者提供了查证文物的重要线索。

感谢中国社会科学出版社的魏长宝总编辑为此书的出版提供契机；感谢本书的责任编辑郭鹏先生，细心审阅书稿并提出宝贵的修改建议，为此书的完稿助力良多。

颜海英

2021 年 5 月